Mathias Leufgen
Interkulturelle und interreligiöse Kompetenzen in der Gesundheitspflege
Ethisches Verhalten durch die Würdigung kultureller und religiöser Gewohnheiten

Interkulturelle und interreligiöse Kompetenzen in der Gesundheitspflege

Ethisches Verhalten durch die Würdigung kultureller und religiöser Gewohnheiten

Matthias Leufgen

Jacobs Verlag

Bibliographische Information der Deutschen Nationalbibliothek
Die Deutsche Nationalbibliothek verzeichnet diese Publikation in der Deutschen Nationalbibliographie; detaillierte bibliographische Daten sind im Internet über http://dnb.d-nb.de abrufbar.

Hellweg 72, 32791 Lage
Druck: docupoint
Bildnachweis Umschlag: dergestalter @ photocase.com
ISBN 978-3-89918-240-8

Inhaltsverzeichnis

Seite

Verzeichnis der Abbildungen

Abbildungen **Seite**

PROLOG

Interkulturelle und interreligiöse Kompetenz wird deutlich in der Haltung, Handlung und wirklichen Umsetzung in vorhandenen Situationen.

Menschenverachtende Parolen, die sich gegenwärtig in Deutschland hinsichtlich einreisender und aufnehmener Flüchtlinge zeigen, verdeutlichen signifikant, dass ein interkulturelles und interreligiöses Verständnis benötigt wird um kultursensibel zu reagieren.

Aufgrund sich immer wieder zeigender Fremdenfeindlichkeit in Deutschland kann die skizzierte Situation eine Annäherung an interkulturelle und interreligiöse Achtsamkeit sein.

Ein tatsächlich stattgefundenes Ereignis auf einem Flug von British Airways von Johannesburg nach London (Airport Heathrow) spiegelt den Umgang mit interkulturellen und interreligiösen Kompetenzen wider, so dass die folgende Situationsschilderung zur Hinführung zum Thema genutzt wird.

„Eine weiße Frau um die fünfzig setzt sich neben einen Schwarzen.
Sichtlich verwirrt ruft sie die Flight Attendant (Flugbegleitung in der Kabine).
Flight Attendant: „Was haben Sie für ein Problem, gnädige Frau?“
Die weiße Frau: „Ja, sehen Sie das nicht? Man hat mich neben einem „Neger“ platziert. Ich halt's nicht aus, neben einem so ekelhaften Wesen zu sitzen. Geben Sie mir bitte einen anderen Platz!!“
Die Flight Attendant: „Beruhigen Sie sich. Es sind fast alle Plätze auf der Maschine besetzt. Ich schau mal nach, ob noch etwas frei ist.“
Die Flight Attendant geht und kommt nach ein paar Minuten zurück. „Gnädige Frau, wie ich schon vermutet hatte, sind in der Economy-Klasse keine Plätze mehr frei. Ich habe mit dem Captain gesprochen und er hat mir bestätigt, dass auch in der Business-Klasse nichts mehr frei ist. Allerdings hätten wir noch einen freien Platz in der First-Class.“

Bevor die Frau auch nur die kleinste Bemerkung machen kann, spricht die Flight Attendant weiter: „Es ist bei unserer Fluggesellschaft absolut ungewöhnlich, einem Economy-Passagier zu erlauben, in der First-Class Platz zu nehmen. In Anbetracht der Umstände erachtet es der Captain aber als skandalös, jemanden zu zwingen, neben einer so ekelhaften Person zu sitzen.“
Die Flight Attendant dreht sich zum „Schwarzen“ um und sagt: „Aus diesem Grund, mein Herr, wenn Sie es wünschen, nehmen Sie bitte Ihr Handgepäck, denn es wartet ein Sitz in der First-Class auf Sie.“

Die anderen Passagiere, welche die Szene schockiert mitverfolgt hatten, erhoben sich und applaudierten.“ (British Airways, o. J.)

VORWORT

Warum der Prolog? Dass Prolog dient der eigenen Reflexion im Umgang mit Menschen aus anderen Kulturen und anderen Religionen und ermöglicht eine kritische innere Auseinandersetzung als Berufsständige, die zur Sensibilisierung beitragen und eine interkulturelle und interreligiöse Kompetenz Gesundheitspflegender fördern kann.

Vordergründig sind in Gesundheitseinrichtungen Menschen unterschiedlicher Kulturen und aller Altersstufen bei mehrtägigen Aufenthalten in einem Raum untergebracht. Eine Unterbringung in einem Raum von Menschen mit verschiedenen kulturellen und interreligiösen Überzeugungen muss zu keinerlei Schwierigkeiten führen, kann jedoch auch zu erheblichen Problemen beitragen. Gesundheitspflegende sollten in konfrontativen Situationen zwischen Menschen in der Lage sein, eine solche Situation angemessen zu meistern.

Aus dem Prolog sowie aus alltäglichen Situationen werden interkulturelle und interreligiöse Kompetenzen für Gesundheitspflegende zunehmend wichtiger und notwendig, um Herausforderungen im Berufsalltag im Umgang mit kulturellen und religiösen Prägungen von Klientinnen und Klienten oder Bewohnerinnen und Bewohnern professionell zu begegnen und sich einzulassen. Das Sich-Einlassen Gesundheitspflegender auf die Bedürfnisse und Gefühle der Menschen die auf Gesundheitspflege angewiesen sind wird zunehmend bedeutsamer, da in Gesundheits- und Senioreneinrichtungen kulturelle und religiöse Hintergründe in der Begegnung zunehmend häufiger werden. Denn die pflegealltäglichen Situationen erfordern ein Wissen über interkulturelle und interreligiöse Ansätze. Durch die Erkenntnisse wird es der Leserin und dem Leser ermöglicht, die eigene Haltung und die gesundheitspflegerische interkulturell, interreligiöse Handlung zu begründen, zu evaluieren und zu reflektieren.

In der Pflege existiert eine Vielfalt von ethischer Fachliteratur, bei der ethische Fragestellungen aufgegriffen und in Themen einbezogen werden. Ein interkultureller und interreligiöser Zusammenhang findet sich in dieser Literatur selten. Deshalb bietet dieses Werk die Möglichkeit bestehende ethische Fragestellungen der Pflege mit interkulturellen und interreligiösen Dimensionen aufzugreifen und zu verknüpfen. Zudem wird eine Anknüpfung an eine Gesundheitspflege geortet. Damit versucht dieses Werk einen theoretischen Überblick über interkulturelle und interreligiöse Zugänge zu bieten, auf Fragen, die sich aus einem interkulturellen und interreligiösen Kontext in der Gesundheitspflege erschließen, nach Antworten zu suchen oder aber zu weiteren Fragestellungen anzuregen. Interkulturelle und interreligiöse Kompetenzen in der Gesundheitspflege können durch die Auseinandersetzung mit interkulturellen und interreligiösen Themenbereichen sensibilisiert und gefördert werden.

Durch das sich Erschließen einer sich anbahnenden interkulturellen und interreligiösen Kompetenzanreicherung in der Gesundheitspflege ergeben sich zudem veränderte Aktionsfelder für Gesundheitspflegende, die für das Handeln in der Gesundheitspflege von besonderer Tragweite sein können, da sie zu einem sich ändernden Verständnis beiträgt, nämlich von einer medizinorientierten zu einer gesundheitszentierten Pflege bzw. Gesundheitspflege und zu einem erweiterten Aktionsraum eines professionellen gesundheitspflegerischen Handelns. Damit soll dieses Buch einen ergänzenden Beitrag zur Entwicklung einer ethischen interkulturellen und interreligiösen Bildung in der Gesundheitspflege leisten.

Köln, im Herbst 2015 Matthias Leufgen

I EINLEITUNG

In einer Zeit in der Wirtschaftlichkeit, Technisierung, Effektivität und Rationalisierung im Gesundheitswesen im Fokus stehen, der Mensch und das Menschliche damit unweigerlich in den Hintergrund rückt, wenn nicht sogar gedrängt wird, ist es eine Herausforderung, sich mit Interkulturalität und Interreligiosität in der Gesundheitspflege zu befassen und diese durch eine interkulturelle und interreligiöse Kompetenzförderung bzw. -vertiefung in der gesundheitspflegerischen Praxis wirksam einzusetzen. Dieses Sich-Befassen und Sich-Einlassen soll nicht auf Gesundheitspflegende begrenzt bleiben, sondern soll alle diejenigen, die an der Bildung Gesundheitspflegender beteiligt sind, ermutigen sich mit Interkulturalität und Interreligiosität in der Gesundheitspflege auseinanderzusetzen, weil damit eine ethische Haltung in der Gesundheitspflege gefördert wird.

Unter wirtschaftlicher Perspektive erschließt sich die Versorgung aus der finanziellen Situation des Menschen, der auf Gesundheitspflege angewiesen ist. Dies meint, ein Mensch der finanziell gut gestellt ist, wird sich eine beste Versorgung bestellen, weil er sich diese leisten und bezahlen kann. Ein Mensch, der das nötige Geld für eine angemessene Versorgung nicht aufbringen kann, wird eine Minimalversorgung erhalten, oder unter Umständen wird ihm die zwingend erforderliche pflegerische Therapie nicht ermöglicht, weil eine Übernahme der anfallenden Kosten durch die Krankenkasse nicht genehmigt wird. Pflegerische Versorgung ist quasi per Lieferschein einer ‚Ware' möglich. So kann in der ambulanten Pflege die Teilkörperpflege oder vollständige Körperpflege auf Rechnung eingekauft werden. Der Klient[1] wird tagtäglich durch ein solches Rechnungssystem als ‚Ware' deklariert. Ist dies mit einem interkulturellen, interreligiösen Denkansatz und Verständnis Gesundheitspflegender vereinbar und vertretbar?

Durch die Zunahme der Technisierung wird dem Menschen suggeriert, dass durch neuzeitliche technische Ausstattung es möglich wird, eine Rundumversorgung durch Roboter sicherzustellen, da ein Roboter 24 Stunden im Einsatz sein kann. Beim Einsatz durch Roboter wird die erforderliche empathische Kompetenz und menschliche Zuwendung, in einer vertrauten Umgebung, dezimiert (vgl. Leufgen 2012, S. 271ff.). Das Menschliche hat bereits (große) Verluste durch die Technisierung zu verzeichnen. Menschen kommunizieren heutzutage meist nicht mehr von Gesicht zu Gesicht, sondern bedienen sich der High Technik durch Austausch im Internet. In der Pflege ist in aller Munde, dass der Einsatz von Robotern die körperlichen Belastungen Gesundheitspflegender minimiert, weil der Einsatz von Robotern sich als Entlastung erweist. Da die Roboter gegenwärtig zu teuer sind, zeigen sich Einrichtungen zurückhaltend. Die Zurückhaltung begrün-

[1] Zur besseren Lesbarkeit wird in dieser Arbeit die männliche Form gebraucht. Die jeweilige Bezeichnung steht für beide Geschlechter und versteht sich als neutraler Begriff.

det sich auf einer nicht kostendämpfenden Annahme der Betreiber. Es bleibt abzuwarten, wann sich diese Sicht ändert. Unabhängig davon ist eine fortschreitende Technik bemerkbar, die sich schleichend vollzieht. Durch die Technisierung vollzieht sich eine mehr oder weniger bemerkbare Gewalteinwirkung auf das Menschliche und den gesundheitspflegerischen Tätigkeitsraum, weil durch Einzug von Technik das Menschliche zunehmend verdrängt wird. Menschliche Beziehungen und Gefühle, die in einer interkulturellen und interreligiösen Gesundheitspflege erforderlich sind, rücken unweigerlich im Zuge der Technisierung in den Hintergrund.

Die Effektivität wird im Gesundheitssystem durch Zahlen ermittelt. Eine Gewinnoptimierung ist das oberste Ziel, indem durch kostendeckende Rationalisierungsmaßnahmen Arbeitsbereiche ausgedünnt werden, um Personalkosten einzusparen. Pflegematerialien werden abgezählt bereitgelegt, damit der Verbrauch durch Kontrolle optimiert bleibt (vgl. Leufgen 2006; Grimm 2012).

Die ökonomischen und pragmatischen Begründungen reichen bei weitem nicht aus, wenn es um eine individuelle Betreuung eines Menschen geht. Ein Gesundheitspflegehandeln, das personenbezogen auszurichten ist, beachtet interkulturelle und interreligiöse Aspekte. Über die Inhalte des theoretischen und praktischen Unterrichts werden in der Ausbildungs- und Prüfungsverordnung über die Berufe der Krankenpflege, in Anlage 1 sowie in Lehrplänen der Altenpflege Angaben zu interkulturellen religiösen und ethischen Aspekten gemacht. In der Ausbildungs- und Prüfungsverordnung über die Berufe in der Krankenpflege findet sich folgende Passage unter Punkt 5 „Pflegehandeln personenbezogen ausrichten: Die Schülerinnen und Schüler sind zu befähigen,

- in ihrem Pflegehandeln insbesondere das Selbstbestimmungsrecht und die individuelle Situation der zu pflegenden Personen zu berücksichtigen,
- in ihr Pflegehandeln das soziale Umfeld von zu pflegenden Personen einzubeziehen, ethnische, interkulturelle, religiöse und andere gruppenspezifische Aspekte sowie ethische Grundfragen zu beachten“ (2003, S. 2274).

Im Lehrplan des Landes Rheinland-Pfalz finden sich in verschiedenen Modulen Bezüge zur Interkulturalität und Interreligiosität: In Lernmodul 12 „Lebenswelten und soziale Netzwerke beim altenpflegerischen Handeln berücksichtigen“, werden die Kompetenzen einer kultursensiblen Pflege sowie Lebens- und Glaubensfragen alter Menschen beim altenpflegerischen Handeln aufgeführt. Als Hinweise zur inhaltlichen Bearbeitung werden Familienbeziehungen anderer Kulturen und bei Migranten, Gesundheit von Migranten, die Auseinandersetzung mit der eigenen Vergänglichkeit, Lebenswert und Lebenssinn benannt (vgl. Ministerium für Frauen, Jugend und Bildung 2005, S. 111). In Lernmodul 7: „Anthropologisch-soziale Aspekte altenpflegerischen Handelns in religiöser Perspektive erschließen“ finden sich Hinweise sowie Kompetenzen zur Interreligiosität, z. B. als eine Kompetenz wird Gespräche über religiöse Themen sachkompetent mit älteren Menschen führen (vgl., ebd., S. 86) und im Kontext mit Interkulturalität

und Interreligiosität Sterbende verschiedener Religionsgemeinschaften und Weltanschauungen professionell begleiten (ebd., S. 92) aufgeführt.
Aus den ausbildungsrelevanten Bestimmungen geht hervor, dass interkulturelle und interreligiöse Aspekte im gesundheitspflegerischen Handeln zu beachten sind, die eine klienten- bzw. bewohnerzentrierte Versorgung fordern.

Interkulturelle und interreligiöse theoretische Ansätze bieten sich zur Begründung des eigenen Handelns in der Gesundheitspflege an. Sie lassen sich an bestehende Pflegemodelle einbinden, so dass die Pflegemodelle durch Interkulturalität und Interreligiosität, mit Blick auf eine Gesundheitspflege, eine interkulturelle und interreligiöse Kompetenzentfaltung und -intensivierung erfahren, die sich im praktischen Handlungsprozess wirksam zu entfalten vermag. Damit eine solche Entfaltung wirksam werden kann, setzt dies voraus, dass Lernende[2] tagtäglich im Praxisfeld der Gesundheitspflege, unabhängig an welcher Schulform die Ausbildung erfolgt, die Möglichkeit erhalten, sich mit interkulturellen und interreligiösen Theorien am theoretischen Bildungsort auseinanderzusetzen und im Praxisort der Gesundheitspflege dies erkunden dürfen. Handlungen in der Gesundheitspflege sollen nicht einfach ausgeführt, sondern aus interkultureller und interreligiöser Perspektive reflektiert werden. Interkulturelle und interreligiöse Zugänge, bei denen der Mensch in seiner Einzigartigkeit berücksichtigt wird, werden über die Bewusstwerdung der Ermöglichung und das Sich-Einlassen offenkundig, so dass sich eine individuelle Gesundheitspflege über dieses Ansinnen herauskristallisieren könnte.

Durch die Auseinandersetzung mit Interkulturalität und Interreligiosität in der Gesundheitspflege sollen Gesundheitspflegende anregt werden, ihr Handeln zu hinterfragen, sich hinsichtlich des Themenbereiches auf Diskussionen um Interkulturalität und Interreligiosität in der Gesundheitspflege einlassen und interkulturelle und interreligiöse Handlungsräume für die ihnen anvertrauten Menschen aushandeln, in denen eine angemessene gesundheitspflegerische menschliche zugewandte Betreuung möglich wird und sich wirksam zu entfalten vermag. Die wirksame Entfaltung kann erst an den Orten möglich werden, wenn eine Bewusstwerdung aller im Gesundheitswesen Tätigen eingetreten ist, weil sodann dies bei Entscheidungen bedacht wird. Dies bedeutet eine Umkehrung von gegenwärtiger Ökonomisierung, Technisierung, Effektivität und Rationalisierung mit Blick auf den Menschen, mit seinen kulturellen und religiösen Einstellungen, Wünschen, die in dem Aushandlungsprozess in Gesundheitseinrichtungen intensiviert werden muss, um dort nicht durch strukturelle Bedingtheit in seiner eigenen kulturellen und religiösen Weltansicht eliminiert zu werden.

Dieses Buch schließt an die Publikation „Von der Pflege zur Gesundheitspflege: Perspektivenwechsel in Theorie und Praxis" (Leufgen 2012) an und eröffnet

[2] Zur besseren Lesbarkeit wird in dieser Arbeit der Begriff Lernende/r, Lerner gebraucht und steht gleichwertig für Studierende/r.

Impulse und Anregungen zur Entwicklung einer interkulturellen und interreligiösen Gesundheitspflege, in welchem professionelle Gesundheitspflege als eigenständiger und selbstständiger Bereich anerkannt ist.

Die vorliegende Untersuchung versucht resultierend aus den Schwerpunkten einen Beitrag zur Umsetzung interkultureller und interreligiöser Auffassungen in der Gesundheitspflege zu leisten, indem

1. ein Überblick über Interkulturalität und Interreligiosität sowie ein Zusammenhang zur Gesundheitspflege gegeben wird,
2. die Bedeutungsrelevanz von interkulturellen und interreligiösen Kompetenzen für die Gesundheitspflege erörtert wird,
3. Einflüsse, die auf eine interkulturelle und interreligiöse Gesundheitspflege einwirken, aufgeführt werden.
4. ein Bezugsrahmen für eine interkulturelle und interreligiöse Kompetenzförderung für die Gesundheitspflege entwickelt wird.

Aus den Zielsetzungen lassen sich folgende Annahmen erschließen, die kritisch zu untersuchen sind:

1. Gesundheitspflege vollzieht sich in einem interkulturellen Handeln.
2. Gesundheitspflege benötigt das Berücksichtigen von interreligiösen Ansichten.
3. Interkulturelle und interreligiöse Gesundheitspflege sollte bei der Entwicklung neuer Konzeptentwicklungen mit bedacht werden.
4. Gesundheitspflegende benötigen interkulturelle und interreligiöse Kompetenzen,
5. Interkulturalität und Interreligiosität ist auf unterschiedliche Weise lehr- und lernbar.

Es wird aus dem Dargestellten untersucht, welche inhaltlichen Vorstellungen sich aus einer Interkulturalität und Interreligiosität für den Menschen erschließen können, der auf Gesundheitspflege angewiesen ist. Des Weiteren wird untersucht, welche interkulturellen, interreligiösen Konzepte zur Professionalisierungs- und Qualitätsentwicklung der Gesundheitspflege förderlich sind. Weiterhin wird untersucht, welche Kompetenzen Gesundheitspflegende benötigen, um in der Begegnung mit Menschen aus vielfältigen Kulturen und Religionen angemessen zu agieren. Dies wird im Zusammenhang mit bereits entwickelten ethischen Konzepten diskutiert. Es wird Primär- und Sekundärliteratur herangezogen.

Methodisch basiert die Untersuchung auf den nachfolgenden Instrumentarien:

- einer Sekundäranalyse (insbesondere Literatur- und Dokumentenanalyse, Suche über Datenbank des Verbundkatalogs der Hochschulbibliotheken) relevanter Fachzeitschriften und Buchpublikationen zu Themen der Interkulturalität, Interreligiosität, interkulturelle Kompetenz, interreligiöse Kompetenz und berufliche Ethik in Pflege und Gesundheitspflege,

- einer Auswertung zusätzlicher Gruppendiskussionen mit Personen aus der Forschung, Wissenschaft und Praxis zu der ethischen Bildung in der Pflege, mit Themen der Interkulturalität und Interreligiosität in der Pflege und Gesundheitspflege.

Der Aufbau dieser Arbeit orientiert sich im Einzelnen an folgenden Entwicklungsschritten:

Das erste vorliegende Kapitel (gekennzeichnet mit römisch eins) bildet die Einleitung. Das Anliegen der Untersuchung und die Methode wird vorgestellt.

Der römisch gekennzeichnete zweite Teil weist einen Aufbau von sechs Kapiteln auf. Kapitel 1 bildet die theoretischen Grundlagen zur Interkulturalität und Interreligiosität im Kontext der Gesundheitspflege, die erläutert werden. Die Begriffe Kultur, Migration, Interkulturalität, Multikulturalität und Transkulturalität sollen zunächst geklärt werden. Durch die Erklärungen lässt sich ein Vergleich zwischen Interkulturalität, Multikulturalität und Transkulturalität sowie die Zusammenhänge herausarbeiten.

Der Begriff Interreligiosität wird erläutert. Zur Wissensanreicherung werden Religionen und Kulturen vorgestellt. Dabei wird der Kontext der Religionen und Kulturen im Handlungsfeld der Gesundheitspflege begründet. Inhalte dieses Kapitels werden die Religion und kulturellen Werte und Normen sowie zu beachtende Aspekte in der Gesundheitspflege sein.

In Kapitel 2 wird ein Bezugsrahmen der interkulturellen und interreligiösen Kompetenzen, ausgehend von der allgemeinen zur beruflichen Kompetenzortung vorgenommen, um einen Erkenntnisgewinn zu erzielen.

In Kapitel 3 wird die Interkulturalität und Interreligiosität als ein neuer und bedeutender Bereich vorgestellt. Zunächst wird die Struktur der schulischen Bildungsstätten und Strukturen der Gesundheitseinrichtungen im Pflegesektor beschrieben. Es wird aufgezeigt, dass sich durch die unterschiedliche Ansiedlung der Pflegeausbildung interkulturelle Bildungsniveaus und Abschlüsse der Pflegeausbildung ergeben, die sich auf das Praxishandeln auswirken. Im nächsten Schritt werden zunächst die strukturellen Gegebenheiten der stationären und ambulanten Einrichtungen skizziert. Ableitend aus den gewonnenen Erkenntnissen wird die Umsetzung einer interkulturellen und interreligiösen Gesundheitspflege konkretisiert.

In Kapitel 4 wird die Gesundheitspflege begründet, indem der Begriff Gesundheit erläutert und ein Zusammenhang zwischen Gesundheit und Pflege zur Gesundheitspflege hergestellt wird. Interkulturalität und Interreligiosität wird in einen gesundheitspflegerischen Zusammenhang gebracht, aus dem ein eigenverantwortlicher Aktionsraum Gesundheitspflegender, in welchem sich interkulturelle und interreligiöse Ansätze unter Beachtung der jeweiligen Kultur und Religion umsetzen lassen, zu entfalten vermag.

In Kapitel 5 werden Überlegungen und Folgerungen zur Umsetzung einer interkulturellen und interreligiösen Gesundheitspflege diskutiert und es werden zu beachtende Aspekte in der Gesundheitspflege erörtert, die sich aus dem interkulturellen und interreligiösen Habitus des Menschen ergeben.

In Kapitel 6 geht es um eine Vernetzung der theoretischen und praktischen interkulturellen und interreligiösen Lernsituationen und der Kooperation zwischen Lehrenden, Lernenden und Praxisanleitung.

Der römische Teil III weist zwei Kapitel auf. In Kapitel 1 werden zusammenfassende Schlussfolgerungen einer interkulturellen und interreligiösen Gesundheitspflege aufgeführt. Kapitel 2 schließt mit einem Ausblick, der mit dem Hinweis einer Umsetzung einer interkulturellen und interreligiösen Gesundheitspflege endet. Mit dem punktuell angelegten Sachwortregister wird das Buch vervollständigt.

II INTERKULTURELLE UND INTERRELIGIÖSE KOMPETENZFÖRDERUNG IN DER GESUNDHEITSPFLEGE

Hinsichtlich der Globalisierung und Zunahme von Migranten sowie transnationaler Migration, die weitreichende Herausforderungen mit sich bringen, kann sich die Gesundheitspflege dieser neuen Situation nicht verschließen, sondern sollte sich Umorientierungen öffnen und lernen, mit gesellschaftlichen Veränderungen in der eigenen Berufskultur umzugehen und im gesundheitspflegerischen Handeln mit dem Klienten, unter Beachtung seiner jeweiligen Kultur und Religion, einzubetten wissen.

Menschen sind durch ihre kulturelle und religiöse Orientierung geprägt und verändern sich im Zuge der veränderten globalisierten Weltsituationen, da sich die Gruppen, in denen sie leben sowie die gesamte Gesellschaft sich ständig verändern. Die Gesellschaften verzeichnen eine zunehmend interkulturelle und interreligiöse Vielfalt. Diese stetige interkulturelle und interreligiöse Dynamik stellt Anforderungen an die Gesundheitspflege in Deutschland. Sie stellt diese Anforderungen jedoch nicht ausschließlich an Gesundheitspflegende, sondern an die Ausbildungsstätten, die sich gegenwärtig hierzulande vielfältig zeigen und die Einrichtungen, in denen die praktische Ausbildung Gesundheitspflegender erfolgt. In der Gesellschaft haben sich vielfältige kulturelle und religiöse Orientierungen herausgebildet, die aus einer homogenen Gesellschaftsstruktur heterogene Gesellschaftsstrukturen hervorbringen, die auf der Suche nach ihren jeweiligen Konstruktionen sind. Die Suche zeigt sich z. B. daran, dass kulturelle Rituale aufzuweichen scheinen, weil selbstverständliche Gebräuche und Riten des Alltags sich neu konstruieren, oder dass Feste in Deutschland nicht mehr Selbstverständlichkeit der Kultur sind. Wahrnehmbar ist, das Halloween in der jüngeren Generation Allerheiligen verdrängt hat und dass kaum jemand die Bedeutung von Pfingsten kennst (vgl. Freise, Khorchide 2011).

Aus diesen Veränderungsprozessen, die in der Gesellschaft wahrnehmbar sind, erschließt es sich, dass Interreligiosität und Interkulturalität in einer zeitgemäßen Gesundheitspflege den Anspruch erheben darf, einer angemessenen schulischen sowie einrichtungsbezogenen Ausbildung nachzukommen. Unter diesem Blickwinkel ist es erforderlich, sich mit theoretischen Grundlagen der Interkulturalität und Interreligiosität auseinanderzusetzen und einen Bezugsrahmen zu erschließen, der zur interkulturellen und interreligiösen Kompetenzförderung in der Gesundheitspflege beiträgt. Kulturelle und interreligiöse Ansätze werden sodann zusammengeführt. Die Zusammenführung der theoretischen Grundlagen der Interkulturalität und Interreligiosität erfolgt in einen Kontext, der für Gesundheitspflege, konkret für das gesundheitspflegerische Handeln, als bedeutsam zu erachten ist.

1 Theoretische Grundlagen zur Interkulturalität und Interreligiosität

In diesem Teilkapitel wird eine Erörterung von Interkulturalität und Interreligiosität vorgenommen, die für die Gesundheitspflege von besonderer Bedeutung ist, da die Klärung der Begriffe dazu verhelfen mag, einen Orientierungsrahmen für die Gesundheitspflege zu ermöglichen, in dem sich durch die gewonnenen Erkenntnisse gesundheitspflegerisches Handeln verwirklichen lässt. Um eine differenzierte Grundlagenerkenntnis zu ermöglichen, werden interkulturelle sowie interreligiöse Ansätze vorgestellt.

1.1 Interkultureller Ansatz

1.1.1 Kultur

Der Begriff Kultur (aus dem 17. Jahrhundert bezeugtes Substantiv lat. = cultura) wird in der deutschen Sprache in wechselnder Semantik genutzt, so dass er unterschiedliche Bedeutung erfährt. Zurückzuführen ist der Begriff auf „Ackerbau" bzw. „Felderbau", „Bodenbewirtschaftung" und wurde später allgemein als „Veredelung", „Pflege" (Pflege der geistigen Güter) und „Vervollkommnung" eingesetzt (vgl. Duden, Etymologie 2007, S. 459).

In Sprache und Schrift finden sich z. B. die Bezeichnungen „Freizeitkultur", „Medienkultur", „Arbeitskultur", „Lernkultur" bzw. „Bildungskultur", „Schulkultur" und „Sprachkultur" sowie kulturelle Veranstaltungen (ein Konzert, eine Lesung oder ein Theaterstück). Neben diesen Deutungen wird der Begriff Kultur auch als qualitatives Merkmal verwendet, z. B. bei einer Personenbeschreibung, wenn jemand als „kultiviert" bezeichnet wird, weil er besondere Fähigkeiten hat, die sich z. B. in der Sprache ausdrücken (eine Person, die die Begabung hat, mehrere Sprachen in der Verständigung anzuwenden). Neben dem Begriff der Kultiviertheit, der sich auch auf das Benehmen beziehen kann, gibt es auch im alltäglichen Sprachgebrauch die Bezeichnung „unkultiviert". Dieser Begriff wird dann schon mal eingesetzt, wenn Menschen andere kulturelle Gepflogenheiten pflegen und diese praktizieren. Jeder Mensch hat eine Kultur; diese kann unterschiedliche Werte und Normen aufweisen. Insoweit scheint der Begriff „unkultiviert" unpassend und wird in diesen Ausführungen einer weiteren Erörterung nicht unterzogen. Berufsbezogen ist in der Pflege der Begriff der Pflegekultur bekannt. Zukunftsweisend wäre anzuregen, eine Gesundheitspflegekultur zu verorten. Bei der Gesundheitspflegekultur sind Gesundheitspflege und Kultur auf vielfältige Weise miteinander verflochten. Sie bilden zum einen durch Gesundheit in der Pflege eine Verwogenheit, die sich nicht mehr ausschließlich auf den kulturellen Wert Pflege begrenzen lässt, sondern sich auf Gesundheit erweitern muss, indem der Mensch in der jeweiligen Altersstufe (als Säugling, Kind, Jugendlicher, Erwachsener, alter Mensch) Gesundheitspflege erhält, die sowohl Gesundheitsberatung als auch Gesundheitsfürsorge beinhaltet, so dass die Gesundheit gesichert bleibt, zum anderen einer Pflege bedarf, die zum Erreichen des Gesundheitspotenzials sich bereit erklärt. Unter einer solchen Perspektive wird die Gesundheitspflege als Kultur „auf vielfältige Weise miteinander verflochten. Von der Kindererziehung über geschlechtsspezifische Rollenmerkmale und -zuschreibungen bis zu metaphysischen Konzepten, die Lebenssinn und Weltdeutung tradieren“ (Zielke-Nadkarni 1997, S. 104).

Bei Parsons erschließt sich Kultur durch einen systemtheoretischen Zugang, der die Beziehung zwischen dem Individuum und der Gesellschaft erklärt und sich auf dem AGIL-Schema (Adaptation; Goal Attainment; Integration; Latent Pattern Maintenance) begründen lässt.

Abb. 1: AGIL Schema von Parson

A G

Organismus	Persönlichkeit
Sozialsystem	Kultursystem

I L

(Mikl-Horke 2001, S. 224)

Nach dem AGIL-Schema kommen vier Subsysteme bzw. deren Funktionen bei einzelnen Handlungen zusammen:

1. Der Organismus: Dem Organismus kommt die Funktion der Anpassung an die äußere Welt zu (Adaptation) (vgl. Abb. 2). Der Handlungsmodus ist die Wirtschaft mit ihren Geldbeziehungen (vgl. Abb. 3).
2. Das Persönlichkeitssystem umfasst: die Persönlichkeit, die Psyche, die die Zielerreichung verfolgt (vgl. Abb. 2). Der Handlungsmodus wird durch das Subsystem Politik abgebildet (vgl. Abb. 3).
3. Das Sozialsystem: Dem Sozialsystem kommt die Integration mehrerer Handlungen zu (vgl. Abb. 2). Die Gemeinschaft wird im Gesellschaftssystem selbstreflexiv organisiert und entwickelt ihre jeweilige Kultur, zu der auch die Integration der jeweiligen Religion sich einbeziehen lässt (vgl. Abb. 3).

4. Das Kultursystem: Dem Kultursystem kommt die Funktion der Spannungsbewältigung und Strukturerhaltung zu (Abb. 2). Die Auseinandersetzung mit der eigenen Kultur und der anderer Menschen sowie Religion anderer Menschen, eröffnen die Möglichkeit, sich mit dem Eigenen und Fremden im Sinnlichen zu befassen. Durch das sich im Sinnlichen-Befassen mit dem Eigenen und Fremden (Sinn-Handeln) verleihen Menschen ihrem Leben Legitimation. Dies wird durch die individuell erfasst und er- bzw. durchlebte Interkulturalität und Interreligiosität des Menschen ausgedrückt.

Nach Parsons werden nach dem AGIL-Schema die Funktionen im System zu Subsystemen strukturiert, da sie den Strukturbestandteilen des Handlungssystems entsprechen. Jedes System entspricht demzufolge einer bestimmten Funktion, die im System zu erfüllen ist, um jedes System zu erhalten oder zu eliminieren. Jedes Subsystem hat Subeigenschaften, die sich durch die vier Funktionen ergeben. „Die gegenseitige Durchdringung (Interpenetration) zwischen den Handlungssubsystemen und zwischen diesen und ihren Umwelten machen Austauschprozesse zwischen Systemen und zwischen diesen und ihrer Umwelt möglich“ (Mikl-Horke 2001, S. 224).

Abb. 2: Funktional ausdifferenzierte Dimensionen des Sozialsystems

Sozialsystem	
Subsysteme	Funktionen
Werte	Strukturerhaltung und Spannungsbewältigung (L)
Normen	Integration (I)
Soziale Gesamtheiten (Kollektivitäten/Gruppen)	Zielerreichung (G)
Rollen	Anpassung (A)

(vgl. Mikl-Horke 2001, S. 224)

Zwischen den Systemen, Organismus, Persönlichkeit und Kultursystemen und dem Sozialsystem, bestehen Austauschprozesse. Im Sozialsystem finden sich zu den Austauschprozessen als Gegengewicht „integrative Prozesse und Prozesse der Strukturerhaltung, die bewirken, dass die Grenzen des Sozialsystems erhalten bleiben und dieses selbst als Spannungsgleichgewicht bewahrt wird" (Mikl-Horke 2001, S. 225).

Die Gesellschaft wird bei Parsons als Sozialsystem erläutert und bildet als gesellschaftliche Gemeinschaft bzw. als Gesellschaftssystem das Kernstück der Gesellschaft. Es enthält Milieus: das Wertesystem (Erhalt kultureller institutionalisierter Strukturen), das politische Gemeinwesen (Regierungsform) und die Wirtschaftsart. Zu den extra-sozialen Milieus gehören das Kultursystem, die Verhaltenorganismen und die Persönlichkeitssysteme (vgl. ebd.).

Abb. 3: Intrasoziale Milieus des Gesellschaftssystems

Gesellschaftssystem	
Subsysteme	Funktionen
Gesellschaftliche Gemeinschaft (societal community)	Integration (I)
Wertsystem	Strukturerhaltung und Spannungsbewältigung (L)
Politisches Gemeinwesen	Zielerreichung (G)
Wirtschaft	Anpassung (A)

(vgl. Mikl-Horke 2001, S. 225)

Nach Parsons werden soziale Systeme nach dem AGIL-Schema durch Handeln auf einfacher, doppelter, dreifacher, vielfacher Ebene konstruiert, in die sich in das Gesellschaftssystem die vier Subsysteme einteilen lassen: Gesellschaftliche Gemeinschaft, Legitimation (durch ein Wertsystem; Erhalt institutionalisierter kultureller Strukturen), Politisches Gemeinwesen (Regierungsform) und die Wirtschaftsform. Die Systeme stehen miteinander in Verbindung, sind sozusagen miteinander verwogen, so dass sie nicht isoliert voneinander zu betrachten sind.

In einem Gesellschaftssystem werden kulturelle Regeln festgelegt, die sich in Gesetzen wieder finden können. Diese kulturellen Regeln und Gesetze sind von kulturellen Ansichten, Einsichten und gesellschaftlich anerkannten Gemeinsamkeiten abhängig. Damit obliegen sie einem stetigen kulturellen Wandel der Zeit. Dies meint, was in der gegenwärtigen Gesellschaft, unter den anerkannten Konstruktionen, Gültigkeit hat, kann in der zukünftigen Zeitepoche anderen kulturellen Regeln obliegen. Als Beispiel kann die Großfamilie genannt werden, deren

Kern sich hierzulande aufgeweicht hat. Heute gibt es in Deutschland Kleinfamilien und zunehmend Singlehaushalte. In der gesellschaftlichen Gemeinschaft (die ein Subsystem bildet) ist heute die Kleinfamilie anerkannt, während Großfamilien im Wertesystem (Subsystem) als bedenklich gesehen werden. Gleichgeschlechtlichen Paaren ist das standesamtliche Heiraten in Deutschland erlaubt und durch das Politische Gemeinwesen (Subsystem) anerkannt. Bei Kleinfamilien und gleichgeschlechtlichen Paaren wird häufig davon ausgegangen, dass sie besser situiert sind und damit die Wirtschaft (Subsystem) ankurbeln.

Diese kulturellen Gegebenheiten obliegen einem Wandel, der sich in den letzten Jahren vollzogen hat. In anderen Kulturen bestehen noch Großfamilien, die aus drei bis zu fünf Generationen von Verwandten bestehen, die zusammenleben, z. B. in Afrika. Das Zusammenleben ist geprägt durch ein Zusammengehörigkeitsgefühl und „bedeutet die Verpflichtung, sich um andere Familienmitglieder zu kümmern (ihnen Arbeit zu besorgen oder zu ihren Ausbildungskosten beizutragen), aber auch die Gewissheit, bei Krankheit und Unglück vom Familienverband aufgefangen zu werden“ (Broszinsky-Schwabe 2011, S. 179). Die Familie wird als zentraler Wert wahrgenommen, um den sich gekümmert und bemüht wird.

Da in Gesundheitseinrichtungen und in der ambulanten Gesundheitspflege Menschen mit vielfältig unterschiedlichen Sozialisationsverläufen (vgl. Tillmann 2004) und Habitusverläufen (vgl. Elias 2009) sich begegnen, soll durch das Vorstellen der nachfolgenden Konzepte zum Kulturbegriff ermöglicht werden, ein Verstehen und ein Verständnis zu fördern, so dass dies im wirksamen Handeln den zu betreuenden Hilfesuchenden und zu Unterstützenden zu Gute kommt.

Bei Yousefi und Braun (2011), die sich auf die Klassifizierung der Kulturkonzepte von Reckwitz (2006) beziehen, wird der Kulturbegriff in vier Konzepte eingeteilt:

- Normativ orientiertes Kulturkonzept
- Totalitätsorientiertes Kulturkonzept
- Differenzierungstheoretisches Kulturkonzept
- Bedeutungs- und wissensorientiertes Kulturkonzept

Der *normativ orientierte Kulturbegriff* ist ein Konzept, welches nach festen Regeln beurteilt und bewertet wird. Ein Lebensentwurf nach idealistischen Prinzipien ist Voraussetzung. Dieser Lebensentwurf kann einen universalistischen Anspruch erheben, muss es jedoch nicht (vgl. Reckwitz 2006; Yousefi, Braun 2011). Bei den normativen Kulturkonzepten wird eine bestimmte Lebensweise mit bestimmten Normen für kultiviert erachtet. Das normativ orientierte Kulturkonzept basiert insbesondere auf älteren Kulturtheorien (Kant, Elias), die sich an der Zeit der Aufklärung und des Idealismus orientieren. Gültigkeit hat ein normatives Kulturverständnis, welches mit dem Imperativ „Ihr sollt“ bzw. „Ihr müsst“ einhergeht. Die normativen Kulturkonzepte werden von Inhalten mit moralischen Forderungen bestimmt, „die die Maximen von Handlungen steuern wollen“ (Yousefi, Braun 2011, S. 15). Insoweit werden Kulturhierarchien durch normative

Kulturkonzepte favorisiert und Interdependenzen können übersehen oder vernachlässigt werden (ebd.).

Der *totalitätsorientierte Kulturbegriff* ist ein Konzept, in welchem regionalisierende und nationalisierende spezifische Lebensformen eines Kollektivs in einer bestimmten historischen Epoche in den Vordergrund gestellt werden. Damit ist gemeint, dass sich der totalitätsorientierte Kulturbegriff nicht als für „jedermann" erstrebenswerte Lebensform angesehen wird, sondern als spezifische Lebensform unterschiedlicher Kollektive an verschiedenen Orten und zu unterschiedlichen Zeiten. Im totalitätsorientierten Kulturkonzept wird die historisch-spezifische Lebensweise einer sozialen Gruppe im Vergleich zu anderen Gruppen in den Mittelpunkt gestellt. Kulturen werden wie aufeinander prallende Kugeln, die keinen Bezug zueinander aufweisen, aufgefasst. Die Kulturen essentialisieren. Dies meint, es wird eine Kultur anerkannt, da Kulturen als monolithische Ganzheiten mit konstanten Merkmalen betrachtet werden. Kultur und Gesellschaft identifizieren sich miteinander.

Das totalitätsorientierte Kulturverständnis liegt einem Imperativ zugrunde, in der eine Kultur als eine unverwechselbare bestimmte Lebensform gesehen wird und in Konkurrenz mit anderen Kulturen tritt. Totalitätsorientierte Kulturkonzepte sind als bedenklich anzusehen, da sie zu Kulturfundamentalismus und der Forderung nach Reinheit einer Rasse verhelfen können.

Der *differenzierungstheoretische Kulturbegriff* bezieht sich auf „intellektuelle und künstlerische" Aktivitäten. Intellektualistisch ist er in der Theorie beheimatet, praktisch kann er unter normativen Aspekten gedeutet werden (vgl. Yousefi, Braun 2011, S. 19). Im Mittelpunkt dieses Konzeptes stehen Bildung, Kunst oder Wissenschaft. Eine „wertneutrale" „Identifikation von Kultur mit jenem gesellschaftlichen Handlungsfeld, in dem die Produktion, Verteilung und Verwaltung von „Weltdeutungen" intellektueller, künstlerischer, religiöser oder massenmedialer Art stattfindet" (Reckwitz zit. n. Yousefi, Braun 2011, S. 19). Kultur wird als soziales Teilsystem betrachtet, wie dies in den „Funktional ausdifferenzierten Dimensionen des Sozialsystems" von Parsons vorgestellt wurde. Die Kultur nimmt dabei ein soziales Teilsystem ein. Im differenzierungstheoretischen Konzept wird auf die mit Kulturtheorien verbundenen Machtverhältnisse hingewiesen. Das differenzierungstheoretische Kulturkonzept entspricht eher den Grundpositionen der Interkulturalität.

Bei dem *bedeutungs- und wissensorientierten Kulturbegriff* identifizieren sich die Akteure mit der Bedeutung ihrer Handlungen mit symbolischen Ordnungen. Die Bedeutung dieser Handlung bleibt dabei auf Strukturen beschränkt. In diesem Konzept wird Kultur als „Komplex von Sinnessystemen" oder von „symbolischen Ordnungen" betrachtet. Die Handelnden erschaffen sich ihre Wirklichkeit als bedeutungsvoll und ermöglichen und beschränken ihr Handeln in Form von Wissensordnungen (vgl. Reckwitz 2006; Yousefi, Braun 2011).

Broszinsky-Schwabe (2011) nimmt eine Kulturunterscheidung vor, indem sie lokale, regionale, soziale Kulturen und Subkulturen aufführt, die prägend zur

Bildung der eigenen Identität sein können. Da das Wissen dieser Unterscheidungen für die Gesundheitspflege bedeutsam ist, weil Gesundheitspflegende mit Menschen vielfältiger Kulturen begegnen, werden die Unterschiede der Kulturen nachfolgend aufgeführt.

Zu den *lokalen Kulturen* können z. B. Stadtkulturen (Köln, München, Berlin, Hamburg) gezählt werden, die auch in Stadtteilkulturen differenziert sein können (Kiezkultur).

Zu *regionalen Kulturen* werden geographische Gebiete mit einer eigenen Landschaft sowie deren Bevölkerung gezählt. Die einzelnen Bundesländer Deutschlands bilden regionale Kulturen (z. B. sprachliche Dialekte, Bekleidung: Trachten, Lederhosen, Dirndl).

Soziale Kulturen sind durch eigene kulturelle Ausdruckformen geprägt. So hat sich z. B. die Feier zum 1. Mai als Kampftag der Werktätigen entwickelt (Arbeiterkultur), oder Traditionen wie Dorffeste, Erntekranz (bäuerliche Kulturen), die durch regionale Besonderheiten geprägt sind.

Subkulturen sind Unterkulturen von sozialen Akteuren einer Kultur, die sich von zentralen Normen der herrschenden Kultur (Konsumkultur, Mode, Musik) abgrenzen und über nationale Grenzen hinweg orientiert oder durch internationale Strömungen beeinflusst sind. Dazu können verschiedene Strömungen der Jugendkulturen gezählt werden, die vorwiegend Freizeitgruppen sind und deren Gruppenmitglieder sich zu gemeinsamen Ritualen und Festen mit spezieller Musik treffen: die Hippie-Bewegung in den 60er Jahren, die nebeneinander stehenden Subkulturen wie Techno-Szene, New Wave, Gruftis, Vampirkulte, Rave, Heavy Metall, Rock etc. Bei den Jugendkulturen bestehen oftmals feste Rollenbilder, gekennzeichnet durch einen besonderen Musikstil, besondere Kleidung, Frisuren, Piercings, Tattoos, Schmuck, Gesichtsbemalung sowie ein eigenes Gruppenverhalten, in welchem sich das Lebensgefühl und die Werte ausdrücken. Dies kann durch eigene Kommunikationsformen wie nonverbale Gesten, Begrüßungsrituale, bevorzugte Wörter sowie Redewendungen wahrnehmbar sein (vgl. ebd., 54f.). Durch die verschiedenen Subkulturen und deren innerer Differenzierung, der ein fortschreitender Prozess ist, ist davon auszugehen, dass sich neue kulturelle Formen herausbilden. Als Beispiel können die Verästelungen von Subkulturen in Berlin genannt werden (Rockabilly-Clubs sowie Vampirtreffen etc.).

Auch wenn es unterschiedliche Kulturkonzepte zum Kulturbegriff gibt, so ist festzustellen, das Kultur eine Vielfalt von Vorstellungen und Bedürfnissen umfasst, die aus Werten und Normen unterschiedlichster Bevölkerungen hervorkommen und sich eine Eigendynamik von Kulturen entwickeln kann. Eine eindeutige Bestimmung von Kultur ist demnach nicht möglich, da sie von der eigenen Bevölkerung anders gesehen wird als von einer anderen (fremden) Bevölkerung. Bevölkerungen weisen sich insbesondere durch das Merkmal der Sprache aus, so dass es in einer Bevölkerungskultur zu unterschiedlichen Dialekten kommen kann, z. B. der bayrische, hessische, schwäbische oder hanseatische Dialekt.

Vergleicht man die einzelnen Dialekte, so wird dies in jedem Menschen andere Empfindungen und Gefühle auslösen. Eine Person, die in Hessen lebt, wird sich dem hessischen Dialekt zugewandt fühlen, eine Person, die in Bayern lebt, wird den bayrischen Dialekt bevorzugen. Es mag auch vereinzelt vorkommen, dass Menschen, die in anderen Regionen beheimatet sind, einen Dialekt besonders ansprechend empfinden. Dafür mag es verschiedene Gründe geben, die in der Person selbst liegen (z. B. ausgehend vom Gefallen, von Erinnerungen oder von Gefühlen). Durch die subjektiven Wahrnehmungen und die Tiefe der Berührung und Verwurzelung ergibt sich, dass es auch innerhalb einer Kultur Abweichungen geben kann, die sich nicht nur auf die Sprache, sondern auch auf weitere Normen- und Wertemerkmale beziehen können. In diesem Sinne ist Kultur stets überall in unterschiedlichen Lebensräumen sozialer sowie ethnischer Gruppen anzutreffen. In den verschiedenen Generationen ist Kultur tendenziell verschieden. In der Postmodernen betonen Vertreter „insbesondere die Vielfalt und Widersprüchlichkeit von Kultur(en) in einer globalisierten Welt. Statt Anspruch auf universelle Deutung und Gültigkeit der Zuschreibung von „Kultur“ zu erheben, gehen sie von einer Relativität und Subjektivität des Kulturbegriffs aus. Dieser unterliege grundsätzlich der jeweiligen Deutung durch das Individuum – auch der Forscherin und des Forschers, die/der mit Kultur Zusammenhängendes untersucht. Einen einheitlichen Kulturbegriff kann es aus postmoderner Sicht nicht geben“ (Dreißig 2005, S. 18).

Vertreter der Cultural Studies sind der Auffassung, dass Kultur sich in einem komplexen System aus sozialen, gesellschaftlichen, institutionellen und politischen Bedingungen herausbildet, so dass dies Einfluss auf die Erfahrung und Wahrnehmung des einzelnen Menschen nimmt und er dadurch geprägt wird.
Demnach erfährt der Mensch durch Wahrnehmungen und Erfahrungen alltäglicher Situationen Kultur, welche im Kontext sozialer, gesellschaftlicher, politischer und institutioneller Rahmenbedingungen kulturelles Handeln ermöglicht.

Über diesen Weg kann sich kulturelles Handeln entfalten, in welchem dem Menschen die erforderlichen Handlungsräume zugestanden werden.

Neben dem Begriff der Kultur finden sich in der Literatur Bezeichnungen wie Migration, Interkulturalität, Multikulturalität und Transkulturalität, die im Nachfolgenden erläutert werden, da sie als Einführung in den Bereich kulturrelevanter Ansätze für die Gesundheitspflege gesehen werden können, die in der Begegnung mit dem Eigenen und dem Anderen (Fremden) eine eurozentrische Perspektive auszuschließen bestrebt sind und zur Sensibilisierung und Klärung bei interkulturellen Entscheidungsfragen einen Beitrag leisten mögen.

1.1.2 Migration

Um das Zusammenleben in der Versorgung zu erleichtern, können die Kenntnisse über Migrationshintergründe der zu betreuenden Menschen den Umgang verständnisvoller werden lassen, so dass eine individuelle Gesundheitspflege gefördert wird. Bei dem Migrationsgedanken geht es darum, Migranten nicht als fremd auszugrenzen, sondern sie zu integrieren, und das Migranten ihrerseits dazu bereit sind, sich in das wirtschaftliche und soziale Leben der Aufnahmegesellschaft einzugliedern (vgl. Broszinsky-Schwabe 2011, S. 232). Die politische und wirtschaftliche Integration wird durch Aufenthaltsregelungen und eine Arbeitserlaubnis geregelt. Sie bilden den Rahmen. Die soziale Integration wird durch „Einbindung des Zuwanderns oder einer Gruppe in eine andere soziale Gruppe oder in eine Gemeinschaft (Staat)" (ebd.) ermöglicht.

Demnach bezieht sich Migration (engl. migration) auf „Prozesse regionaler Mobilität innerhalb einer Gesellschaft oder zwischen verschiedenen Gesellschaften und ihren geografisch und kulturellen Lebensbereichen" (Hillmann 1994, S. 920), „in Form eines relativ dauerhaften Wechsels des Wohn- bzw. Lebensortes" (Youselfi, Braun 2011, S. 126). Die Integrationsbereitschaft der Zuwanderer ist nicht homogen – weder sozial, religiös noch ethnisch.

Migration umfasst Wanderungen von Menschen aus eigenen in fremde Kulturen bzw. Gesellschaften, deren Werte- und Normensystem fremd erscheinen mag. Fremd erscheint einem dann etwas, wenn es nicht eigen ist. Eigen ist einem Menschen das Selbstverständliche. Dazu gehören „die eigene unhinterfragte subjektive Einstellung, der gewohnte Raum, die bekannten Zeiten, die üblichen Artefakte, das selbstverständliche Sozialgefüge und das „Weltbild des Normalen""" (Uzarewicz et al. 2008). Zwischen dem Fremden und dem Eignen zieht der Mensch Grenzen, so dass das, was nicht eigen ist (erst einmal) fremd erscheint. Es finden Ein- und Ausgrenzungsprozesse statt, so z. B. die nationalstaatlichen Grenzsetzungen oder kulturelle Grenzen.

Bei differenzierter Betrachtung des Begriffs „fremd" können drei Dimensionen identifiziert werden: die existenzielle Dimension des Subjekts, die erkenntnistheoretische Metaebene der Betrachtung und die normative Dimension der kollektiv gesellschaftlichen Wirkungs- und individuellen Handlungsweisen (vgl. ebd., S. 3).

Bei der *existenziellen Dimension* geht es um kontinuierliche Entfremdungsprozesse, damit das Leben und Überleben gesichert wird. Dazu gehören z. B. gesunde Nahrungsmittel (die nicht giftig sind), sowie das Interagieren und Kommunizieren mit Fremdem. Das Phänomen wird durch dass existentielle Fremde gebildet, welches auf einen Entfremdungsprozess hinausläuft. Sie bilden das Grundmuster mit diesem Phänomen.

In der *erkenntnistheoretischen Dimension* geht es um Betrachtung und Reflexion, auf der Metaebene um den Begriff Fremd, der vorgibt, etwas begrifflich zu erfassen und zu benennen, was nicht zu erfassen und zu benennen ist. Dadurch, dass das, was begrifflich nicht zu erfassen ist, begrifflich erfasst wird, ergibt sich eine Paradoxie. Nämlich, indem etwas als fremd bezeichnet und mit einem Begriff belegt wird, ist der erste Schritt zur Entfremdung gemacht (vgl. ebd., S. 4).

Das Wort „Fremd“ wird als *normativer Begriff* im allgemeinen Sprachgebrauch verwendet und vollzieht sich durch gesellschaftliche, kollektive Wirkungs- und Handlungsweisen. In der Sprache werden typisierende Gruppierungen verwendet; es wird von den Deutschen, den Türken, den Amerikanern gesprochen. Diese Typisierungen lassen sich sowohl auf nationalstaatliche Herkunft als auch beispielhaft beliebig auf Geschlecht und Alter beziehen. In dieser Dimension sind sowohl Stereotypisierungen und Diskriminierungen so wie eine ideologiekritische Funktion angelegt. So finden sich die gruppierten Unterscheidungen zwischen „den Jungen“ und „den Alten“. „Die Alten“ erscheinen „den Jungen“ fremd. Auf das Geschlecht bezogen liegt das Fremde in der Unterscheidung zwischen Frauen und Männern. Frauen sind anders als Männer. Die Fremdheit oder Andersartigkeit kann sich auf Gruppen und auf einzelne Menschen beziehen. Dabei macht es einen qualitativen Unterschied, ob eine Gruppe oder ein einzelner Mensch als „fremd“ oder „andersartig“ bezeichnet wird. Bei einem Menschen wird dies auf das „Individuum“ bezogen, bei vielen Menschen, die einzelnen nicht bekannt sind, auf eine Gruppe: „Die Araber sind Fremde“. Das Kennenlernen des einzelnen Menschen ist möglich, das Kennlernen, das Entfremden und Bekanntmachen des Persönlichen einer Kollektivkategorie: “Die Araber sind Fremde“ ist nicht möglich. Durch das kritische Hinterfragen der Fremdbeschreibung kann man über diesen Weg zur Selbstbeschreibung gelangen, so dass sich neue Selbsterkenntnisse erschließen. Dadurch entsteht eine Dynamik, die das Fremde relativiert und das Eigene im Fremden entdeckt und umgekehrt (vgl. ebd.).

Durch die bewusste Auseinandersetzung mit diesen Phänomenen wird es Gesundheitspflegenden gelingen, zu Fremdheit und Andersartigkeit einen Zugang zu finden, der sich über die Selbsterkenntnis erschließen lässt.

1.2 Interkulturalität

Um eine individuelle Betreuung der Menschen zu gewährleisten, das eigene berufliche gesundheitspflegerische Profil zu erkennen und nach den gewonnenen Erkenntnissen zu handeln, ist die Auseinandersetzung mit dem interkulturellen Begriff erforderlich, weil es um Verstehen, Verständnis, Respekt, Rücksichtsnahme und der Annahme der anderen (fremden) Kultur bei der gesundheitspflegerischen Begleitung und Betreuung geht. Bei der menschlichen Zuwendung begegnen sich das Eigene und das Andere in der Interkulturalität.

Die Interkulturalität bezieht sich auf verschiedene Kulturen, die nicht über die selben Normen- und Wertorientierungen, Wissensbestände und Bedeutungssysteme verfügen, jedoch zwischenmenschliche Bindungen und Kontakte haben, sowie im Austausch und in Interaktionen miteinander in Kontakt kommen. „Das Präfix „inter“ bedeutet „zwischen“, „miteinander“ und „reziprok““ (Barmeyer 2012, S. 81). Die interkulturelle Begegnungssituation ist eine andere als in einer intrakulturellen Situation, da durch die interkulturelle Situation Verhaltens- und Kommunikationsregeln neu zu gestalten und gegenseitig auszuhandeln sind. Es „wird stärker die Beziehung zwischen zwei unterschiedlichen Positionen und Perspektiven betont“ (Rommelspacher 2005, S. 183). Interkulturalität umfasst nicht nur weltweite Migrationsbewegungen und Berührungen mit dem kulturell Anderen, sondern es gibt kulturelle Kontexte und Subkulturen, die sich gegenseitig ausschließen, weil deren Divergenzen (Verschiedenartigkeiten) größer sind als die der „kulturell Anderen“ (vgl. Yousefi, Braun 2011, S. 27).

Das Eigene und das Andere (Fremde) werden durch die Grundwirklichkeit des menschlichen Lebens und das Wechselverhältnis zwischen dem Eigenen und Anderen tangiert. Das Eigene bedeutet in aller Regel Vertrautheit, Geborgenheit, Sicherheit, verbunden mit dem Gefühl der Zugehörigkeit, Identität und einer stiftenden Kontinuität. Das Andere beginnt in aller Regel dort, „wo ich mit meinem Latein am Ende bin und sich ein anderes Latein in mein Leben einschleicht, wo die für mich vertraute Umgebung ihre Grenze in Begegnung mit dem anderen erreicht“ (ebd., S. 46). Das Selbige hat auch Gültigkeit in der Begegnung zwischen dem Anderen und dem Eigenen, z. B. den beruflichen oder familiären Begegnungen in eigenkulturellen und fremdkulturellen Kontexten der Kommunikation (vgl. ebd.). Der Andere (Fremde) „ist für sich ein „Eigener“ und jeder, der sich als „Eigener“ betrachtet, ist auch ein „Anderer““ (ebd., S. 48). Interkulturalität entsteht, wenn es zwischen Personen zu kulturellen Überschneidungssituationen kommt und das Eigene und Fremde als bedeutsam eingestuft wird. In der nachfolgenden Abbildung wird ersichtlich, dass eine Dynamik kultureller Überschneidungssituationen in der Begegnung zwischen dem Eigenen und Fremden entsteht.

Abb. 4: Dynamik kultureller Überschneidungssituationen

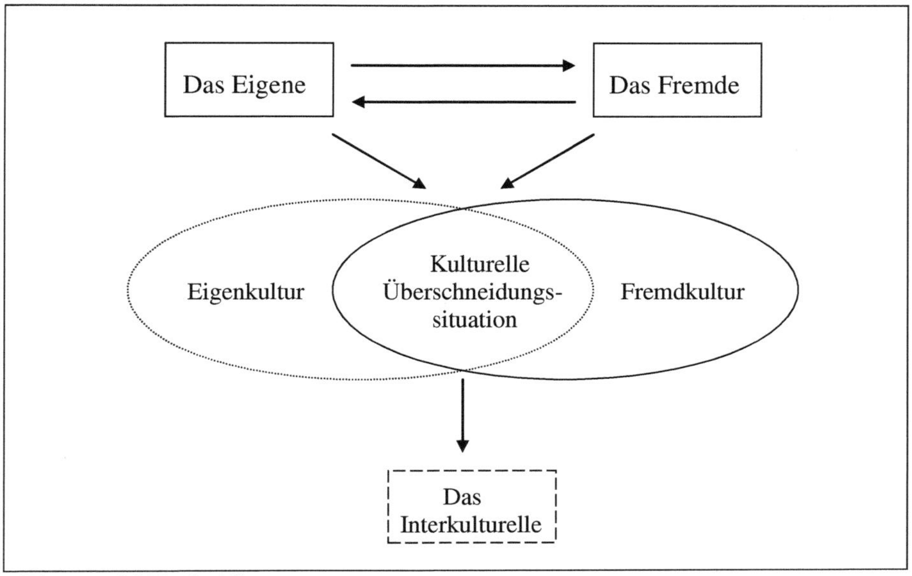

(Thomas 2003, S. 46)

Die „Ich-Identität" und die „Wir-Identität" der kulturellen Normen- und Werteorientierung sind zwischen Eigen und Anders (Fremd) mitentscheidend, sowohl in der Perspektive der Eigenkultur als auch in der Perspektive der Fremdkultur. Der Klient, der uns als Fremder begegnet, kann unterschiedlicher Herkunft sein: Der Klient kann aus einem anderen Land kommen, einer anderen Religion, einer anderen Klasse, einer anderen ethnischen Gemeinschaft oder/und einer anderen Subkultur angehören.

Der Klient sowie die Gesundheitspflegende besitzen eine mehr oder weniger unbewusste oder bewusste Ich-Identität und eine Wir-Identität.

Ich-Identität macht den Menschen einzigartig, da jeder Mensch besondere Eigenschaften hat, die das Bild eines Menschen ausmachen. Dazu gehört das Körperbild. Visuell zählen dazu Größe, Hautfarbe, Geschlecht und Alter. Bei der Wir-Identität identifizieren sich die Mitglieder einer Gruppe bewusst oder unbewusst mit den besonderen Eigenschaften im „Wir-Bild" (Eigenkultur). Identität wird durch Kultur, Zivilisation, Religion und Tradition beeinflusst; dabei können Gesellschaft und Familie als Bestandteil der Kultur angesehen werden. Durch diesen Sozialisationsprozess bildet der Mensch Eigenschaften, die sich als „Ich-Identität" und in einer Gruppe oder Gesellschaft als „Wir-Identität" herausbilden. Identität geht in keinem der benannten Bereiche restlos auf (vgl. Yousefi, Braun 2011, S. 47).

In der nachfolgenden Abbildung wird dies visualisiert.

Abb. 5: Wesentliche Komponenten der Identität

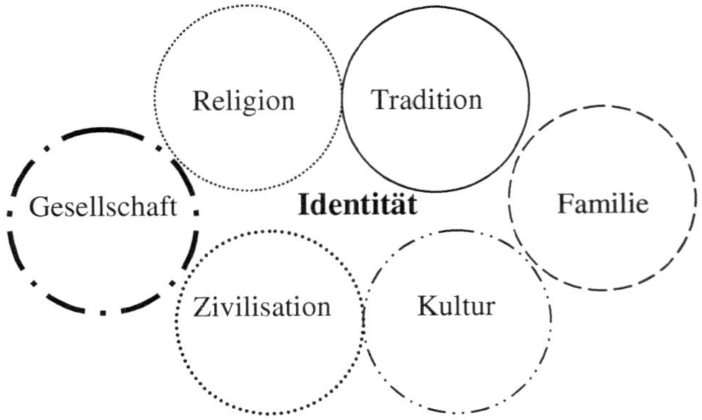

(Yousefi, Braun 2011, S. 47)

Die skizzierten Komponenten der Identität beeinflussen den Menschen in seinem Sozialisationsprozess, die auch in interkulturellen Situationen durch spezifische Verhaltensnormen der Akteure abweichen können.

Pflegende haben eine kulturelle berufliche Sozialisation während ihrer Ausbildung durchlaufen, dass sich diese entweder als Pflegende verstehen oder als Gesundheitspflegende verstehen lernen. Sodann haben Gesundheitspflegende einen erweiterten Blickwinkel. Diese Annahme erschließt sich aus der Gegebenheit der beobachtenden und damit zusammenhängenden Wahrnehmung, dass die Sprache das Spiegelbild der Wirklichkeit ist. Eine fortsetzende Bearbeitung dazu erfolgt in Kapitel 4. Zurückkommend: Es können sich neue situative Verhaltensweisen für die Zeit der interkulturellen Situation herausbilden. Um die „Ich-Identität" und „Wir-Identität" aus einer anderen Perspektive zu betrachten, die der Perspektive von Yousefi und Braun (2011) ähnlich ist, kann die Identität im Zusammenhang mit Interkulturalität von Broszinsky-Schwabe als perspektivisch erweiterter Zugang zur Identität im Zusammenhang mit Interkulturalität angesehen werden.

Broszinsky-Schwabe (2011) nimmt eine Einteilung der Identität in personale, soziale und kulturelle Identität vor. Diese Identitätsformen sind für die gesundheitspflegerische Betreuung relevant, da Gesundheitspflegende dazu neigen, Attrributionen vorzunehmen, die sich an der personalen, sozialen oder kulturellen Identität des Fremden erschließen. In einer Untersuchung von Atina (1998) wurde eine Befragung zu bikulturellen Partnerschaften deutscher Frauen und Männer, die mit islamischen Partnern liiert waren, nach dem Bild von Muslima und Moslems durchgeführt. Es hatten alle Befragten ein sehr klares Bild. Ihre Partner/innen, mit denen sie lebten und die sie liebten, seien nicht so wie diese Bilder, sie seien eigentlich keine Moslems, da sie europäisiert wären. Daraus lässt sich ableiten, dass die Wirklichkeit so konstruiert wird, wie man sie in einem umgearbeiteten Bild erblicken möchte. Entspricht der Betreffende nicht einem bestimmten Klischee, wird eine Annahme erschlossen, in der die Partnerin, der Partner bildhaft zu sehen ist und zum Nicht-Moslem gemacht. Der Andere wird zum Nicht-Moslem oder zum nicht „richtigten" Moslem bestimmt. Dem Anderen wird damit seine Identität genommen; das Klischee bleibt unverändert (vgl. Atina 1998).

Das Paradoxe daran ist, dass die Kultur des Anderen durch den kulturalistischen Blick unsichtbar gemacht wird. Entspricht der Andere nicht den kulturalistischen Erwartungen, wird er durch die umgearbeitete Wirklichkeit sozusagen ausgemeindet: Der Jude ist kein „richtiger" Jude mehr, weil er nicht religiös ist, die Türkin ist keine „richtige" Türkin mehr, weil sie emanzipiert ist.

Um sich von bestehenden Bildern im Kopf zu distanzieren und bestehende Klischees abzulegen und die Identitäten des Anderen kennenzulernen, bedeutet dies: Ein offenes Zugehen auf den Anderen, neugierig sein und Sichtweisen zulassen, in denen der Andere mit seiner Sichtweise relevant wird. Dazu kann die Auseinandersetzung und das Anerkennen der personalen, sozialen und kulturellen Identität verhelfen, so dass bestehende Vorstellungen im Eigenen zu irritieren vermögen und das Eigene und das Andere sich in der kulturellen Überschneidungssituation bedeutsam begegnen.

Bei der *personalen Idenität* wird das Andere (der Fremde) mit dem Körperbild verbunden, nämlich „nach Geschlecht, Alter, Größe, Hautfarbe, Haarfarbe und Haartracht, Gewicht und Körperumfang, Körperschmuck und Körperbemalung, Kleidung, generelles Auftreten (gepflegt, selbstsicher, dezent etc.)" (Broszinsky-Schwabe 2011, S. 44) identifiziert. In der Wahrnehmung wird der Andere mit seinen anderen Sinnen wahrgenommen. Dazu gehören seine Lautstärke, seine Sprache und das Riechen der kosmetischen Artikel. Aus seinem Verhalten und seinen Eigenschaften werden Rückschlüsse getroffen: Ist er humorvoll oder humorlos (trocken), gesprächig oder schweigsam, lebhaft oder langweilig, bescheiden oder großspurig, neugierig oder uninteressiert? (vgl. ebd.). Für einen ersten Eindruck ist die Verständigung von besonderer Relevanz; ist eine Kommunikation überhaupt möglich? Kann sich der Andere verständigen (Sprache, Bildungsstand). Der Andere kann blind, stumm, taub sein oder stottern (vgl. ebd.).

Bei der *sozialen Identität*, die auch als Gruppenidentität, kollektive Identität (vgl. Broszinsky-Schwabe 2011, S. 44f.) oder „Wir-Identität" (bei Yousefi, Braun 2011) bezeichnet wird, identifiziert sich der Einzelne mit einer Gruppe. Die soziale Identität geht über die personale Identität hinaus. Diese Identität ist als soziale Heimat wichtig, weil der einzelne Mensch eine Übereinstimmung mit seiner Gruppe erfährt, wo er Verhaltensweisen, Ziele, Wertevorstellungen und Symbole teilt. Dazu gehören z. B. Familie, Altersgruppen (Senioren, Jugendgruppen, Kindergruppen), Religionsgemeinschaften. Soziale Identität ist dynamisch und nicht statisch. Ein Wechsel von einer Gruppe in eine andere Gruppe ist durch soziale Mobilität möglich, z. B. Wohnortswechsel oder Berufswechsel. In aller Regel besteht eine Zugehörigkeit zu mehreren sozialen Gruppen. Diese Zugehörigkeit und das Sich-aufeinander-einlassen-können ist von verschiedenen Faktoren abhängig: Dazu gehören persönliche Eigenschaften und das Aussehen, die Sprache (inkl. Fremdsprache), Kenntnisse über die andere Kultur, woraus sich ein kulturelles Verständnis entwickeln kann. Diese Faktoren beeinflussen den interkulturellen Überschneidungsraum bzw. die in diesem Raum sich erschließende Kommunikation zwischen dem Eigenen und dem Anderen.

Die *kulturelle Identität* bezieht sich auf die interkulturelle Identität einer Person oder einer Gruppe. Hierbei sei angemerkt, dass Kultur qualitative Merkmale einer Gesellschaft wie Werte und Normen aufweist (vgl. Kap. 1.1.1) und dass der Begriff Kultur im Sinne von Gemeinschaften (gemeinschaftliche Kulturen) benutzt wird, z. B. Stammeskulturen, Regionalkulturen oder Nationalkulturen (vgl. Broszinsky-Schwabe 2011, S. 46ff.).
Zurückkommend zur kulturellen Identität. Die kulturelle Identität zeigt sich in Gemeinsamkeiten wie Normen des Zusammenlebens, gemeinsame Werte und Ideale, Sprache, weltanschauliche und religiöse Orientierungen, sportliche und handwerkliche Geschicklichkeiten und Fertigkeiten. Gemeinsamkeiten zeigen sich z. B. an den Essgewohnheiten (gemeinschaftliche Esskultur), Mode (Modekultur), am Wohn- und Siedlungsverhalten (vgl. ebd.).

Menschsein, als Grundlage des Eigenen und des Anderen, verbindet, so dass Divergenzen (Verschiedenartigkeiten) und Konvergenzen (Übereinstimmungen) in der interkulturellen Situation das Eigene und das Fremde bilden, was die Interkulturalität entstehen lässt. Die Interkulturalität wird im Austausch durch die Kommunikation mit dem Eigenen und dem Anderen (Fremden) wahrgenommen. Diese Situation der interkulturellen Kommunikation wird bei interkulturellen Überschneidungssituationen zwischen dem Eigenen und Anderem (Fremden) von körperlichen, geistigen und gesellschaftlichen (anthropologischen) Faktoren sowie von der eigenen menschlichen Denkform und der Wahrnehmung des Selbst bestimmt.

Bei allem Gesagten ist anzumerken, dass im Bereich der Pflege bzw. Gesundheitspflege, die sich einer interkulturellen Sichtweise annähert, der medialen Kultur und wirtschaftlichen Sphäre eine besondere Bedeutung zukommt. Sowohl Medien und Technik als auch Ökonomie dringen zunehmend in den Bereich der Gesundheitspflege ein. Die zunehmende Orientierung an Medien und Technik innerhalb der Pflege sowie der zum Teil stark vorherrschenden Verwirtschaftlichung der Pflege ist nichts vollkommen Neues, jedoch das Ausmaß und die Art des Funktionierens übersteigt jedes vorher denkbare Maß. Die Pflege muss lernen, sich als Gesundheitspflege zu verstehen, damit die bestehenden Vorstellungen durchdrungen werden und sich eine andere Kultur in der Gesundheitspflege herausbildet, die es versteht, einen Zugang zu interkulturellen Ansätzen zu ermöglichen und zu finden.

1.3 Multikulturalität

Die Erörterung des Begriffs Multikulturalität ist für die Gesundheitspflege und die Pflegeforschung von Relevanz, weil sich durch die Heterogenität einer Gesellschaft, Gesundheitspflegeverläufe in einer Multikulturalität, die sich völlig unterschiedlich kulturell gestalten, die Frage stellt, wie kann das von nebeneinander existierenden Kulturen in der gesundheitspflegerischen Versorgung wirksam werden?
Gesundheitsverläufe können sich aufgrund ihrer jeweiligen Kultur völlig anders zeigen, so dass anzunehmen ist, dass sie einen jeweils anderen Zugang haben, der sich auf die gesundheitspflegerische Betreuung auswirkt.

Yousefi und Braun (2011, S. 105f.) deuten Multikulturalität als „Schutz und Anerkennung kultureller Unterschiede in einer multikulturellen Gesellschaft, die aus vielen ethnischen und kulturellen Gruppen besteht, die nebeneinander existieren".

Multikulturalität umfasst jedoch mehr, nämlich einen wertschätzenden Umgang, der die Lebensweise des Anderen wertschätzend zu respektieren weiß und gleichberechtigt anerkennt, so das ein soziales Leben existierender Gruppen aus unterschiedlicher kultureller Herkunft möglich wird. Wertschätzung bedeutet in diesem Zusammenhang, dass sie nicht asymmetrisch verlaufen darf, weil dabei die kulturelle Wertschätzung des Anderen unberücksichtigt bliebe.

Multikulturalität basiert auf verschiedenen Theorien mit Handlungsimplikationen. Bei Neubert et al. (2013, S. 20ff.) sowie Yousefi, Braun (2011, S. 105f.) werden sechs Formen der Multikulturalität beschrieben, die hier kurz aufgeführt und erläutert werden.

1. In dem *tolerant-pluralistischen Multikulturismus* wird jede Form von Kulturmischung als eine Bereicherung erachtet.
2. Der *demokratische Multikulturismus* ist bestrebt, eine soziale Ungleichheit durch einen realistischen Umgang mit Einwanderern zu ermöglichen und sich von der Kunstfigur „Ausländer" zu verabschieden, weil er die Auffassung vertritt „Je bunter, desto besser" (Neubert et al. 2013, S. 20).
3. Im *radikal-universalistischen Multikulturismus* besteht die Gesellschaft nicht aus Gruppen, sondern aus Individuen (vgl. Neubert et al. 2013, S. 21). Es wird das universalistische Projekt der Aufklärung verteidigt mit ausgerichteter Diskussion auf Integrationsfragen nach den Maßstäben der europäischen Aufklärung.
4. Die *poststrukturalistische Position von Multikulturismus* betont die kommunikative Inkommensurabilität (Nichtvergleichbarkeit der Kommunikation) des Anderen und setzt beim Anderen an. Der Andere bleibt und lässt sich nicht ins Eigen verwandeln. Eine soziale Homogenität bleibt ausgeschlossen, weil sie als unterschiedliche Universen und als artverschieden betrachtet werden.

5. *Multikulturismus als Bedrohung* versteht jegliche ethnische Mischung als Konfliktpotenzial, deshalb wird von einem ethnisch-homogenen Nationalkonzept ausgegangen. Homogenität eines Staates (Volkes) steht im Vordergrund.
6. Der *lebenspraktische Multikulturismus* ist für die Gesundheitspflege bedeutsam. Er untersucht individuelle Lebensstile, Biografien zu entwerfen und das Alltagsleben zu erkunden. Das Praktische bezieht sich auf die Entfaltung des individuellen Lebensstils und die Biografie sowie einen möglichen Transformationsprozess. Der Alltag versteht sich als ein Ort, an dem sich verschiedene Kulturen immer wieder neu begegnen.

Der Multikulturalität kommt die Zuordnung zu, dass ein loses Nebeneinander kulturell unterschiedlicher Gruppen innerhalb einer Gesellschaft existiere; dies meint, dass in heterogen geprägten Gesellschaften kulturell homogene Gruppen bestehen (vgl. Barmeyer 2012, S. 125).

Aus dieser Perspektive gibt die Multikulturalität Auskunft über die Vielfalt von Kulturen, die eher nebeneinander zu stehen kommen. Für die Gesundheitspflege mag das Wissen über Multikulturalität wissensreich sein. Für den menschlichen Zugang, der sich aus gesundheitspflegerischer Perspektive erschließt, reicht das Nebeneinanderstehen von Kulturen bei Weitem nicht aus, weil das Erspüren des Anderen nicht möglich sein wird, da die Kenntnis der nebeneinander stehenden Kulturen zwar bekannt sein mag, sie jedoch nicht das Erspüren des Anderen erschließt. Dies gibt den Anlass, sich mit dem Begriff der Transkulturalität auseinanderzusetzen, der im Folgenden erläutert wird.

1.4 Transkulturalität

Der Begriff Transkulturalität wird in der Pflege von Madeleine Leininger (1985) geprägt, da er einen Zugang bildet, „der eine gemeinsame Kultur jenseits bestehender Eigenheiten annimmt. Die Kombination von Elementen verschiedener Herkunft kann so ein Individuum transkulturell erscheinen lassen" (Yousefi, Braun 2011, S. 108).

Uzarewicz, Uzarewicz (2001, S. 170) verstehen unter Transkulturalität „kulturelle Prozesse als flexibles individuelles Kondensat aus biografisch, soziografischen und ökologischen Faktoren, welches in Situationen immer neu verhandelt wird" (Uzarewicz, Uzarewicz 2001, S. 170).

Bei dem Konzept der Transkulturalität handelt es sich um ein integratives Konzept, in dem fremde Elemente in der Eigenkultur verstärkt hervortreten können (vgl. Welsch 2005; Barmeyer 2012).

Aus den Definitionen der Transkulturalität lässt sich ableiten, dass jede Situation in der jeweiligen Interaktion angemessen auszuhandeln ist. Für Gesundheitspflegende bedeutet dies, dass sie unter Berücksichtigung des kulturellen

Normen- und Wertesystems dem Klienten gegenüber empathisch sind. Pragmatisch gesehen wird dies in der Theorie der Transkulturalität als konkrete Interaktion bezeichnet (vgl. Uzarewicz 2008).

In der theoretischen Auseinandersetzung wird der transkulturelle Zugang in einer transkulturellen leiblichen Kommunikation zum Klienten in der Gesundheitspflege erkundet. Dies setzt das Wissen über eine leibliche Kommunikation voraus, die „Blicke, Beziehungen, Gespräche, Gesang“ (Uzarewicz, Uzarewicz 2011, S. 2) bewusst wahrnehmen, um das Spüren des anderen Leibs erfahrbar werden zu lassen. Die transkulturelle leibliche Kommunikation kann zur Betreuung bei Menschen mit Migrationshintergrund zu einer besseren Verständigung führen, weil sie in der Sprache der Leiblichkeit als transkulturelle Sprache zu verstehen ist. Um sich auf eine transkulturelle leibliche Kommunikation einlassen zu können, kann der entwickelte theoretische Ansatz der transkulturellen Pflege als Orientierungshilfe dienen. Leininger prägte den Begriff „transkulturelle Pflege“, den sie definierte als „humanistisches und wissenschaftliches Gebiet der Pflege in Theorie und Praxis, dessen Gegenstand die Unterschiede und Gemeinsamkeiten in Pflege-, Gesundheits- und Krankheitsmustern sind, die auf kulturellen Normen, Werten und Praktiken unterschiedlicher Kulturen der Welt basieren, sowie die Anwendung dieses Wissens für eine kulturspezifische und/oder universelle Pflege von Menschen“ (Leininger, zit. n. Zielke-Nadkarni 1997, S. 108). Die wichtigsten entwickelten Grundannahmen sind:

- Menschliche Pflege erweist sich als ein universelles Phänomen, dessen Begriffe, Prozesse, strukturelle Formen und Pflegemuster in den Kulturen verschieden sind.
- Pflegehandlungen und Prozesse sind für das menschliche Leben, das die Phasen Entwicklung, Wachstum, Überlebenswillen und einen friedlichen Tod im Lebensverlauf aufweist, wesentlich.
- Betreuung ist die Essenz der menschlichen Pflege und die charakteristische, dominante und vereinheitlichende Natur der Pflege.
- Pflege nimmt verschiedene Dimensionen in sich auf: eine biophysikalische, kulturelle, psychologische, soziale und ökologische Dimension. Das Konzept der Kultur bietet umfassendste Möglichkeiten, um die Pflege kennen zu lernen und zu verstehen.
- Pflege ist ein transkulturelles Phänomen, da die (Gesundheits-)Pflegenden mit den Klienten, dem Personal und anderen Gruppen interagieren. Dies macht es erforderlich, dass Pflegende interkulturelle Faktoren der Pflegenden-Klienten-Beziehung und des Systems erkennen und anwenden.
- Pflegeverhalten zeigt sich in den Kulturen verschieden. Auch Ziele und Funktionen der Kulturen sind verschieden, weil sich kulturelle Werte, soziale Strukturen, Weltanschauungen in verschiedenen Kulturen unterscheiden.
- Selbsthilfe unterscheidet sich im Handeln in verschiedenen Kulturen.

- Die Identifikation von universellen und nicht-universellen ethnischen und professionellen Pflegeverhaltensweisen, Meinungen und Handlungen ist wichtig, um die epistemologische und ontologische Grundlage des Pflegewissens zu entdecken.
- Pflege leitet sich größtenteils kulturell ab. Pflege erfordert begründetes Wissen und Fähigkeiten, um die Pflegetätigkeiten wirksam und zufriedenstellend auszuführen.
- Es ist keine Heilung ohne Pflege möglich, aber eine Pflege ohne Heilung (vgl. Leininger 1998).

Denn in der transkulturellen Pflege begegnen sich (mindestens) zwei Menschen (Klient und Pflegende) mit ihrer Sprache der Leiblichkeit, die weitgehend eine transkulturelle Sprache ist, und sich über diese verstehen können.

Die Grundannahmen zu den kulturspezifischen Merkmalen lassen sich durch das von Leininger entwickelte ‚Sunrise-Modell' erkunden und begründen. Mögliche Zusammenhänge, die starken Einfluss auf die Heilung, Genesung und den Sterbeverlauf nehmen, lassen sich durch die Grundannahmen verstehen. Durch das Sunrise-Modell wird ein Überblick über verschiedene Dimensionen kultureller Pflege ermöglicht, um die kulturelle Welt mit den verschiedenen Einflüssen und Lebensbedingungen des Menschen zu verstehen und verschiedene kulturspezifische Umstände unter Berücksichtigung des Sunrise-Modells zu erforschen. Im Sunrise-Modell werden unterschiedliche einflussnehmende Faktoren berücksichtigt, die sich auf das Sorgemuster, auf Gesundheit, Pflege und Krankheit sowie Verbindungen der Faktoren untereinander und aufeinander auswirken. In dem Modell sind es die Faktoren:

- Bedeutung von Erziehung und Bildung,
- religiöse und ethisch-philosophische Einflüsse,
- politische und rechtliche Aspekte,
- kulturelle Werte und Lebensvorstellungen,
- Bedeutung von Familie und sozialem Umfeld,
- wirtschaftliche Verhältnisse,
- Technologien.

Das Modell von Leininger gewinnt in der Gesundheitspflege an Bedeutung, da sich aus den Faktoren Elemente für die Praxis ableiten lassen. Dabei sollen Gesundheitsrisiken vermieden werden, indem kulturell bedingte Konflikte erkannt, kulturellen Zwängen vorgebeugt und eine umfassende Gesundheitspflege sichergestellt wird. Leininger unterscheidet zwischen der generischen (Laienpflege) und der professionellen (Pflegeexperten) Fürsorge. Die generische Fürsorge – so Leininger – kann nach und nach in eine professionelle Form übergehen, indem sich Respekt und Verständnis wirkungsvoll in der Pflegepraxis zeigen. Der Respekt äußert sich in einer kritischen Überprüfung der laienhaften Pflegehandlungen. Wenn sie den Prüfungen standhalten, werden sie von den professionellen Pflegenden angewendet. Drei Modi nennt Leininger für die Entscheidung und Durchführung der Pflege:

- die Erhaltungs- oder Bewahrungsfunktion kulturspezifischer Fürsorge,
- die Anpassungs- und Verständigungsfunktion kulturspezifischer Fürsorge,
- die Umstrukturierungs- oder Musteränderungsfunktion kulturspezifischer Fürsorge.

Die erarbeiteten Erkenntnisse des theoretischen Ansatzes kulturspezifischer Fürsorge sind in einem angemessenen Rahmen in der Pflegepraxis umzusetzen. In der konkreten Umsetzung könnte ein Klient eine kulturspezifische Ernährung erhalten (anstatt die klinikübliche Kost) oder der Klient erhält die Möglichkeit, sein religiöses Bedürfnis auszuleben und zu erleben, entgegen den üblichen Abläufen in der Einrichtung. Das Einbeziehen der Bezugsperson und der Angehörigen ist ebenfalls zu berücksichtigen. Für Gesundheitspflegende bedeutet dies, dass sie transkulturelle Kompetenzen erworben haben, damit eine theoretisch geleitete Umsetzung in der gesundheitspflegerischen Praxis zukünftig gelingt. Für die transkulturelle Kompetenz sind Persönlichkeitsmerkmale, Wissen und Kenntnisse, Kommunikationsfähigkeit und Interaktionsorganisation unabdingbare Voraussetzungen (vgl. Habermann 1999).

Persönlichkeitsmerkmale sind

- Motivation und Interesse an interkulturellem Kontakt,
- Unvoreingenommenheit; negative Bewertungen bleiben unterlassen,
- eine positive Einstellung zu fremden Kulturen entwickeln und kulturelle Unterschiede akzeptieren,
- Tugenden wie Höflichkeit, Freundlichkeit, Diplomatie, Toleranz und Geduld sollten selbstverständlich sein.

Wissen und Kenntnisse zeichnen sich aus durch

- allgemeines Wissen und ein Bewusstsein für kulturelle Unterschiede,
- Kenntnisse über Eigenheiten unterschiedlicher Kulturen, die sich aus den Werten, Normen und Konversationen ergeben,
- die Kenntnis über die Kommunikations- und Interaktionsregeln der Kulturen.

Kommunikationsfähigkeit

- setzt die Bereitschaft voraus, seine eigene Kommunikation selbstkritisch zu sehen, damit die Kommunikationsfähigkeit die Möglichkeit erhält, sich entfalten zu können,
- benötigt strategisches Vorgehen zur Klärung und Vermeidung von Missverständnissen,
- hält Dialoge mit Menschen eigener und anderer Kulturen durch eigenes Einbringen aufrecht und fördert sie.

Interaktionsorganisation

- setzt die Bereitschaft voraus, fremdkulturelle Perspektiven und Rollen einzunehmen,
- ermöglicht das Aushandeln von für beide Seiten zu akzeptierende Identitäten,
- bringt Empathie zur eigenen und zu anderen Kulturen auf und entwickelt sie weiter.

Ausgestattet mit einem transkulturellen Kompetenzprofil wird es Gesundheitspflegenden gelingen, die unterschiedlichen Kulturen und Religionen im Gesundheitspflegeprozess zu berücksichtigen, damit Menschen mit einer anderen Kultur und Religion nicht als fremd, sondern als Bereicherung wahrgenommen werden können.

Trotz der Kritik, dass die dargestellten Grundannahmen von Leiniger „in einem strukturellen Sinne unzusammenhängend nebeneinander" (Zielke-Nadkarni 1997, S. 112) stehend wirken, dessen Bezüge zwar im Sunrise-Modell graphisch dargerstellt werden, ihnen jedoch eine theoretische Anreicherung aufgrund des Fehlens der begrifflichen Verknüpfung fehlt, und „ihre strukturelle Beziehung zueinander innerhalb des Gesellschaftssystems" (ebd.) unbeachtet bleibt, bietet es sich an, das Modell in gesundheitspflegerische Überlegungen mit einzubeziehen, die im praktischen Handeln der Gesundheitspflege wirksam werden können.

Transkulturalität lässt sich als Lebenshaltung verstehen, in der Menschen die Grenze der eigenen Kultur wahrnehmen, sich öffnen für andere Kulturen und sich auf andere Kulturen einlassen können, indem sie eine Lebensform praktizieren, die keine Abgrenzungen und Unterscheidungen vornimmt, sondern alle Kulturen gleichberechtigt akzeptiert und respektiert, ihnen offen begegnet, ohne sich in ihnen aufgeben oder verlieren zu müssen. Durch eine solche Haltung wird eine offene Begegnung möglich werden, weil es keine Grenzsetzungen gibt und dies zur Erhöhung der Lebensqualität beitragen kann. Für diesen Prozess werden weder Standards noch Kategorien benötigt, die zur Kategorisierung und Standardisierung führen. Vielmehr ist ein Prozess anzustreben, der eine gesundheitspflegerische Haltung zum Ausdruck bringt, die den Klienten mit seinen kulturellen Werten und Normen, seinen Eigenheiten und Besonderheiten, wertzuschätzen weiß, indem bei der transkulturellen Gesundheitspflege kulturelle Grenzen durch Vernetzung, Verflechtung vieler einzelner Kulturen aufgehoben wird und die eigene Kultur von Kulturen anderer Kulturen durchdrungen wird.

Um die verschiedenen Ansätze der Kulturperspektiven in gesundheitspflegerischen Handlungen zu berücksichtigen, ist dass Wissen und die Auseinandersetzung mit einer kulturellen Ethik bedeutsam, weil sich gesundheitspflegerisches Handeln stets in einem ethischen Prozess vollzieht.

1.5 Interkulturelle Ethik

Die interkulturelle Ethik wird in diesem Teilkapitel insoweit erschlossen, als sie für die Gesundheitspflege von Bedeutung sein könnte. Es hat dreierlei Gründe, warum die interkulturelle Ethik als Teilkapitel in dieser Arbeit hervorgeht: Erstens erschließt sich aus dem Kapitel der Interkulturalität, auf der Grundlage, dass im Zusammenhang der Globalisierung der Welt eine interkulturelle Gesellschaft hervorgegangen ist, aus der sich die Verpflichtung ergibt sich der interkulturellen Ethik zu widmen. Zweitens bedarf es eines Paradigmenwechsels von einer gesellschaftlichen kirchlichen, staatlichen Verantwortung hin zu einer autonomen personalen Verantwortlichkeitsethik. Drittens: In einer zunehmend globalisierten Weltgemeinschaft und einem Europa, welches sich als europäische Gemeinschaft versteht, gewinnt eine interkulturelle Ethik auch für Gesundheitspflegenden zunehmend an Bedeutung, weil sie sich jedem Menschen verpflichtet sieht. Eine interkulturelle Ethik umfasst weit mehr als eine Ethik. Während eine Ethik eher eine Moral beansprucht, die sich auf eine Nationalität bezieht, z. B. die Deutschen, die Niederländer, die Europäer, Indianer oder die Weißen, umfasst eine interkulturelle Ethik eine Moral, die sich auf den einzelnen Menschen bezieht und somit seine Kultur und Religion mit berücksichtigt.

Eine interkulturelle Ethik versteht sich als Reflexion auf die Moral der persönlichen, gemeinsamen und wechselseitigen Verantwortung. Dabei werden Prinzipien, Werte und Normen im Verhalten von Menschen aus vielfältigen Kulturen untersucht. Diese Untersuchungen umfassen auch wechselseitige Verantwortung. Die Moral ist eine existierende Ganzheit in der Realität, bei der moralische Prinzipien, Werte und Normen zu befolgen sind, da ansonsten eine Negativsanktion die Folge sein kann.

In einer sich wandelnden Gesellschaft, die sich zu einer interkulturellen Gesellschaft verändert, verändern sich bestehende Werte- und Normensysteme sowie Haltungen, weil sich Regeln, sittliche Verhaltensweisen und Lebensmuster verändert haben. Galten in den früheren Generationen stabile Ordnungen, an die sich zu halten war, hat sich ein Wechsel zur Individualisierung und Pluralisierung von Moral vollzogen.

So gesehen bedarf es moralischer Grundsätze einer sich anbahnenden Weltgesellschaft, die zwischen allen Kulturen auszuhandeln und in den einzelnen Handlungen moralisch zu differenzieren sind. Ein Wert ist das, was zum einen gut und richtig in der jeweiligen Gesellschaftskultur ist, zum anderen, was als erstrebenswert in einer interkulturellen Gesellschaft anerkannt ist. Normen lassen sich aus den Werten bzw. Wertevorstellungen ableiten und können als ableitbare Handlungsweisen verstanden werden.

Die Unterscheidung zwischen Ethik und kultureller Ethik basiert auf der Gegebenheit, dass eine Ethik sich mit der Moral einer Kultur und kulturellen Veränderungen befasst.

Eine *deskriptive Ethik* beschreibt Prinzipien, Werte und Normen, die tatsächlich stattfinden und von Individuen, Gruppen oder einer Gesellschaft verfolgt werden.
Eine *normative Ethik* beschäftigt sich mit Kriterien zur Rechtfertigung von moralischen Urteilen einer Kultur.

Eine *interkulturelle Ethik* entwickelt ein Verständnis für eine globalisierte und damit einhergehend pluralistische Gesellschaft. Der ethische Paradigmenwechsel umfasst eine Verantwortung, die auf einer verantwortlichen Freiheit basiert (vgl. Merks 2012, S. 38ff.). Nicht mehr die Norm, die in der Ethik Handlungen und Verhalten zu begründen versteht, sondern der Mensch im Mittelpunkt wird bei Handlungen und Verhalten zu verstehen versucht, indem er in einer interkulturellen Ethik in den Fokus rückt. Autonomie als Vernunftethik wird in einer interkulturellen Ethik anzuerkennen sein (vgl. ebd., S. 95ff.). Wenn der Mensch in den Mittelpunkt rückt, dann rückt der Mensch mit seinen Werten und Normen mit in den Mittelpunkt, so dass (neue) Kontexte wechselnder Kulturen an Bedeutung in einer interkulturellen Ethik finden und eine empirische Seite aufweisen.

Durch kulturelle Veränderungen kann angenommen werden, dass sich auch die Moral verändert (vgl. Merks 2012, S. 193), so dass die Überlegungen in eine gemeinsame interkulturelle (Grund-)Ethik münden mögen, die von einer „multikulturellen" Toleranz in einer „interkulturellen" Verständigung, durch Grundsätze einer interkulturellen Ethik, münden mögen (vgl. ebd., S. 223ff.). In einer interkulturellen Ethik ist der Gruppenethos nicht mehr ausschließlich auf eine Gruppe orientiert, sondern versteht sich als Weltethos, in der Moral in der Universalität und Religion der Moral mündet, so dass sich eine interkulturelle Ethik als Prozess versteht und ein interkulturelles Verständnis für anzuerkennende Menschenrechte aufweist. Eine Beachtung und Entfaltung der Menschenwürde unter interkultureller ethischer Perspektive ist einer interkulturellen Gesellschaft verpflichtet. Die Menschenwürde versteht sich durch die Gesetzmäßigkeit als ein Menschenrecht. Die Würde des Menschen ist weltweit schriftlich zu verankern. Die UN-Charta formuliert dieses Recht. Im deutschen Recht findet sich die Menschenwürde im Grundgesetz und stellt ein Grundrecht dar. In den europäischen Mitgliedstaaten ist die Menschenwürde zu achten. Die Akzeptanz der Menschenwürde im weltweiten Kontext versteht sich als Anerkennung der jeweiligen Werte und Normen der Kultur. Um die Würde der Menschen zu berücksichtigen, bedeutet dies für Gesundheitspflegende, die Kultur und Religion des Menschen in der gesundheitspflegerischen Betreuung als Orientierung mit aufzunehmen und im Handeln der gesundheitspflegerischen Praxis durch interkulturelles Verständnis, Toleranz und Autonomie wirksam werden zu lassen.

1.5.1 Autonomie – Toleranz – Vernunft unter ethischer Perspektive

Gesundheitspflegende kommen mit Menschen aus vielfältigen Kulturen tagtäglich in Kontakt, so dass sie in der Lage sein müssen, Toleranz und Verantwortung aufzubringen, damit der Mensch seine Autonomie, damit einhergehend seine autonome Moral, während eines Aufenthaltes in einer Gesundheitseinrichtung oder in der ambulanten gesundheitspflegerischen Betreuung nicht aufgeben muss.

Das gesundheitspflegerische Verständnis fordert demnach ein interkulturelles Verständnis, bei dem der subjektorientierte „Aspekt personaler Freiheit und Verantwortung als Implikat der Menschenwürde und ihrer Entfaltung in Gestalt der Menschenrechte durch alle Kulturen hindurch und gegenüber allen Kulturen" (Merks 2012, S. 275) anerkannt und ernstgenommen wird. Dies ist die Voraussetzung für eine moralisch vertretbare interkulturelle Ethik.

Interkulturelles Verständnis benötigt Toleranz. Die sich aus einem interkulturellen Verständnis erschließende Toleranz kann sich als Minimalmoral oder Strukturmodell interkultureller Ethik verstehen, die eine Toleranz zwischen Duldung und Achtung, aufweist (vgl. ebd., S. 287ff.). Merks formuliert die Toleranz in einer interkulturellen Ethik aus verschiedenen Perspektiven, die die religiösen, kulturellen, gesellschaftlichen und politischen Ordnungsvorstellungen hervorbringen.

Toleranz zwischen Duldung und Achtung umfasst einerseits das Ertragen von Wahrheiten, z. B. hinsichtlich Religionen und Religionszugehörigkeiten, andererseits „die Tolerierung der Freiheit in religiöser Hinsicht, bis hin zur Freiheit, überhaupt nicht zu glauben" (Merks 2012, S. 289).

Der Toleranzgedanke als umfassendes Konzept einer interkulturellen Ethik versteht sich als gemeinsam auszuhandelndes Modell, welches weit mehr als lediglich die Duldung von Vielfalt einer gemeinsam öffentlichen Ethik enthält, „soweit sie nicht die Freiheit der Anderen schadet" (ebd., S. 291).

Toleranz zwischen Akzeptierung und Bestreitung bezieht sich auf die Tugend und auf Prinzipien der öffentlichen Ordnung. Die primäre Toleranz (Tugend) umfasst persönliche Einstellungen und die daraus zu erkennende Haltung. Die Toleranz als Gesellschaftsordnung, die durch Ordnungen und Gesetze geregelt wird, stellt eine tragende Säule dar. Toleranz der Tugend und Toleranz der öffentlichen Ordnung bedingen sich beide einander: „Ohne die Tugend – das heißt die ständig eingeübte und gepflegte wohlwollende Bereitschaft und Erziehung zu tolerantem Umgang miteinander – ist eine tolerante Rechts- und Gesellschaftsordnung, eine Kultur der Toleranz, auf die Dauer wahrscheinlich nicht lebensfähig. Und umgekehrt: Ohne die gesellschaftliche Institutionalisierung von Toleranz würde die tolerante Tugendpraxis sich leicht als utopisch, desillusionierend, entmutigend erweisen, ja würde letztlich selbst auch nicht als eine Tugend bestehen, wenn man bedenkt, wie sehr die jeweils geltenden Tugendideale auch sozial mitbestimmt sind" (Merks 2012, S. 292).

Toleranz als Strukturmodell interkultureller Ethik: Zu den Toleranzprinzipien gibt es unterschiedliche Vorstellungen zu den Strukturprinzipien der Gesellschaft. Zur Debatte stehen das Verhältnis zwischen Gerechtigkeit, Frieden, Wahrheit, zwischen Religion und Säkularität sowie die Funktionalität der unterschiedlichen Lebensbereiche, z. B. Beziehungen zwischen Individuen, gesellschaftlichen Gruppen und Beziehungen zwischen den Individuen und dem Staat (vgl. ebd., S. 295). Dabei basiert die Toleranz

- auf Anerkennung der Freiheit sowie der Würde des Menschen, jeden Menschen in seiner Individualität zu achten,
- als partizipatives Aufbauprinzip der Gesellschaft (Gegenseitigkeit),
- als Duldung, Zugeständnis; Raum und Schutz wird gewährt (vgl. ebd., S. 299).

Die Autonomie als Vernunftethik ist eine Moral, die sich als Moral des Eingewilligten, Sinnvollen und Eingesehenen versteht. Sie ist eine Moral, die „unabdingbar auf die moralischen Subjekte, ihre vernünftige Einsicht, ihr Gewissen und das freie Ja zur Selbstverpflichtung bezogen“ (Merks 2012, S. 95) ist. Die autonome Moral versteht sich als Gewissensethik, die einerseits eine subjektiv-personale Ethik, andererseits eine intersubjektive Ethik ist und das Ethos der Fürsorge für alles Lebendige umfasst. Moral im Autonomie-Paradigma entwickelt moralische Verantwortung mit Nachdruck von einem modernen Verständnis von Freiheit, die vom Zentrum eines modernen Selbstverständnisses des Menschen, also vom verantwortlichen Subjekt, ausgeht. Sie befasst sich mit interkulturellen ethischen Fragestellungen und mit Universalität und Pluralität. Kurz gefasst: Universalität umfasst die Werte und Normen der jeweiligen Kultur bzw. Kulturen. Pluralität befasst sich mit Moral der interkulturellen Gesellschaft und deren Bewegungen sowie deren Auswirkungen auf Einstellungen und moralische Werte und Normen. Erfahrungen des Könnens, der Verantwortung und der Freiheit kommen im Begriff der sittlichen Autonomie zusammen, die durch Zwänge, Beschränkungen das Tun und Lassen des Menschen situieren.

Bei der autonomen Verantwortungsethik steht der Vernunftcharakter von Ethik und Moral im Zentrum, so dass sie „als Verbindung von Gesinnungsethik als moralischer Grundhaltung mit moralischer Realistik“ (Merks 2012, S. 98) in einem richtigen Verständnis dazu zugehören scheint. Danach ist das Gute in der jeweiligen Situation zu bestimmen und zu tun. Was dies für den Gesundheitspflegenden als Subjekt im moralischen Handeln bedeutet, wird im nachfolgenden Text erschlossen.

1.5.2 Gesundheitspflegende als Subjekt im moralischen Handeln

Autonomie, Toleranz und Vernunft unter Berücksichtigung interkultureller und ethischer Perspektive ist in Gesundheitseinrichtungen für Gesundheitspflegende von Relevanz, weil Gesundheitspflegende sich Freiräume schaffen müssen, um zum Wohle der ihnen anvertrauten oder ratsuchenden Menschen verantwortungsvoll moralisch zu handeln. Oftmals wurden und werden heutzutage Pflegende bzw. Gesundheitspflegende durch mündliche oder schriftliche Anweisungen verpflichtet, im Sinne der wirtschaftlichen Effizienz zu handeln. Die Handlungen werden dann weiter beschnitten und eingegrenzt durch einen begrenzten Personalschlüssel in der Pflege. Der Personalschlüssel wird vor kurzfristigen (angemeldeten) behördlichen Besuchen in so mancher Senioreneinrichtung aufgestockt bzw. abgeändert, mit Personal, welches tatsächlich den Dienst nicht zu den angegebenen Diensten vor Ort geleistet hat. Damit kommen Gesundheitspflegende in ein Dilemma. Sie sind bestrebt, eine bestmögliche Betreuung der ihnen anvertrauten Menschen zu sichern, werden jedoch von den Verantwortlichen dazu verpflichtet, den für die Behörde angefertigten abgeänderten (fehlerhaften) Dienstplan stillschweigend hinzunehmen und die falschen Einträge durch die Verantwortlichen im Stellenplan und Dienstplan der Pflege mit zutragen.

Wie dieses Beispiel zeigen dürfte, ist die Übernahme einer autonomen Verantwortungsethik unverzichtbar für Gesundheitspflegende, da sie den ihnen anvertrauten Menschen nach bestem Wissen sowie bestem Gewissen und bester Vernunft zu betreuen in der Lage sein müssen. Dazu gehört es auch, dass sie nicht mit institutionell fehlgeleiteten Zugängen konfrontiert werden, für deren eigennützliche Handlung sie nichts können und in eine eigennützliche Handlung der Verantwortlichen miteinbezogen werden. Der Eigennutz ergibt sich für die Verantwortlichen aus der Situation heraus. Die Verantwortlichen wollen öffentlich kundtun, dass die Stellenbesetzung im Dienstplan der Pflege gut ist, um somit vor der Behörde gut dazustehen, wenngleich die Besetzung im Dienstplan der Pflege, nicht dem realen durchgeführten und durchzuführenden Dienst entspricht.

Gesundheitspflegende sind heutzutage zwischen ihren professionellen Wissenskontexten und den zunehmend wirtschaftlichen Anforderungen, die seitens der Einrichtungen, aufgrund gesetzlicher Komponenten, an sie gestellt werden, mehr denn je in der Verantwortung, in der sie Entscheidungen zu treffen haben. Damit Gesundheitspflegende Entscheidungen unter moralischer Motivation treffen lernen, ist eine moralische Vernunft angezeigt. Eine Vernunftverweigerung, die durch Angst vor der eigenen Courage, aus selbst verschuldeter Unkenntnis oder geistiger Trägheit herrührt, würde den Verzicht der Vernunft sowie das Ende moralischer Fragen bedeuten und die Wirtschaftlichkeit, ohne Grenzensetzung und edle Motiven (die auf moralischen Entscheidungen zum Wohle des Menschen basieren) in Gesundheitseinrichtungen (weiter) auf den Vormarsch bringen. Solche Gegebenheiten werden deutlich durch Anweisungen, die durch Betreiber vorgegeben werden und sich zu Ungunsten einer professionellen Gesundheitspflege auswirken, damit einhergehend zu Ungunsten des zu betreuenden Menschen und zu Gunsten der wirtschaftlichen Effizienz, z. B. beim Einsparen von Pflegeartikeln (vgl. Leufgen 2006). In Senioreneinrichtungen kann es vorkommen, dass die Speisen für Bewohner in geringen Mengen bereitgestellt und serviert werden. Gesundheitspflegende müssen sich zwischen der Situation des Wohles des Menschen und der Anweisung der Einrichtung (die sich an der wirtschaftlichen Effizienz zum Nachteil des Menschen orientieren kann) in autonomer Moral positionieren. Diese Position sollte sich in einer interkulturellen Ethik verstehend orientieren an der unantastbaren Würde des Menschen, der einzigartig und frei ist und Verantwortung trägt. Daraus erschließt sich, dass eine Verteidigung, ein Schutz sowie eine Förderung der Menschwürde durch Gesundheitspflege gesichert werden kann, bei der das Wohlbefinden des Menschen gewürdigt wird. Die autonome Moral beschäftigt sich in der Gesundheitspflege mit der Frage nach gut und böse im moralischen Sinn. Dazu sind fachliche Wissensfragen sowie interkulturelle Fragen und institutionelle Fragen im Kontext des zu betreuenden Menschen bei der Beurteilung von gut oder böse entscheidend. Jede Frage ist eine Frage der Vernunft. Sie setzt bei der menschlichen Unterscheidungsfähigkeit von gut und böse, als Fassungsvermögen der menschlichen Vernunft an, ferner der Entscheidungsfähigkeit zum Guten sowie der Abwägungs- und Umsetzungsfähigkeit der Vernunft in einer konkreten Handlung, z. B. dem Einsatz von erforderlichen Pflegeartikeln, bei der nicht die Einrichtungsleitung durch Begrenzung der Ausgabe einzuschränken gedenkt, um das Ziel finanzielle Einsparungen zu erreichen, um eine wirtschaftliche Effizienz zu erzielen, sondern bei der die Gesundheitspflegenden den Einsatz von Pflegeartikeln verantwortlich festlegen und bestimmen. Dies setzt voraus, dass Gesundheitspflegende die Bestellung der Pflegeartikel auch vornehmen. Gesundheitspflegende haben in einer solchen Situation verantwortlich zwischen dem Wohl des zu betreuenden Menschen und der wirtschaftlichen Effizienz der Einrichtung abzuwägen. Unter der Perspektive des zu betreuenden Menschen haben sie beim Einsatz von erforderlichen Pflegeartikeln eine moralische Entscheidung zu treffen. Die moralische Entscheidung die zu treffen ist, bewegt sich zwischen dem, was gut und was böse ist. Dieses gut und böse ist keine „pure Gedankenkonstruktion, sondern ein Urteil über das, was wirklich dem Wohl des (zu betreuenden) Menschen dient und daher der Verantwortung des Menschen, im Rahmen seiner Möglichkeiten, entspricht“ (Merks 2012, S. 98).

Zu der ethischen Verantwortlichkeit wird zukünftig die interkulturelle Moralisch-ethische Verantwortlichkeit an Bedeutung gewinnen, da gegenwärtig und auch zukünftig Menschen aus unterschiedlichen Kulturen im stationären oder ambulanten Bereich zu betreuen sein werden. Aus dieser Gegebenheit erschließt sich, dass Gesundheitspflegende ein interkulturelles ethisches Profil benötigen, damit Veränderungen im breitesten Verständnis durch moralische Fragen hinsichtlich des Aktionsfeldes der Gesundheitspflege mit Inhalt auszuhandeln sind, dessen inhaltliche Umsetzung sich sodann in der gesundheitspflegerischen Betreuung zeigt. Um dieses Ziel zu erreichen, kann es für Gesundheitspflegende sinnvoll sein, ihr Handeln in einem interkulturell ethischen Handeln durch Fragen zu vernünftigen, moralischen Handlungen, welche einer Menschenwürde im Sinne einer interkulturellen Ethik gerecht werden, zu reflektieren. Diese Reflexion setzt die Bereitschaft voraus, sein Tun unter würdigender kritischer Sicht zu betrachten, mit der Frage nach einer menschenwürdigen Betreuung, die im eigenen Handeln der Gesundheitspflege liegt, autonom von den Gesundheitspflegenden ausgehen, die unabhängig von strukturellen Bedingtheiten sind, wenngleich sie durch strukturelle Bedingtheiten beeinflusst werden. Strukturell fordern Unternehmen von den Gesundheitspflegenden, dass ihr Handeln in einem zeitlichen Rahmen zu erfolgen hat, oder dass in einem vorgegebenen Zeitrahmen bestimmte Tätigkeiten zu erledigen sind, was zur Folge haben kann, dass die Menschlichkeit schwindet und die Funktionalität zunimmt, so dass die pflegerische Betreuung nicht angemessen erfolgt. Um die eigenen Vorstellungen eines gesundheitspflegerischen Profils, nämlich von dem, was eine gute Gesundheitspflege ausmacht, umzusetzen, bedarf es Idealen wie Menschlichkeit, Gerechtigkeit und Güte, um das Leben für den zu betreuenden Menschen erträglicher zu machen. Dies meint, dass z. B. gesundheitspflegerische Beratungen durch Eröffnung neuer Perspektiven die Situation des Klienten verbessern helfen kann, oder durch Zuwendung ist es möglich unterstützend helfend ein menschlicheres Zusammenleben aufzubauen.

Gesundheitspflegende können sich an deontologischen Dokumenten, die für sie Gültigkeit haben, orientieren. Dazu gehören nationale und internationale Berufskodizes für Pflegende. Der für Pflegende weltweit bekannteste Berufskodex ist der Berufskodex für Pflegende des International Council of Nurses. Durch Orientierung an einem Berufskodex soll ein Eigennutz der Gesundheitspflegenden

oder eines einzelnen Gesundheitspflegenden ausgeschlossen werden, sodass eine Verantwortung in einem gemeinschaftlich zu erzielenden gesundheitspflegerischen Auftrag anzustreben ist.

Das Subjekt in der Gesundheitspflege ist der Gesundheitspflegende selbst, unter der Sicht, dass das Wohl und die Würde des zu betreuenden Menschen im Mittelpunkt stehen. Der Maßstab eines guten Handelns in der Gesundheitspflege ist das wirklich Gute. Das wirklich Gute gründet auf einer guten Gesinnung und der Güte der konkreten Handlung, die ethisch richtig ist. Eine Handlung kann als richtig gelten, wenn sie auf einer verantwortlichen Weise einer ethischen bzw. interkulturellen ethischen guten Gesinnung beruht und verkörpert wird, welche dem Wohl des Menschen dient und seine Würde beachtet. Dies setzt bei Gesundheitspflegenden voraus, dass sie sich nicht zum Mittel des Zweckes gebrauchen lassen, indem sie z. B. ärztliche Anordnungen (blind) ausführen: ein Klient erhält prophylaktisch Antibiotika beim Liegen eines suprapubischen Blasenkatheters. Das Wohlergehen des Menschen kann durch den Einsatz der prophylaktischen

Gabe von Antibiotika geschädigt werden, da sich dies auf den menschlichen Körper nachteilig durch mögliche Resistenzbildung auswirken kann. Um solche unverantwortliche Handlungen zu vermeiden, sollten Gesundheitspflegende über ihr menschliches Handeln und deren Folgen eine interkulturell ethische Analyse einbeziehen. Mit der Gesinnung, der konkreten wahrnehmenden bzw. beobachtbaren Handlung und möglichen verursachten Folgen, bilden sie die Reflexion eines interkulturell ethischen Handelns. Da sich die interkulturelle Ethik an interkulturellen Werten und Normen orientieren, die auf das menschliche Handeln prägend einwirken, spricht man von interkulturell ethischen Werten und Normen, die sich am Maßstab der Menschenwürde orientiert. Werte, die Gesundheitspflegende in einer interkulturellen Gemeinschaft anstreben, sind der Gesinnung zuzuordnen. Dazu gehört die interkulturell ethische Qualität, die durch die Gesinnung des Gesundheitspflegenden bestimmt wird. Eine innere Gesinnung zeigt sich in einer konkreten wahrnehmbaren Handlung, wobei die innere Gesinnung umgekehrt Veränderungen aus den tatsächlich realisierbaren Handlungen des Menschen erfährt. Das menschliche Verhalten Gesundheitspflegender wird durch die motivierende Gesinnung und die wahrnehmbare konkrete Handlung gebildet, die Ausdruck der Gesinnung ist.

Bei der Gesinnung kann es sich um eine gute oder böse Gesinnung handeln. Solidarität, liebevolle Zuwendung, Wahrheit, Schutz und Beachtung der Würde gehören zu den Werten, die sich als Inhalt einer guten Gesinnung verstehen. Sie bilden die Antwort auf die Frage: „Was ist ein gutes Tun?“ Die Gesinnung und Werte enthalten einen Motivationsaspekt, die das Handeln leiten, so auch das Handeln der Gesundheitspflegenden. Das interkulturell ethisch Gute oder Böse (Schlechte) wird von der interkulturell ethischen Qualität der eigenen Gesinnung bestimmt. Der Gesundheitspflegende orientiert sich an seinem Maßstab der Förderung des Gesundheitspotenzials, der Linderung sowie einer angemessenen Betreuung, ausgehend vom Menschsein und der Menschenwürde, wann eine Gesinnung interkulturell ethisch gut ist. Entspricht die Gesinnung nicht dem jeweiligen Kriterium, ist die gesamte Handlung ethisch unerlaubt, z. B. wenn die Handlung auf den Eigenschutz gerichtet ist und nicht auf das Wohl des Menschen.

Im Kontext einer interkulturellen ethisch-moralischen Verantwortung erschließt sich ein Handeln des Gesundheitspflegenden als Subjekt aus verschiedenen Arten der Verantwortlichkeit.

- Kollektive Verantwortlichkeit: umfasst die therapeutische Zusammenarbeit zwischen Klient, der Berufsgruppe Gesundheitspflege und der Institution. Die Berufsgruppe trägt als verantwortliches Team einer Station oder als Mitglied der Berufsgruppe die Verantwortung für das Wohlergehen des Klienten. Das Ziel dabei ist die Förderung des Wohlbefindens des Klienten.
- Berufsgebundene Verantwortlichkeit: ist in aller Regel inhaltlich eindeutig und gut umzusetzen, insbesondere hinsichtlich der nicht interkulturell ethischen Aspekte dieser Verantwortlichkeit. Das Stellen von Medikamen-

ten – abgesehen von der ethischen Frage, ob das Medikament erforderlich ist – ist eine Handlung, die festen Regeln obliegt und kann leicht beurteilt werden. In diesem Fall hat die Gesundheitspflege nachzuweisen, in welchem Maße das Handeln in Übereinstimmung mit den dafür geltenden Regeln und Anordnungen ist.

- Personengebundene Verantwortlichkeit: umfasst Aspekte der Person wie Charakter, Persönlichkeit und Lebenshaltung. Sie zeigt sich durch persönliche Eigenschaften wie Fähigkeiten, Umgangsformen und Lebensstil.

In dem praktischen Handeln der Gesundheitspflege fließen die unterschiedlichen Aspekte der Verantwortlichkeiten oftmals ineinander. Die berufsgebundene Verantwortlichkeit wird durch die personengebundene Verantwortlichkeit in der Beziehung zwischen Klient und Gesundheitspflegendem im Umgang und Verhalten geformt.

In der theoretischen Auseinandersetzung ist die differenzierte Betrachtung hinsichtlich interkulturell ethischer Komponenten angemessen.

Der ethische Auftrag an Gesundheitspflegende ist ein gesellschaftlicher Anspruch, aus dem sich ergibt, dass Gesundheitspflegende das Wohl des Klienten als wichtigste Aufgabe wahrzunehmen haben. In einer interkulturellen Gesellschaft versteht sich dieser als interkulturell ethischer Auftrag. Dieser interkulturell ethische Auftrag gehört zur berufsgebundenen Verantwortlichkeit Gesundheitspflegender, indem Gesundheitspflegende in ihrem Handeln, welches sich aus der personengebundenen Verantwortlichkeit ergibt, individuell handeln, unter Berücksichtigung des gemeinschaftlichen Auftrags Gesundheitspflegender. Der gemeinschaftliche Auftrag Gesundheitspflegender ergibt sich international aus dem Berufskodex Pflegender (vgl. Kap. 5.1). Um die gemeinsamen Aufgaben zu bewältigen, sind dem zu betreuenden Menschen Freiheitsrechte und Autonomie zuzugestehen, so dass eine positive Teilhabe am Gesundheitspflegeprozess nicht einseitig verläuft, sondern sich symmetrisch zu vollziehen vermag.

Eine kollektive Verantwortlichkeit entlässt Gesundheitspflegende nicht aus ihrer individuellen Verantwortung.

Die gewonnenen Erkenntnisse zu den unterschiedlichen Ansätzen zur Kultur, Interkulturalität, Multikulturalität, Transkulturalität und interkulturellen Ethik sollen in dem zu erschließenden Rahmenmodell durch die Aufnahme eines interreligiösen Ansatzes erweitert werden, da die Religion in einer interkulturellen Gesundheitspflege durch ein interreligiöses Wissen weiterzuentwickeln ist, um im gesundheitspflegerischen Handeln eine angemessene klientenzentrierte interkulturelle und interreligiöse Gesundheitspflege zu ermöglichen. Durch das Grundwissen wird ein Einblick in Religion und Kultur möglich, was helfen kann, sich in die jeweilige Situation hineinzufühlen.

1.6 Interreligiöser Ansatz

Interreligiosität ist für die Gesundheitspflege zunehmend bedeutsam geworden, da Menschen aus unterschiedlichen Religionen und Kulturen in der Gesellschaft leben und ihr Leben interkulturell gestalten, indem z. B. deutsche Frauen oder Männer mit Männern oder Frauen anderer Herkunft liiert oder verheiratet sind. In einer globalisierten und religionspluralen Gesellschaft ist eine interreligiöse Kompetenz zu einer angemessenen Betreuung in der Gesundheitspflege anzuerkennen. Eine individuelle gesundheitliche Betreuung, die stationäre und ambulante Gesundheitseinrichtungen nach ihren Leitbildern sicherzustellen gedenken, setzt voraus, so die Annahme, dass der Klient nicht nur in seiner Krankheit gesehen wird, indem eine bestmögliche (ausschließlich) krankheitsbezogene Therapie sichergestellt wird, sondern sich an den Einstellungen, Wünschen und Bedürfnissen des betroffenen Menschen orientiert wird, so dass sich dies auf den Heilungsprozess, im Sinne einer umfassenden therapeutischen Wirksamkeit auswirken kann. Dazu gehört es sodann, die religiösen Gewohnheiten des Menschen zu kennen und diese in der gesundheitspflegerischen Betreuung zu berücksichtigen. Dies ist durch Beachtung religiös-kultureller Bedürfnisse des zu betreuenden Menschen zu gewährleisten. Um dieses Ansinnen in der gesundheitspflegerischen Betreuung zu ermöglichen, wird im nachfolgenden Teilkapitel die Interreligiosität insoweit bearbeitet, soweit sie für die Gesundheitspflege als bedeutsam zu erachten ist, da die Beachtung von Interreligiosität sowie Interkulturalität Einfluss auf den Krankheitsprozess, damit einhergehend auf den Gesundheitspflegeprozess, haben kann.

1.6.1 Interreligiosität

Interreligiosität umfasst Religionen. Religion als viel gestaltetes Phänomen (vgl. Abb. 6) lässt sich einerseits als ein Zugang in einer subjektiven und objektiven Gestalt ausfindig machen. In der subjektiven Gestalt ist Religion „das, was sich Menschen von ihr aneignen, was in ihrem Leben an religiösen Inhalten und Stilen zum Klingen kommt und was nicht, was an Deutungen konstruiert und an Haltungen eingeübt wird“ (Schambeck 2013, S. 167). In objektiver Gestalt ist Religion, das, „was als ‚objektive Religion’ ansichtig wird“ (ebd.). Gemeint ist damit all das, was von einer Traditionsgemeinschaft als verbindlich anerkannt wird und als Tradition überliefert wird. Dazu gehören z. B. Zeugnisse und Zeitzeugen des Glaubens, Lebenshaltungen und Lehraussagen.

Andererseits gibt sich Religion als Zugang in einer Erfahrungsdimension (existenzielle Dimension) sowie als Ausdruck dieser Erfahrungsdimension zu erkennen (vgl. ebd.). Es besteht zwischen Erfahrungsdimension und Ausdrucksdimension eine eng aufeinander bezogene Verbundenheit, „denn Religionen sprechen das Innerste des Menschen an und weisen insofern auf das hin, was unaussprechlich ist“ (ebd.). Erfahrungen suchen sich zugleich einen Ausdruck. Im zwischenmenschlichen Bereich ist dies auch so. So will erfahrene Liebe hinausgejubelt, bedacht, beschrieben und ins Handeln übersetzt werden. Für die Ausdrucksdimension gilt dies analog. Erfahrungsdimension und Ausdruckdimension von Religionen stehen insofern in einem ständigen Austausch und prägen einander (vgl. ebd.). In der Abbildung 6 wird dies durch die Wechselpfeile dargestellt.

Die Religion kann für einen Menschen genauso prägend sein wie die Kultur. Unter der Perspektive, dass die Kultur von der Religion im Verhalten geprägt sein kann, können sich unterschiedliche Ausdrucksformen ergeben, die einerseits von dem kulturellen Werte- und Normensystemen abhängig sind, andererseits von der religiösen stattgefundenen Prägung des Individuums, aus welchem sich die subjektive Einstellung und Bedürfnislage herausbildet und eine Wahrnehmungsbeeinflussung stattgefunden hat, die sich in jeder Wahrnehmung neu konstruiert.

Abb. 6: Religion als vielfältiges Phänomen

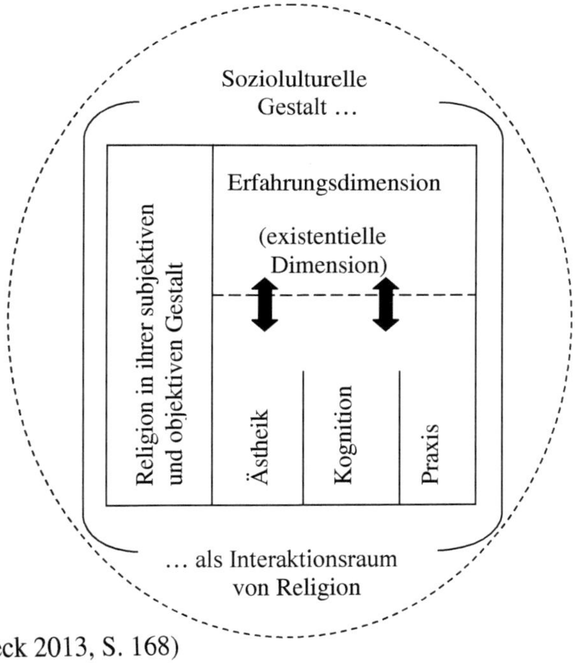

(Schambeck 2013, S. 168)

Die skizzierte Ausdrucksform von Religion wird in den Bereichen Ästhetik, Kognition und Praxis unterschieden, wie sie auch bei Aristoteles und Kant zu finden ist. Ästhetik als Bereich der sinnlichen Wahrnehmung und Erkenntnis, Bereich der Kognition, Reflexion und des Wissens sowie der Bereich der Praxis, der sich durch ethisch gutes Tun auszeichnet.

Jeder der aufgeführten Bereiche ist unvertretbar. Dies meint, er kann nicht in einem anderen Bereich aufgehen. Alle Bereiche sind zugleich aufeinander bezogen. In ihrer Komplementarität beschreiben sie erst die Ausdruckdimension von Religion. Religion zeigt sich als Vergemeinschaftungspraxis und kennzeichnet eine soziale, gemeinschaftliche Gestalt, die weit oder eng ausgelegt werden kann, z. B. als Mitglied einer Kirche oder als Zugehöriger einer ausgewählten Weltdeutungspraxis, als praktizierte Teilnahme und Teilhabe oder als Zugehöriger zu einer Kultur. Die soziale Gestalt wird durch die Religion in einem Interaktionsraum dargestellt, dabei wird die Kontextualität von Religion markiert (vgl. Schambeck 2013, S. 168). Um eine Position zu entwickeln, ist es wichtig, „Religion im Angesicht anderer Religionen zu lernen (und) wie Eigenes im Angesicht des Fremden zu verstehen ist" (ebd., S. 169).

Zugang zur und Umgang mit Religion erwirbt der Mensch über die Diversifikations- und Relationskompetenz (vgl. Schambeck 2013, S. 174ff.). Bei der Diversifikation hat der Mensch die Fähigkeit, Eigenes und Fremdes zu unterscheiden und zugleich durch Relation „Eigenes und Fremdes miteinander in Beziehung zu setzen und miteinander zu vermitteln" (ebd., S. 174).

Abb. 7: Zugang zur Religion

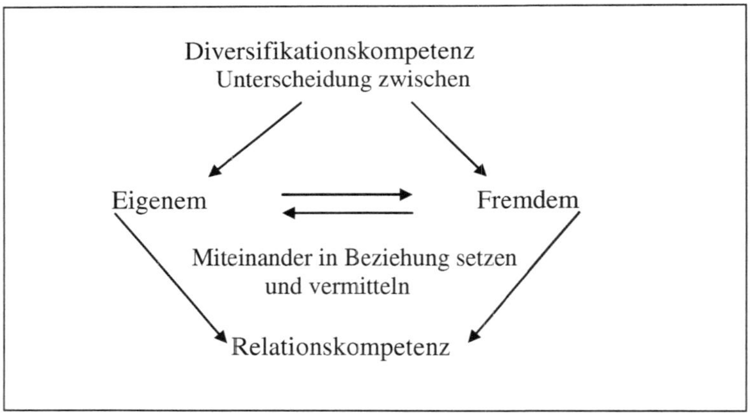

Interreligiosität umfasst die eigene sowie andere Religionen mit ihrer Denk-, Ritual- und Sprachwelt. Im Kontext zwischenmenschlicher Beziehung bedeutet Interreligiosität, die unterschiedlichen Religionen zu kennen und die eigene Tradition mit anderen religiösen Kulturen in Beziehung zu setzen. Durch das In-Beziehung-setzen der eigenen Tradition mit anderen religiösen Kulturen, soll dies zur kulturell-politischen Verständigung beitragen, um so auch Vorurteile abzubauen und dem Weltfrieden sich anzunähern, ihn einzuläuten und zu sichern. Grundsätze einer Annäherung zur Interreligiosität und zum Verständnis und Abbau von Vorurteilen:

- Interreligiosität bedeutet: sich die Weltreligionen differenziert vergegenwärtigen, indem die eigenen religiösen Traditionen für eine plurale Wirklichkeit erfahrbar werden.
- Interreligiosität umfasst: die Abkehr vom Eurozentrismus und das Wahrnehmen der weltweiten Abhängigkeiten sowie Verflochtenheiten.
- Interreligiosität in der gesundheitspflegerischen Bildung umfasst die Weltreligionen und ist als solche in gesundheitspflegerische Handlungen zu konstruieren.
- Eine interreligiöse gesundheitspflegerische Bildung, die sich mit Religionen der Welt befasst, strebt über das gedankliche Befassen hinaus zu existenzieller Begegnung. Diese Begegnung vollzieht sich in einem Lieblichen Austausch, indem die Unterscheidung zwischen dem religiösem Eigenen und religiösem Fremden miteinander in Beziehung gesetzt wird und vermittelt, so dass sich ein dialogischer Austausch vollziehen vermag, der auf Verständnis, Akzeptanz, Respekt und Achtsamkeit basiert.
- Die gedankliche Beschäftigung mit Interreligiosität hilft Gesundheitspflegenden zu Orientierungen und Entscheidungen durch Vergegenwärtigung von religiösen Weltanschauungen, in Begegnung mit den zu betreuenden Menschen und zu einem besseren Verstehen der interreligiösen Kultur sowie der eigenen Tradition.

Das von Schambeck (2013, S. 127ff.) entwickelte hermeneutische Modell „Die Liebe als Grund von Eigenem und Fremdem“ bietet mit seinen Erkenntnissen einen Zugewinn einer interreligiösen Gesundheitspflege, weil Gesundheitspflege einerseits mit Menschen vielfältiger Religionen und Kulturen in einem Dialog sich austauschen, andererseits Gesundheitspflege mit der Leiblichkeit des Menschen in Kontakt treten, in der eine Beziehung zwischen Gesundheitspflegenden und Klienten entsteht. In dieser Beziehung treten nicht nur Kulturen, sondern Religionen in einen Dialog.

In der Beziehung zwischen der eigenen Religion und anderen Religionen, also dem Eigenen und Fremden, können die Religionen durch die Wechselseitigkeit in der Kommunikation fruchtbar gemacht werden.

1. Das Eigene und das Fremde stehen in einer Bezogenheit zueinander, weil das Fremde nicht das ganz andere ist; da es im Horizont des Eigenen vernehmbar wird.
2. Diese Bezogenheit ist als friedvoll und gut zu denken und zeigt sich in der Beziehung von Eigenem und Fremdem in einer lebensbejahenden und lebensstiftenden Beziehung als fundamentale Liebe.
3. Eigenes und Fremdes werden durch Ähnlichkeiten und Unterschiede verstehbar.

4. Eine Beziehung ist nicht beliebig, da Menschen durch ihre religiöse Gesinnung einer Vorgänglichkeit des Eigenen gegenüber dem Fremden im Dialog der Religionen stehen. Auch der dialogische Austausch im alltäglichen Miteinander wird von der Vorgänglichkeit des Eigenen und Anderen beeinflusst, weil das Eigene das Vorgängige ist und durch die Vorstellungs- und Denkwelt abgelesen werden kann.
5. Die Tragweite einer Begegnung zwischen Eigenem und Anderem umfasst den Dialog der eigenen Reflexion mit anderen, der mit einer partikularen Tradition zu beginnen ist, in der der Dialog die Erkenntnisse markiert, über eine begrenzte Perspektive zu verfügen.
6. Die Vorgängigkeit ist nicht als Herrschaftsposition auszuspielen oder zu denken. Vielmehr ist ein Dialog zu erzielen, der auf einen positiven, schöpferischen Dialog der Religionen zielt.
7. Das Eigene und Andere werden personal verstehbar, weil es nicht mehr ausschließlich auf einem abstrakten Prinzip verbleibt, sondern sich praktisch vollzieht. In der Interaktion verständigen sich Menschen, die unterschiedlichen Religionen und Kulturen angehören. Religionen sind Diskurssysteme, die abstrakte Größen repräsentieren und zutiefst durch die Menschen ansichtig werden. Die Liebe als Grund vom Eigenen und Anderen verstehen zu lernen, ist von daher aufschlussreich, da nicht nur eine Theorie der Begegnung von der eigenen und anderen Religion unterworfen werden kann, sondern es ermöglicht, zudem eine eigene Praxis zu entwickeln, bei der Menschen angesichts unterschiedlicher Religionen und Weltanschauungen fähig werden, zu einer eigenen Position zu finden, die ein friedvolles Miteinander ermöglicht.

Das von Schambeck skizzierte Modell „Die Liebe als Grund von Eigenem und Fremdem" als Differenz zu verstehen und seine praktischen Absichten zu erkennen, wird mit den beiden Brennpunkten einer Ellipse vergleichbar.

Abb. 8: Die Liebe als Grund von Eigenem und Fremdem

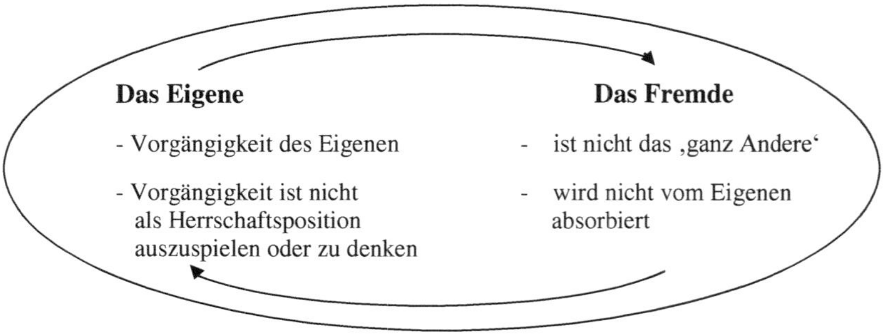

(Schambeck 2013, S. 130)

Das Eigene ereignet sich in liebender Beziehung zum Fremden und ist zu verstehen als Begegnungsverstehen zwischen Eigenem und Fremdem, indem sich beide einem Prozess der Verwandlung aussetzen, so dass sich ein Prozess des Austausches und der Transformation vollzieht. Damit bleibt Liebe nicht auf ein Gefühl reduziert.

Die Liebe spielt das Geschehen des Subjekts an, da sie sich nicht nur als ein Begriff der Bestimmung von Verhältnissen zwischen Eigenem und Fremdem versteht. Im Modell „Die Liebe als Grund von Eigenem und Fremdem" lässt sich im Dialog der Religionen je anders sehen, verstehen, befördern, verhindern oder ausdrücken. Die Gedankenwelt und Konstruktionen des Eigenen und Anderen prägen die Kommunikation. Dazu gehört das Verstehen der eigenen Religionen sowie der anderen Religionen, die in dem gelebten Dialog beeinflussend wirken und auf die Religionen selbst zurückwirken. Dabei ist die subjektive Komponente in dem Differenzmodell stets mitzudenken (vgl. ebd.).

Die Liebe ist die Grundachse der Selbstmitteilung der jeweiligen Religion. Durch diese Liebe bleibt das Eigene nicht beim Eigenen, sondern es greift auf das Fremde. Durch das Ausgreifen verliert sich das Eigene nicht, da es in der Lage ist, sich auf das Fremde einzulassen. Durch das Einlassen auf das Fremde wird das Eigene verändert. Diese Wechselseitigkeit ist ein kontinuierlicher Transformationsprozess. Dem Differenten wird durch die Kommunikation Raum gegeben, so dass das Differente nicht auseinander fällt.

Das Eigene und Andere begegnen sich in einem bestimmten Kontext und einer bestimmten Kultur, so dass sie weder abstrakt noch geschichtslos ist. „Eine Hermeneutik von Eigenem und Anderem muss das einbeziehen, auch wenn die Liebe von ihrem Wesen her grenzenlos ist und Kulturen und Kontexte überschreiten. Das ist auch der Grund, warum man trotz aller Partikularität von Traditionen, Gedanken und Menschen nicht nur im Eigenen verharren darf. Die Liebe als Grund von Eigenem und Anderem stiftet dazu an, sich immer wieder neu auf den anderen einzulassen, sein Wohl zu suchen und sich von ihm selbst beschenken zu lassen" (Schameck 2013, S. 130).

Das Modell „Die Liebe als Grund von Eigenem und Fremdem" kann in der Begegnung mit Menschen bei der gesundheitspflegerischen Betreuung helfen, Einseitigkeit zu überwinden. Es lässt sich in bestehende pflegerische Modelle einbeziehen. Zudem ließen sich durch Integrierung des vorgestellten Modells strukturelle Veränderungen in Gesundheitseinrichtungen und der gesundheitspflegerischen Ausbildung herbeiführen (vgl. Kap. 3 und Kap. 6).

Die Entfaltung der Liebe im Eignen und im Fremden könnte zu einer veränderten Werteorientierung, damit einhergehend zu einer Stärkung der personalen Identität und Authentizität führen, wodurch Menschenwürde, Frieden, Sicherung der Umwelt und Gerechtigkeit gewahrt werden würden.

Die Menschenwürde ist zu achten und zu schützen. Dies ergibt sich aus den Menschenrechten. Menschenrechte sind „dynamische Prinzipien, die die Praxis gestalten helfen, und die umgekehrt durch die Praxis näher ausgelegt werden"

(Merks 2012, S. 275). Die Menschenrechte stellen den Rahmen zur Verfügung, die konkreten Regeln in der Praxis bedürfen, um die Menschenwürde zu sichern. Unterschiedliche Kulturen nehmen dabei Einfluss auf die Entwicklungen des Menschenrechtsverständnisses. Es geht darum, die Religionsfreiheit zu sichern, indem der Staat „Freiheit und Verantwortung der menschlichen Person und ihrer Würde“ (...) die Religionsfreiheit nicht nur als Machtbegrenzung versteht, sondern zugleich als zu gewährleistende Aufgabe“ (Merks 2012, S. 267), die dem Menschen religiöse Freiheiten bietet.

Um religiöse Freiheit verantwortungsvoll leben, ausleben und gemeinschaftlich gestalten zu können, muss ihr ein legitimer Raum zugestanden werden. Freiheit kann nur dort verwirklicht werden, wo sie „an die persönliche Verantwortung von Menschen und deren gemeinschaftliche Ausgestaltung“ (Merks 2012, S. 302) zurück gebunden bleibt. Die Freiheit, die hier gemeint ist, kann „nur aus einer Freiheit heraus geschehen, die sich für die Einzelnen wie für die Gemeinschaft interessiert und verantwortlich weiß“ (ebd.). Ziel muss es werden, die Teilhabe aller Menschen an der Ausgestaltung von religiösen Freiräumen zu gewährleisten, damit sich interreligiöse Ansätze entfalten können und in ihrer jeweiligen Glaubensgemeinschaft religiöse Freiheit lebbar erfahren, die sich in der Gesundheitspflege am einzelnen Menschen ausrichtet und ihm die religiösen Freiräume zugesteht, die seinem Glauben gerecht wird, ohne auf andere Religionen hemmend oder störend einzuwirken.

Gleichheit ist den Menschen zu garantieren, indem der Staat gleiche Freiheitsrechte anzuerkennen hat, die sich aus den verschiedenen religiösen Anschauungen erschließen. Dies bezieht sich auf alle Lebensbereiche und Lebenssituationen des einzelnen Menschen. Damit einhergehend sind die religiösen Verschiedenheiten zu respektieren, die sich aus dem religiösen Sinn, unter der Annahme, es sei ein guter Sinn, sichtbar ergeben. Zweierlei ist zu bedenken: Religion ist zu trennen von Politik (1), wenngleich Religionen durchaus „Teilnehmer an der politischen Diskussion, der politischen Kultur und der Mitgestaltung des öffentlichen (politischen) Lebens“ (Merks 2012, S. 269) sein können. Eine Beteiligung in politischen Fragen kann sich z. B. durch die Beteiligung auf die Religion ergeben hinsichtlich der Verweigerung der allgemeinen Schulpflicht oder Aufbahrungsfristen unter Beachtung der Religionen.

Die Sicherung der Umwelt wird durch eine verbindliche Rahmenordnung des Rechtstaates geregelt. Diese Rahmenordnung muss ein Ausleben der Religion gewährleisten, damit die persönliche Religion und Weltanschauung gelebt werden kann. Durch die Liebe des Eigenen und des Fremden wird ein friedliches Zusammenleben möglich, welches mehr darstellt, als die verpflichtend durch den Rechtsstaat angelegte Ordnung. Die durch den Rechtsstaat angelegte Ordnung kann zur Beeinträchtigung religiöser, gesellschaftlicher und kultureller Pluralität führen, nämlich dann, wenn das Zusammenleben und die rechtliche Ordnung nur schwerlich in Einklang zu bringen sind. Diese kulturelle und religiöse Pluralität ist in der Begegnung zwischen Mensch und Gesundheitspflegenden bedeutsam.

Die Kenntnisse über Religionen und Kulturen verhelfen Gesundheitspflegenden zu professionellen Handlungen. Zur Unterstützung eines interkulturellen und interreligiösen Handelns werden im Folgenden wesentliche Aspekte verschiedener Religionen und Kulturen zusammengeführt.

1.6.2 Religion und Kulturen

Der Mensch ist in seiner jeweiligen Religion und/oder Kultur durch religiöse und kulturelle Werte- und Normenorientierung geformt, aus der sich sein Verhalten heraus begründet. Prägungen des Individuums werden bereits im Säuglingsalter erwartet, indem sie bestimmte Verhaltensregeln und -weisen erlernen und mehr und weniger übernehmen müssen. So gesehen kann es vorkommen, dass ein Missverhältnis zwischen den religiösen und kulturellen Ansichten von Eltern und Kindern, Vorgesetzten und Arbeitnehmern, (Gesundheits-)Pflegenden und Klienten besteht und durch die jeweiligen Verhältnisse eine Ein- bzw. Zuordnung erfolgt.

Dies zeigt sich im soziokulturellen Umfeld der Klienten, die stationär in Gesundheitseinrichtungen aufgrund stärkerer Beeinträchtigung des Gesundheitspotenzials sein können. Einerseits wird in Untersuchungen aufgeführt, dass versucht wurde, Menschen anderer Religionszugehörigkeit und Kultur im Krankenhaus eine fremde Religion mittels eines christlichen Radiosenders, der nicht ausgeschaltet werden konnte, näherzubringen (vgl. Arbeitsgruppe Interkulturelle Pflege 1997, S. 160). Andererseits scheint ein Unverständnis deutscher Gesundheitseinrichtungen zu bestehen, sich auf Umgangsweisen anderer Religionen und Kulturen einzulassen. Hinzu kommt die sprachliche Barriere, die zu Fehlinterpretationen von Informationen führt und durch nicht oder fehlerhaft verstandene Erklärungen Missverständnisse hervorbringt, die sich sowohl auf die gesundheitspflegerische Therapie als auch auf die medizinische Behandlung erstreckt. Unter besonderer Berücksichtigung des biografischen Hintergrundes des Klienten können Missverständnisse und Fehlinterpretationen vermieden werden, wenn die biografisch gewonnenen Erkenntnisse, zu denen auch die Religion und Kultur gehören, bedacht und umgesetzt werden. Denn „Biografien offenbaren die Individualität von Personen. Die je besondere Identität einer Person kann letztlich nur aus dem Lebenslauf und den damit einhergehenden Lebenserfahrungen begriffen werden. Wer ich bin, weiß nur der, der weiß, wer ich geworden bin“ (Schimank, zit. n. Arbeitsgruppe Interkulturelle Pflege, 1997, S. 161). Biografien, so auch Migrationsbiografien, sind als Gegenstand anzuerkennen und notwendig, um kulturelle, religiöse, persönliche, soziale sowie gesundheitspflegerische Belange des Menschen zu erfassen und im weiteren Prozess zu würdigen, so dass religiöse und kulturelle Bedürfnisse und Wünsche des Menschen angemessen in der Gesundheitspflege berücksichtigt werden.

1.6.2.1 Buddhismus

Gründer des Buddhismus war Buddha (560-480 v. Chr.). Die Eigenverantwortung des Menschen steht in diesem Glauben im Fokus. Es wird kein Gott verehrt. Die vier Wahrheiten benötigen zur Selbsterlösung keine Götter. Die edle Wahrheit beruht auf dem Leiden. Geburt ist Leiden; Alter ist Leiden, Krankheit ist Leiden, Sterben ist Leiden.

Das Nirvana ist das Erlösungsziel. Es ist ein Zustand des reinen Seins, den alle erleuchteten Wesen Buddhas erreichen.

Mitgefühl, Meditation und Weisheit gelten als Voraussetzung, um das Nirwana zu erreichen. Es wird an eine Wiedergeburt geglaubt. Eine Wiedergeburt findet so oft statt, bis der Mensch zur wahrhaften Selbstlosigkeit gefunden hat. Durch diesen einzigen Weg wird das Leiden der Welt überwunden. Das Leiden in dieser Welt wird durch Gier und Lebensgier nach der Lehre Buddhas ausgelöst. Heilung ist nur durch Entsagung möglich. Das vollkommene Nirvana bedeutet die Auslöschung und das Aufhören der physischen Existenz mit Eintritt des Todes.

Buddha hat die Frage nach Gott nie beantwortet. Auf die Frage, ob es einen Gott gibt oder nicht, ist seine Antwort ausweichend. „Ich will darauf keine Antwort geben, weil ich nichts Sicheres darüber weiß und es auch für den Erlösungsweg des Menschen unbedeutend ist." Buddha Gautama ist der edelste, gütigste und weiseste aller Wesen in dieser Welt, ausgenommen die vorausgegangenen Buddhas. Buddha selbst versteht sich als Wegweiser zum Heil, ohne den Anspruch auf göttliche Verehrung zu erheben (vgl. Bellinger 1986, S. 76ff).

Im Buddhismus gibt es folgende Gedenk- und Feiertage:

- Lo Gsar: über mehrere Wochen wird im Januar bis Februar das tibetische Neujahrsfest gefeiert.
- Bun Phraa Wes: im Februar und März findet das Erntedankfest statt.
- Buddha Jayanti: bei Vollmond im April wird der Geburtstag Buddhas gefeiert.
- Vesakh: bei Vollmond im Mai ist die Erleuchtung Buddhas.
- Chung-Yüan: Mitte August findet über mehrere Tage das Fest der Versorbenen statt.
- Le Vu Lan: im August und September ist ein Gedenktag der Verstorbenen in Vietnam.
- Kathina-Tag: bei Vollmond im Oktober erfolgt die Übergabe eines neuen Mönchgewandes.

(vgl. Urban 2011)

Sprüche buddhistischer Weisheiten
Versuche nicht zu urteilen, nur zu verstehen.
Was geschehen soll, wird geschehen, ob du dich fürchtest oder nicht.
Du bist allein und losgelöst. Aber du bist auch Teil der Erde, Teil der Menschen, Teil des Ganzen. Alles kannst du erreichen.
(vgl. Mutzbauer 1997, S. 37f.)

1.6.2.2 Chinesische Religion

Verschiedene Glaubensrichtungen sind in der chinesischen Religion vertreten, z. B. Buddhismus, Christentum, Islam, Konfuzianismus, Lamaismus, Taoismus, wenngleich das Land sich als atheistisch bezeichnet.
Die moralischen Verhaltensweisen werden vor allem vom Daoismus und Konfuzianismus geprägt.

Religiöse Chinesen sehen sich als Agnostiker, dies meint, dass sie weder an eine Existenz noch an eine Nichtexistenz Gottes glauben. Durch die religiösen Überführungen und Überzeugungen sowie Praktiken, die nicht verworfen wurden, sondern sich mit neuen vermischten, gelten verschiedene Rituale und Bräuche, so dass sie nicht mehr ausschließlich einer Religion zuzuordnen sind. Die unterschiedlichen Glaubensüberzeugungen haben dennoch Gemeinsamkeiten: Die Menschen glauben an verschiedene Götter, die sehr gefürchtet werden und magische Kräfte besitzen sowie an ein Leben nach dem Tod. Verbreitet sind auch Astrologie, Handlesen, Wahrsagerei, Traumdeutung und magische Rituale.

Ein verbreiteter Glaube ist, dass Geister der Ahnen gutes Benehmen positiv und moralische Verfehlungen negativ sanktionieren.

Chinesen streben eine Harmonie zwischen Körper und Geist an. Dies versuchen sie zu erreichen durch Tai Chi. Der chinesische Begriff „Tai“ bedeutet den Anfang des Universums, die Bezeichnung „Ji“ das Ende des Universums.
Die Bewegungen des Tai Ji Quan sind fließend und sanft. Die Wurzeln haben die harmonischen, ruhigen Bewegungen in der Philosophie des Yin und Yang. Das Tai Ji Quan folgt dem Wechselspiel des Yin und Yang. Das Ying und Yang bestimmt durch seine polaren Kräfte das Leben. Nach Bewegung und Aktivität folgt Ruhe. Aus der Ruhe entsteht Aktivität und Bewegung. Nach einer Phase des Sich-Öffnens und des Austauschs folgt die Konzentration, die Sammlung auf das Ich. In der steigenden Bewegung spürt der Mensch das Sinken, in der öffnenden Bewegung das Sammeln der Kraft (vgl. Wu, Fene 1998).

Taoismus ist eine chinesische religiöse Anschauung, die auf Laotse (604-517 v. Chr.) zurückgeführt wird. Im Tao Te King sind in 81 Kapiteln die Grundgedanken niedergeschrieben.

„Tao“ bezeichnet das Urprinzip der Welt, aus dem alles Leben hervorgeht und das sich als ruhende Macht versteht. Das „te“ (aus dem Begriff „tao“ hervorgehend) ist der menschliche Anteil und ist als Tugend aufzufassen. Beim Begriff „tao“ handelt es sich um eine ruhende Kraft, in der tugendhaftes Verhalten im Nicht-Handeln besteht. Damit soll ein Eingreifen in die Geschehnisse der Welt vermieden werden. Zu den ethischen Werten des Taoismus gehören: Demut, Duldsamkeit, Friedfertigkeit und Selbstlosigkeit. In den Gottheiten besteht eine Hierarchie. Ein klösterliches Leben ist ausgeprägt (Finsterbusch, Müller 1997).

Konfuzianismus ist zurückzuführen auf den chinesischen Philosophen und Staatsmann Kung-Fu-Tse (551-479 v. Chr.) und ist die Bezeichnung für eine Verhaltenslehre. Kung-Fu-Tse verbrachte sein Leben in öffentlichen Diensten. Er sammelte Erfahrungen, die er an Schüler weitergab. Sein ethisches Verständnis basiert auf der Annahme, dass sich die Gesellschaft nur dann verbessern kann, wenn jeder Mensch bei sich selbst beginnt (vgl. Schwarz 1994).

Einige Grundgedanken von Kung-Fu-Tse:

Hab keine Freunde, die schlechter sind als du selbst.

Der edle Mensch ist kein Instrument, das nur einer einzigen Verrichtung dient.

Der edle Mensch sucht nicht Sattheit im Essen, nicht Annehmlichkeit im Wohnen; er ist achtsam in seinem Tun, bedachtsam in seiner Rede; an jene hält er sich, die den Rechten Weg gehen, um gerade zu machen, was krumm an ihm ist – wahrlich lernbegierig würde ich Menschen solcher Art nennen. (vgl. Mutzbauer 1997, S. 37f.)

Chinesische Gedenk- und Feiertage:

- Neujahr: 1. Januar.
- Frühlingsfest (Chun Jie): chinesisches Neujahrfest (21. Januar bis 19. Januar).
- Tag der Frauen: am 08. März.
- Totenfest (Qing Ming): zur Ahnenverehrung (April).
- Tag der Arbeit: am 01. Mai.
- Tag der Jugend: am 04. Mai.
- Tag des Kindes: am 1. Juni.
- Mondkuchenfest (Zhong Jiu): Ende September.
- Nationalfeiertag: am 1. Oktober.

(vgl. Urban 2011)

Altchinesische Lebensweisheiten
Ewig sind Himmel und Erde. Und ewig sind sie, weil sie nicht ihrer selbst wegen wirken. Darum also sind sie ewig. So stellt der Weise sein Selbst zurück und ist anderen voraus, wahrt nicht sein selbst, und so bleibt es ihm bewahrt. Denn nur ohne Eigensucht kann er vollenden das Eigene.

Der Weise hortet nicht für sich – und da er anderen dient, wächst sein Besitz; und da er andren gibt, so mehrt er sich.

Ein wahres Wort ist nicht schön, ein schönes Wort ist nicht wahr. Der Gute ist nicht beredet, der Beredete ist nicht gut. Der Wissende ist nicht gelehrt, der Gelehrte ist nicht wissend.
(Schwarz 1994)

1.6.2.3 Christentum

In der deutschen Bevölkerung gehören etwa 60 Prozent einer christlichen Kirche an.

Zum Christentum gehören: die römisch-katholische Kirche, die evangelische Kirche und die orthodoxen Christen. Zu der evangelischen Kirche gehören lutherische und reformierte Kirchen, freikirchliche Gemeinschaften und Freikirchen. Viele Griechen, Russen und Serben gehören der Orthodoxie an. Sie stellt eine konservative Form des christlichen Glaubens dar. So wird z. B. Fasten strenger gehandhabt; sie befolgen in ihrem Glaubensbekenntnis strenge Riten. Die Fastenzeit ist in der Orthodoxie strengeren Regeln unterworden als im Katholizismus und Protestantismus. Von streng Gläubigen wird die Fastenzeit beachtet und eingehalten.

Das Christentum glaubt an die Religion Jesu Christi. Die Grundlage des Glaubens ist das Alte und Neue Testament (Bibel). Jesus Christus heißt übersetzt „Der Gesalbte".

Als Lebensgrundlagen der Christen gelten die zehn Gebote des alten Testaments sowie die zwei Grundpfeiler des Christentums: die Gottesliebe und die Nächstenliebe. Die zehn Gebote sind:

1. Ich bin der Herr, Dein Gott. Du sollst keine anderen Götter neben mir haben.
2. Du sollst den Namen des Herrn, Deines Gottes, nicht missbrauchen.
3. Du sollst den Feiertag heiligen.
4. Du sollst Deinen Vater und Deine Mutter ehren.
5. Du sollst nicht töten.
6. Du sollst nicht ehebrechen.
7. Du sollst nicht stehlen.
8. Du sollst nicht falsch Zeugnis reden wider Deinen Nächsten.

9. Du sollst nicht begehren Deines nächsten Haus.
10. Du sollst nicht begehren Deines Nächsten Weib, Knecht, Magd, Vieh noch alles, was Dein Nächster besitzt.

(Die Bibel, 5. Buch Mose 5, S 6-22)

Durch ein Fehlverhalten des Menschen wurde der Tod in die Welt gebracht. Gott, der die Menschen liebt, schickte seinen Sohn Jesus Christus in die Welt; er nahm das Böse der Menschheit durch seinen Opfertod auf sich und stellte die Verbindung zu Gott wieder her. Jesus Christus stand von den Toten auf. Er besiegte den Tod. Im Gebet können sich die Christen an ihn wenden und mit Gott verbunden werden. Christen glauben an die Auferstehung und dass Gott über alle Menschen richten wird. Der Glaube kann durch Gebete vertieft werden.

Christliche Gedenk- und Feiertage skizzieren den Weg Jesu Christi:

- Weihnachten: die Geburt Jesu Christi wird am 25.12. gefeiert.
- Fastenzeit: sie erinnert an die 40 Tage, die Jesus in der Wüste verbrachte. Die Zeit dient der Besinnung und Neuorientierung. Es wird während der Zeit meist auf Fleisch, Alkohol, Nikotin oder Süßigkeiten verzichtet. Sie dauert von Aschermittwoch bis Palmsonntag (40 Tage).
- Karwoche: beginnt am Palmsonntag und endet am Karsamstag. „Kar" ist die Ableitung von „Kara" und bedeutet Klage, Trauer, Kummer. Der Gründonnerstag wird vom altdeutschen Wort „gronan" abgeleitet, was weinen bedeutet. Es ist ein Verweis auf die Tränen der Büßer, die nach besonderer Buße am Donnerstag wieder in die kirchliche Gemeinde aufgenommen wurden.
- Karfreitag: wird an die Kreuzigung Jesu gedacht. Dieser Tag ist einer der höchsten christlichen Feiertage. An diesem Tag soll kein Fleisch gegessen werden.
- Karsamstag: wird der Grabruhe Jesu gedacht. Die Trauerzeichen werden symbolisch dargestellt, indem die Altäre nicht geschmückt werden und keine Gottesdienste stattfinden. Die Osternacht beginnt am späten Abend.
- Ostern: wird die Auferstehung Jesu gefeiert.
- Christi Himmelfahrt: wird an Jesu Christi Aufnahme in den Himmel gedacht (40 Tage nach Ostern).
- Pfingsten: erinnert an den heiligen Geist, der den Jüngern Jesu und der ganzen Kirche geschenkt wurde. Der heilige Geist ist der Geist der Liebe und des Verstehens (50 Tage nach Ostern)
- Fronleichnam: erinnert an Gründonnerstag, dem Fest, an dem Jesus sein Fleisch und Blut zur Speise gab („Leib des Herrn"), wodurch die Eucharistie einsetzte (katholischer Feiertag).

- Reformationstag: Gedenktag an Martin Luthers Thesenanschlag und der daraus entstandenen Evangelischen Kirche (evangelischer Feiertag am 31.10.).
- Allerheiligen: wird an die Heiligen gedacht (katholischer Feiertag am 01.11.).
- Allerseelen: wird an die Verstorbenen gedacht (katholischer Feiertag am 02.11.).
- Buß- und Bettag: dient zur Besinnung und Neuorientierung (evangelischer Feiertag, 11 Tage vor dem 1. Adventsonntag).
- Totensonntag: ist ein Gedenktag für die Verstorbenen (evangelischer Feiertag: am letzten Sonntag vor dem 1. Advent).
- Sonntag: wird gefeiert mit Arbeitsruhe und einem Gottesdienst.

(vgl. Urban 2011)

Um mit dem Klienten auf dessen Wunsch zu beten, können die folgenden Bibelpassagen eine Orientierung bieten.

Basistexte des Christentums

Das Gebet des Herrn: Lukas 11, 1-4

Jesus betete einmal an einem Ort; und als er das Gebet beendet hatte, sagte einer seiner Jünger zu ihm: Herr lehre uns beten, wie schon Johannes seine Jünger beten gelehrt hat. Da sagte er zu ihnen: Wenn ihr betet, so sprecht: Vater dein Name werde geheiligt. Dein Reich komme. Gib uns täglich das Brot was wir brauchen. Und erlass uns unsere Sünden; denn auch wir erlassen jedem, was er uns schuldig ist. Und führe uns nicht in Versuchung.

Seligpreisungen und Weherufe: Lukas 6, 20-26

Er richtete seine Augen auf seine Jünger und sagte: Selig, ihr Armen, denn euch gehört das Reich Gottes. Selig, die ihr jetzt hungert, denn ihr werdet satt werden. Selig, die ihr jetzt weint, denn ihr werdet lachen.

Selig seid ihr, wenn euch die Menschen hassen und aus ihrer Gemeinschaft ausschließen, wenn sie euch beschimpfen und euch in Verruf bringen um des Menschensohnes willen.

Freut euch und jauchzt an jenem Tag; euer Lohn im Himmel wird groß sein. Denn ebenso haben es die Propheten mit ihren Vätern gemacht.

Aber weh euch, die ihr reich seid; denn ihr werdet hungern.

Weh euch, die ihr jetzt lacht; denn ihr werdet klagen und weinen.

Weh euch, wenn euch alle Menschen loben; denn ebenso haben es ihre Väter mit den falschen Propheten gemacht.

Die Auferweckung Christi und das Heil: 1. Korinther 15, 1-5
Ich erinnere euch, Brüder, an das Evangelium, dass ich euch verkündet habe. Ihr habt es angenommen; es ist der Grund, auf dem ihr steht.
Durch dieses Evangelium werdet ihr gerettet, wenn ihr an dem Wortlaut festhaltet, den ich euch verkündet habe: oder habt ihr den Glauben vielleicht unüberlegt angenommen?
Denn vor allem habe ich euch überliefert, was auch ich empfangen habe: Christus ist für unsere Sünden gestorben, gemäß der Schrift, und erschien dem Kephas, dann den Zwölf.
(Die Bibel 1980)

1.6.2.4 Hinduismus

Hinduismus ist die älteste Weltreligion, (die im 1. Jahrtausend vor Christus entstand) und vor allem in Indien anzutreffen ist. Der Hinduismus weist ein zyklisches Weltbild auf. Dies meint, dass alle belebten Aktivitäten dem Rhythmus von Werden und Vergehen unterworfen sind. Dies soll an dem Beispiel der Natur verdeutlicht werden: Ein Baum bringt Knospen hervor, die später Früchte hervorbringen und danach welkt sein Laub und es vergeht. Dieser Prozess beginnt im Frühjahr wieder neu. Dieser Kreislauf wird als Samsara bezeichnet.

Der gesamte Kosmos gehorcht dem Gesetz des Samsara. So wie dieses Gesetz besteht, ist das Leben des einzelnen Menschen vorstellbar: Das Leben endet nicht mit dem Tod, sondern beginnt von neuem. Im Hinduismus besteht der Glaube, das jedes Lebewesen einen unsterblichen Kern hat, der als Atman (übersetzt: Seele) genannt wird. Nach dem Tod verlässt Atman den Körper und lebt in einem neuen Wesen weiter. Dies wird auch als Seelenwanderung oder Wiedergeburt bezeichnet. Durch die Taten zu Lebzeiten, so der Glaube der Hindus, wird die Art der Wiedergeburt beeinflusst. Wer gute Taten vollbringt, wird in der Hierarchie der Lebewesen aufsteigen. Dieser Glaube bestimmt die Einstellung zu den Mitmenschen sowie der belebten Welt. Jedes Lebewesen wird geachtet.

Ein Gefühl einer sozialen Ungerechtigkeit kann nicht aufkommen, weil jeder Mensch für den Platz, den er einnimmt, so wie er lebt verantwortlich ist, weil sich dies aus seinem Verhalten seines früheren Lebens erschließt. Die Summe aller Handlungen, die den Standort im nächsten Leben bestimmt, wird als Karma bezeichnet.

Die Gläubigen sind auf diese Weise bestrebt, durch Ansammlung von gutem Karma im nächsten Leben eine bessere Position zu erringen. Das Ziel ist es dabei, den beständigen Kreislauf des Lebens verlassen zu können (Mokscha), um eins zu werden mit dem Brahman. Unter Brahman ist das Absolute, das Urprinzip der Welt, zu verstehen.

Das Leben eines Hindus ist auf diese Zielvorstellung ausgerichtet und realisiert sich im Idealfall in vier Stufen:

- Erste Stufe: Erwerb von Wissen und Lebenstüchtigkeit.
- Zweite Stufe: Der Hindu widmet sich der Gründung einer Familie. Bestrebungen stehen an, seiner Familie eine sichere Lebensgrundlage zu bieten und Wohlstand zu erreichen.
- Dritte Stufe: der Hindu wendet sich vom Familien- und Alltagsleben ab, um zu immer größerer Bedürfnislosigkeit zu gelangen.
- Vierte Stufe: ist der Meditation gewidmet, um mit dem Brahman auf diese Weise der Verschmelzung näher zu kommen (vgl. Christof-Füchsle 1997).

Hindus sehen die gegenwärtige Welt als verfallen und leidvoll, in der die weltliche Existenz unwissend und verblendend befangen betrachtet wird. Deshalb hoffen Hindus auf eine Erlösung in der Gegenwart. Es wurden Wege ersonnen, aus dem Kreislauf der Wiedergeburten ausbrechen zu können, um aus eigener Kraft zur Erlösung zu gelangen. Eine Vorstellung unter den Anhängern der hinduistischen Religionen ist, über drei verschiedene Wege zur Erlösung zu gelangen:

Weg des Wissens (Jnana-Marga): Der Weg des Wissens basiert auf der Wahrheit der Identität von Brahman und Atman, der von Absolutem und individuellem Einzelwesen ausgeht und im eigenen Bewusstsein zu realisieren gilt. Dies ist möglich mit Askese, einer Abwendung von äußeren, störenden Einflüssen, die Konzentration des Denkens und Yoga umfasst, um über diesen Weg in Meditation oder einer Vision zur Erkenntnis der letzten Wahrheit zu gelangen. Zu überwinden ist das Nichtwissen. Dies bedarf einer Anstrengung, die nicht über Hoffnung erreicht werden kann, sondern über den Weg des Wissens, die zur Identität mit dem All-Einen führt. Dies ist ein beschwerlicher Weg.

Weg des Handelns (Karma-Marga): ist im heiligen Buch des Hinduismus (Bhagavadgita) konzipiert und basiert auf asketischen Strömungen der brahmanischen Religion. Das soziale Handeln wurde dem ritualisierten Handeln als ein wesentlicher Pflichtanteil beigegeben. Das in der heiligen hinduistischen Schrift propagierte Ideal ist das der Erfüllung in der individuellen Pflicht in der Welt, die nicht nach Früchten der Taten oder einer Selbstsucht, einer Anhaftung an diese Welt ringt. Gefordert ist ein Handeln ohne gesteuertes Verlangen, sogar ohne die Hoffnung auf Erlösung als Motivation.

Weg der gläubigen, liebenden Hingabe (Bhakti-Marga): ist für alle gleich, ob Brahmane, Gelehrter oder Tagelöhner. Elemente der Hoffnung spielen eine Rolle. Es vollzieht sich die Überwindung der Trennung vom individuellen Selbst und Absolutem, Atman und Brahman, durch eine liebende, dienende Hingabe des Gläubigen an Gott sowie durch die Gnade Gottes, die dem Gläubigen wiederum Hingabe (bhakti) zuteilt (vgl. Christof-Füchsle 1997).

Aus dem Gesagten erschließt sich eine soziale Ordnung, die als Kastensystem bezeichnet werden kann. Die soziale Ordnung bilden:

Brahmanen: ursprünglich Priester, die die höchste Stufe im Kreislauf der Wiedergeburten sind und eine Vormachtstellung innehaben.

Kschatrija: ursprünglich Könige und Krieger, die für die Einhaltung der Gesetze sorgten.

Waischyas: ursprünglich Bauern, Handwerker und Händler.

Schuldras: ursprünglich Sklavenstand, der dem übrigen Kasten dienen muss.

Candala: werden auch als Parias (Unberührbare) bezeichnet. Dies sind Menschen, die in keine Kasten hineingeboren wurden oder aufgrund kultischer Verfehlungen ausgestoßen sind (Henker, Lederarbeiter, Leichenträger).

Im Hinduismus findet eine Götterverehrung statt. Die wichtigsten Götter für die Inder sind:

Brahma ist der Schöpfer und die höchste Gottheit. Seine Aufgabe ist es, aus der ursprünglichen Einheit eine Vielfalt hervorzubringen. Die Partnerin von Brahma ist Sarasvati, die Energie, die von ihr ausgeht. Sie ist zudem die Göttin der Flüsse sowie die Göttin der Gelehrsamkeit und das „Wasser der Wahrheit". Brahma wird häufig mit vier Gesichtern, die in vier Himmelsrichtungen schauen, dargestellt sowie mit vier Armen (vgl. Metz 1988).

Vishnu ist der große Erhalter. Er kümmert sich um das Schicksal der Menschen. Ziel ist, das Karma zu erreichen, welches zur Erlösung führt. Abgebildet wird er liegend und schlafend auf dem Ozean. Er ist das Bild des Chaos, der tausendköpfigen Schlange.

Der Vishnu-Kult ist sehr beliebt. Vishnu ist das Symbol der göttlichen Liebe, in Begleitung manches Mal mit seiner Partnerin Lakshmi, die die Göttin der Schönheit und des Glückes symbolisiert. Vishnu wendet sich häufiger dem Menschen zu. Die beliebteste Inkarnation ist Krishna. Seelen wandern solange durch Pflanze, Mensch und Tier durch Wiedergeburt, bis sie zum guten Karma und damit zur Erlösung kommen.

Shiva ist der Gott der Gegensätze. Sein Symbol ist der Phallus. Es wird oft als keuch dargestellt. Shiva ist der Zerstörer und Wiedererschaffer des Lebens. In ihm ist nie endende Aktivität und Ruhe. In ihm finden sich der Unterschied der Geschlechter sowie die Einheit, die alle Unterschiede transzendiert. Gut und böse kommt aus ihm. Shiva wird symbolisch vierhändig und als Tänzer dargestellt. Der Tanz symbolisiert das ständige Vergehen und Erneuern der Welt. Ein Händepaar drückt das Gleichgewicht zwischen Leben und Tod aus, ein anderes den Zusammenstoß zwischen Gut und Böse.

Vishnu und Shiva sind Mittelpunkt von Kulten, in dem Menschen die Einheit mit Gott suchen (vgl. Metz 1988).

Atman als das Göttliche findet sich in allen Lebewesen.

Die Hindus, glauben dass alle Seelen ohne Anfang und Ende aufgrund der Unsterblichkeit sind. In jeder Seele sind alle Kräfte, Reinheit, Segnung, Allwissenheit und Allgegenwärtigkeit vereinigt. Die allwissende, allgegenwärtige Seele herrscht in jedem Mensch und jedem Tier, ob groß oder klein, stark oder schwach. Die Differenzierung liegt in der Offenbarung und nicht in der Seele, so dass der Unterschied zwischen Mensch und Tier nur in der Erscheinungsform liegt. Im Prinzip sind Mensch und Tier das Gleiche, das Tier ist der Bruder des

Menschen und hat die gleiche Seele. Der Gedanke der Gleichheit ist der größte, den der Hinduismus lehrte. Das Wort von der Bruderschaft des Menschen wird in Indien zum Gedanken der universalen Verbrüderung allen Lebens, aller Lebewesen, bis zum kleinsten Tierchen. In den Schriften steht geschrieben: „So wird der Weise wissend, dass der gleiche Gott allen Körpern innewohnt, in jedem Körper den selben Gott verehren" (Vivekananda 1977).

Aufgrund der Gedanken über die Seele ist jedes Geschöpf vor Gott und den Menschen gleich. Dies wird deutlich, weil in Indien eine barmherzige Liebe Arme und Tiere durchdringt.

Die Seele hat keine Geschlechtszuweisung, da sie ohne Geschlecht existiert. Das geschlechtlich Differenzierte haftet dem Körper lediglich an. Die Seele bleibt immer gleich, da sie auch nicht altert.

Die hinduistischen Alltagspraktiken und Rituale sind individuell und sehr unterschiedlich. Hindus haben ein ausgeprägtes Schamgefühl.

Hinduistische Gedenk- und Feiertage

- Pongal: ist ein tamilisches Erntefest, welches drei bis fünf Tage dauert und Mitte Januar stattfindet.
- Mahashivaratri: ist die große Nacht des Shivas, die im Februar/März jeden Jahres erfolgt.
- Holi: ein Frühlingsfest, das im März bei Vollmond gefeiert wird.
- Krishna Janamashtami: ist der Geburtstag Krishnas im Juli/August jeden Jahres.
- Ganesh Chaturthi: ist das Geburtsfest des Gottes Ganesha im August/September.
- Navaratra: ist das Fest der neun Nächte, welches im September/Oktober stattfindet.
- Divali: ist ein Lichtfest bei Neumond im November.

(vgl. Urban 2011)

1.6.2.5 Islam

Islam bedeutet „Ergebenheit in Gott". Der Islam gilt als die jüngste und größte Weltreligion. Der Islam beruft sich auf den Prophet Mohammed (571-632 n. Chr.). Mohamed war nach islamischem Glauben der letzte Prophet der die letztgültige Offenbarungen und Botschaften von Gott – Allah – erhielt: den Koran. Die Offenbarungen bzw. Botschaften sagen, dass Allah der alleinige Gott der mächtig und gnädig sei ist und alle Ergebnisse beherrsche. Am letzten Tag werden die Menschen nach ihren Taten von ihm gerichtet und sie werden dem Himmel oder der Hölle zugewiesen. Er erwartet von den Menschen, dass Reichtum wohltätig genutzt wird. Von Mohammed war manchmal in der Offenbarung nur als Warner vor Gottes Gericht die Rede, manchmal als einem Propheten oder dem Boten Gottes. Mohammed glaubte, dass die Offenbarungen nicht sein eigenes Werk seien, sondern Gottes Wort, von einem Engel übermittelt wurden. Dieser Glaube besteht bei Moslems bis heute. Mohammed betete mit Anhängern Gott an. Dabei wurden nicht alle Botschaften freundlich aufgenommen. Händler aus Mekka haben sich zu erbitterter Gegnerschaft hinsichtlich der Kritik des Korans an ihrer Lebensweise erhoben (vgl. Metz 1998).

Die Anhänger Mohammeds wurden von den Gegnern, wozu auch Verwandte gehörten, verfolgt. Aufgrund der Lage konnte er seine religiösen Aktivitäten in Mekka nicht mehr weiter ausüben. Dies veranlasste ihn im Jahre 622, zusammen mit etwa 70 Anhängern und ihren Familien nach Medina zu ziehen. Der Auszug, die Hedschra, wurde zu dem Ereignis des Beginns der islamischen Zeitrechnung. Der Islam nahm in Medina Gestalt an. Die wesentlichen Rituale gemäß dem Vorbild Mohammeds waren: Gebet, Anbetung, Fasten im gesamten Monat Ramadan, Almosengeben und die Pilgerfahrt nach Mekka (mit der Zeremonie an benachbarten Stätten).

Mohammed war das Oberhaupt der Emigranten aus Mekka, besaß aber ansonsten keinerlei politische Macht. Innerhalb von zwei Jahren gerieten seine Anhänger, die sich nunmehr Moslems nannten, in Streitigkeiten mit heidnischen Leuten von Mekka. Jahre später, um 630, konnte Mohammed aufgrund der ihm zugestandenen Macht Mekka erobern. Seine Feinde wurden von Mohammed großzügig behandelt, so dass er die meisten Feinde für sich gewann und sie Moslems wurden. Es schlossen sich viele arabische Stämme an, die ebenfalls Moslems wurden. Die Autorität von Mohammed als Staatsoberhaupt war aufgrund seiner Erfolge unumstritten.

Im Jahr 632 (n. Chr.) starb Mohammed. Er hinterließ nach seinem Tod eine neue Religion und einen neuen Staat. „Kalifen" (khalifa steht für Nachfolger) wurden als Staatsoberhäupter benannt. Raubzüge waren eine Beschäftigung der nomadischen Araberstämme. Die Raubzüge, die von Medina aus durchgeführt wurden, waren erfolgreich. Die Moslems haben in einigen wenigen entscheidenden Schlachten den Widerstand überwunden, den ihnen die persischen und byzantinischen Reiche entgegenstellten. Die Moslems errichteten Bastionen an der Front und kehrten nicht nach Medina zurück. Diese Strategie führte dazu, dass sie innerhalb von 12 Jahren nach Mohammeds Tod Syrien, Ägypten und den Irak besetzten und drangen dabei westlich nach Libyen und östlich in den heutigen Iran ein.

Die Moslems konnten mit den Einwohnern der Gegenden Verträge, mit dem Status: „geschützte Minderheiten" abschließen, nachdem persische und byzantinische Statthalter geflohen sind. Diese Gruppen konnten ihre Angelegenheiten selbst regeln und zahlten dem islamischen Herrscher Tribut. Nur „Buchvölkern" stand der Status „geschützte Minderheiten" offen. Buchvölker waren solche Gemeinschaften, die an den einen Gott glaubten und im Besitz eines Buches über den Glauben waren (vgl. Metz 1988).

Die fünf Pfeiler der islamischen Pflichten dienen dazu ein Gebäude zu tragen. Feste Rituale bilden die sicheren Träger einer Religion. Mohammed soll die nachfolgenden fünf Pflichten als „Grundpfeiler" des Islams bezeichnet haben:

1. Das Glaubensbekenntnis
   Lautet: „Es gibt keinen Gott außer Allah, und Mohammed ist sein Prophet."
   Um zum muslimischen Glauben überzutreten, ist dem Genüge getan, vor Zeugen dieses Glaubensbekenntnis zu sprechen.
2. Das Gebet
   Ein Muslim ist verpflichtet, fünfmal am Tag zu beten. Die Gebetshaltung und der Gebetsinhalt sind vorgeschrieben. Die Haltung zeichnet sich durch ein Niederwerfen auf den Boden aus. Diese Haltung soll die Unterwerfung unter den Willen Gottes ausdrücken. Um die korrekten Gebetszeiten einzuhalten, gibt es in den islamischen Ländern den ‚Muezzin', der ankündigt, wann es Zeit zum Beten ist. Die täglichen Gebete können alleine oder in einer Moschee, besonders am Freitag (vergleichbar dem christlichen Sonntag) erfolgen.
3. Das Almosen
   Jeder Muslim ist zu einer Abgabe an Bedürftige und Arme zur Unterstützung verpflichtet. Früher waren die Adressaten nicht anonym, da jeder Spender wusste, wem seine Gabe zugute kam.
4. Das Fasten
   Alle Muslime fasten im Monat Ramadan. Essen und Trinken ist in dieser Zeit nur von Sonnenuntergang bis Sonnenaufgang erlaubt. Ramadan gilt als heilige Zeit beim Muslim, da nach dessen Glauben Gott in dieser Zeit seinem Propheten jene Offenbarungen zuteil werden ließ, die später den Koran bildeten.
5. Die Pilgerreise
   Mekka als Stadt ist die zentrale heilige Stätte des Islams, die von jedem Gläubigen mindestens einmal in seinem Leben aufgesucht werden sollte. Wenn die Reise als Pilgerfahrt angetreten wird, müssen bestimmte Bedingungen eingehalten werden.

(vgl. Metz 1988)

Die Regeln des Islams werden individuell ausgelebt.

Islamische Gedenk- und Feiertage
Die islamischen Festtage werden nach dem Mondkalender des Islams bestimmt. Die Feste finden in verschiedenen Monaten statt. Die Verschiebung erfolgt im Sommerkalender rückwärts, meist um etwa elf Tage.
- Id ul-Adha: ist das höchste islamische Fest und wird als Opferfest zum Abschluss der Pilgerfahrt nach Mekka gefeiert.
Id al-fitr: ist ein Ramadanfest und schließt sich an das Ende von Ramadan an. Die Dauer des Festes umfasst drei Tage.
Mawlid an-Nabi: ist der Geburtstag der Propheten.
Mi´raj: ist die Himmelsreise der Propheten.
Muharram: sind Trauertage der Schiiten, die im islamischen Osten als solche gelten, z. B. in Pakistan.
Ramadan: ist ein Fastenmonat.
Beschneidung der Jungen: gilt als wichtiges Familienfest.
(vgl. Urban 2011)

1.6.2.6 Jehovas Zeugen

Im Jahre 1874 gründete Charles Taze Russell die Wachturm-Gesellschaft der Zeugen Jehovas. Der Name Jehovas Zeugen ist auf das Wort des Propheten Jesaja zurückzuführen: „Ihr seit meine Zeugen“, spricht Jehova.

Sie sehen sich als internationale christliche Gemeinschaft, die Gottes Königreich verkündet und nach den Grundwerten des Urchristentums lebt.

Im Jahre 2006 gab es weltweit etwa 6,1 Millionen Mitglieder, die sich auf 235 Länder verteilten. Davon gab es im Jahr 2006 in Deutschland etwas 165 000 Mitglieder (vgl. Makriedes, Rink 2008). Die Zeugen Jehovas sind überzeugt, dass Jesus die Herrschaft über das göttliche Königreich im Himmel im Jahr 1914 übernahm und Satan sowie dessen Dämonen aus dem Himmel in die Nähe der Erde verbannte. Die von Jesus vorhergesehenen letzten Tage begannen nach den Zeugen Jehovas mit diesem Jahr. Den nahen Weltuntergang erwarten seither die Zeugen Jehovas in der Schlacht von Harmageddon. Dabei werden alle diejenigen Menschen vernichtet, die nicht den Zeugen Jehovas angehören. Als Harmageddon wird der Ort bezeichnet, der endzeitlichen Entscheidungsschlacht im „Krieg des großen Tages Gottes“. Bislang haben sich die biblisch errechneten Daten (1914, 1925, 1974, 1975) nicht bewahrheitet. Mittlerweile geben die Zeugen Jehovas keine Daten mehr für Harmageddon an. Vielmehr wird die These verbreitet, das er kurz bevor stehe.

Zeugen Jehovas verwenden eine eigene Bibelübersetzung, die Neue-Welt-Fassung. Jesus starb nach dem Glauben der Zeugen Jehovas an einem Pfahl und nicht am Kreuz. Dies begründen sie aus der biblischen Übersetzung. Sie lehnen das Kreuzsymbol sowie die Dreifaltigkeitslehre deshalb ab. Jesus ist als Geist auferstanden nach deren Glauben; er konnte sich materialisieren, solange er auf der Erde war, damit er von seinen Jüngern erkannt werden konnte. In der Lehre wird zudem vertreten, dass Jesus bereits vor seiner Geburt als Geisteswesen auf der Erde war und bei der Erschaffung der Menschen mitwirkte. Taufen von Kindern existieren bei den Zeugen Jehovas nicht, da sich Mitglieder erst dann taufen lassen können, wenn sie darüber selbst entscheiden können. Die selbstverantwortliche Taufe bedeutet eine völlige Hingabe an Jehova, was bedeutet, dass eigene Bedürfnisse, Wünsche und Interessen zurückzustellen sind.

Wöchentliche Gottesdienste sind Zeugen Jehovas unbekannt. Während der Woche finden fünf Zusammenkünfte statt, die keinerlei ritualisierten Charakter aufweisen, wie dies in der Kirche erfolgt. Bei den Zusammenkünften werden Vorträge auf der Grundlage der Literatur der Wachtturm-Gesellschaft und der Bibel gehalten sowie Situationen bei der Bekehrung von Ungläubigen besprochen.

Die Königsreichsäle sind schlicht eingerichtet. Es gibt neutralen Blumenschmuck, Sitzmöglichkeiten und ein Rednerpult. Altar, Raumbeschmückung mit Kunstwerken, Kerzen gibt es nicht. Nach den zehn Geboten darf man sich kein Bild von Gott machen. Deshalb fehlen Bilder und Kunstwerke von Jesus oder Gott. Als größter Akt der Nächstenliebe wird das Anwerben neuer Mitglieder angesehen.

Nach dem Glauben der Zeugen Jehovas ist Satan ein Engel, da er von Gott selbst erschaffen wurde. Er zweifelt Gottes Recht, die Menschen anzuleiten, an. Durch Satan werden die Menschen beeinflusst, was in der Welt zu vielen Problemen führt. Zeugen Jehovas sehen ihren Glaubensauftrag in der Information an die Menschheit darin, dass sie über den Konflikt zwischen Satan und Gott aufklären, dass jeder Mensch sich entscheiden muss, entweder für die eine oder die andere Seite. Aus der Bibel entnehmen sie, dass Gott seine eigene Organisation auf Erden hat und sich der Mensch als Angehöriger seines Königsreiches betrachten sollte. Zeugen Jehova sehen sich als Gast in einem anderen Reich und beteiligen sich nicht an Kriegen, da der Mensch in der Bibel eindeutig dazu angehalten ist, nicht zu töten. Der Wehrdienst sowie die Teilnahme an politischen Wahlen sind deshalb auch verboten. Kritisch wird auch der Dienst in staatsnahen oder staatlichen Institutionen gesehen. Im Jahre 1997 wurde erstmalig das Ableisten von Zivildienst erlaubt. Ablehnend verhalten sich Zeugen Jehovas gesundheitsschädigenden und lebensgefährdenden Aktivitäten, wie z. B. Drogen, Tabak, übermäßiges Essen und Trinken, Ausübung von Extremsportarten, rücksichtsloses Autofahren. Der Glaube hat für Jehovas Zeugen Vorrang, so dass sie zeitlich stark eingebunden sind und der Kontakt zu Nicht-Zeugen überaus eingeschränkt ist. Vor Kontakten mit Nicht-Mitgliedern wird gewarnt, um ein Abdriften vom Glauben zu vermeiden, der durch Nichtteilnahme an Versammlungen ausgelöst werden kann. Nicht-Zeugen könnten eine schlechte Einflussnahme auf die Jehovas Zeugen haben, deshalb wird versucht, dies zu unterbinden. Wer die Gemeinschaft der Jehovas Zeugen verlassen hat oder ausgeschlossen wurde, wird von Jehovas Zeugen als Abtrünnige angesehen. Sie werden zudem häufig von ihren Familien lebenslang ignoriert. Die alltäglichen Entscheidungen sollen Mitglieder der Zeugen Jehovas mit ihrem Gewissen vereinbaren. Dies ist in der Praxis jedoch oftmals schwierig. Das Treffen von grenzwertigen Entscheidungen kann zum Ausschluss der Gemeinschaft führen. Insbesondere trifft dies das Thema der Bluttransfusionsgabe.

Das „Wachtturmstehen" auf belebten Plätzen und Straßen sowie die Mission von Tür zu Tür sind charakteristisch für Jehovas Zeugen. Bei den Hausbesuchen ahmen Jehovas Zeugen Jesus und Paulus nach, die zu den Menschen gingen, um zu predigen (vgl. Urban 2011).

Feiertage der Zeugen Jehovas

- Die Taufe ist eine wichtige Zeremonie.
- Das Jüdische Passahfest: findet nach Sonnenuntergang statt und gilt als der wichtigste Tag des Jahres für die Zeugen Jehovas.
- Das Gedächtnismahl: findet am Tag des jüdischen Passahfestes statt.

Zeugen Jehovas lehnen biblische Feste, Rituale und Bräuche sowie Vermischungen mit heidnischen Riten oder heidnische Feste ab. Dazu gehören christlich traditionelle Feste wie Weihnachten (das Datum von Jesu Christi Geburtstag ist nicht verzeichnet) sowie private oder staatliche Feiertage wie z.B. Neujahr und Geburtstage. Feste, wo ein einzelner im Mittelpunkt steht, werden nicht gefeiert. Mitglieder der Zeugen Jehovas sollen sich von solchen Veranstaltungen fernhalten. Geburtstage haben für Zeugen Jehovas keinerlei Bedeutung. Deshalb mögen sie es auch nicht, wenn Sie Geburtstagsglückwünsche erhalten.
(vgl. Urban 2011)

1.6.2.7 Judentum

Der Glaube bei Juden orientiert sich an dem richtenden, barmherzigen und allmächtigen Gott, der Sünden mit den guten Taten des Menschen verrechnet oder sie vergibt. Das Leben und die Lebenden stehen im Vordergrund.

Die heiligen Schriften der Juden sind eingeteilt in drei Blöcke: die Tora, die Propheten und die Schriften.

Die *Tora* (als Gesetz) mit den Weisungen Gottes, ist das Fundament und gilt als Zeugnis der Beziehungen zwischen einem Volk und seinem Gott: Gott hat das jüdische Volk als sein Volk erwählt und ihm Gebote für das Leben gegeben, indem er einen ‚Bund' mit dem Volk geschlossen hat. Das Volk wird ermahnt, den Bund zu halten, durch Auslegen der Tora durch die Propheten.

Der Nomade Abraham erhält die Zusage, dass Gott ihm Nachkommenschaft und Landbesitz schenken wird, wodurch die Beziehung zu Gott ihren Anfang nimmt. Das Volk bezeichnet den Gott als „Gott der Väter". Dies ist zum Gedenken der Gründungsverfahren der lebendigen Gottesbeziehung Abrahams Sohn Issak und Issaks Sohn Jakob zurückzuführen. Geschichtlich knüpft die Entstehung des Volkes an die Erzählungen um Jakob an, dessen zwölf Söhne die Namen der späteren zwölf Stämme tragen. Elf dieser Söhne verkauften der Sage nach ihren zweitjüngsten Bruder Josef aus Neid an eine Sklavenkarawane. Josef erreichte Ägypten, wo er beim Pharao hohes Ansehen erwarb. Er verhinderte durch weise Vorratshaltung in Ägypten eine Hungersnot. Seine Familie siedelte zu ihm. Die nachfolgenden Generationen erduldeten harte Lebensbedingungen.

Mose (als bedeutsame Gestalt), erhält von Gott den Auftrag, das Volk aus Ägypten herauszuführen. Dies wird als Beginn der Geschichte Israels gedeutet. Die Beziehung zwischen dem Volk und Gott ist wechselvoll in der Folgezeit. Gott gewährt Schutz und Hilfe, verlangt zugleich die Befolgung von Regeln (zehn Gebote). Ungehorsam wird bestraft.

Die Niederlassung erfolgte in Teilen des Landes der Philister, die gering besiedelt waren. Aus Philister entstand später der Name Palästina. Aus den Nomadenstämmen wurden Sesshafte. Aus der Überlieferung der Bibel ist zu entnehmen, dass aus dem sich konstituierenden Zwölfstämmebund dieses Gebiet von Gott als Stammland zugesichert wurde. Die zwölf Stämme haben die wesentliche Gemeinsamkeit, dass sie Gott verehren. Es ist in dieser Form in der altorientalischen Umgebung einzigartig.

Der erste König Saul endet unglücklich. Dem Nachfolger David ist es vergönnt, das Königreich zu kultureller und wirtschaftlicher Blüte zu führen. Die Stadt Jerusalem wird Zentrum. In der Gestalt des Propheten Nathan wird gezeigt, dass das Königtum Davids die Billigung Gottes findet. Die menschlichen Verfehlungen bleiben jedoch nicht unentdeckt.

Dem Volk bleiben Wohlstand und Macht durch Davids Sohn und Nachfolger Salomo erhalten.

Es kommt zur Abspaltung des Reiches in die Teilgebiete Juda und Israel durch Erb- und Thronstreitigkeit nach Salomo. Die Propheten Elia, Elisa, Jeremia und Jesaja treten in den Vordergrund, um vor dem drohenden Untergang zu warnen. Sie mahnen zur Gerechtigkeit und legen die Tora aus. Das Reich Israel wird 722 v. Chr. als Provinz Samaria der Großmacht Assyrieren angeschlossen, da das Ende der Königreiche unabwendbar erscheint. Den Staat Juda trifft es 587 v. Chr., da das Land durch den babylonischen Herrscher Nebukadnezar erobert wird, indem der Jerusalemer Tempel (der Mittelpunkt des kultischen Lebens war) zerstört und die jüdische Oberschicht der Bevölkerung deportiert wird. Fast 50 Jahre dauert diese „babylonische Gefangenschaft".

Die Deportierten dürfen zwar in der Folgezeit durch Rückkehr in ihre Heimat den Tempel wiederaufbauen, jedoch erlangt das Volk seine Selbstständigkeit nicht zurück, da sich Perser, Griechen, Syrer und Römer in der Herrschaft ablösten.

Etwa 200 v. Chr. entsteht die Apokalyptik Daniels, das jüngste Buch der jüdischen Bibel. Apokalyptik bezeichnet Visionen vom Ende der Welt. Es werden auch die Hoffnungen des Volkes auf den Retter „Messias" aufgegriffen. Die Propheten haben bereits auf das Kommen des Messias hingewiesen (vgl. Otto, Dröger 1976).

Der jüdische Glaube im Alltag umfasst den Sabbat, Bar Mizwa, das Gebet und koschere Speisen.

Sabbat: Sabbat ist der wichtigste Festtag im Judentum, da er an die Erschaffung der Welt und die Befreiung Israels aus Ägypten erinnert.
Mit Sonnenuntergang des Freitags beginnt der Sabbat. Die Sabbatkerzen werden angezündet von der Hausfrau und der Vater geht mit den Söhnen in die Synagoge. Bei Rückkehr segnet der Vater seine Kinder und seine Frau. Anschließend wird das Sabbatmahl eingenommen, welches mit der Segnung von Brot und Wein beginnt.

Arbeiten ist am Sabbat untersagt. Ein orthodoxer Jude muss einer Arbeit nachgehen. Es ist ihm erlaubt vor Sonnenuntergang, während des gesamten Jahres, freitags nach Hause zu gehen. Meistens sind sie deshalb häufig selbstständig oder bei einem Juden beschäftigt.

Lange Reisen sind am Sabbat untersagt. Ein orthodoxer Jude lebt in der Nähe der Synagoge, da er nicht mit dem eigenen Auto oder öffentlichen Verkehrsmitteln fahren darf.

Die Einschränkungen werden nicht als Last angesehen, sondern als Möglichkeit, den Menschen aus den Alltagszwängen zu befreien, da er sich von der Arbeit erholen und sich geistlich erneuern kann.

Bar Mizwa: Ein Junge wird mit 13 Jahren Sohn des Gesetzes (Bar Mizwa). Am Sabbat liest er in der Synagoge zum ersten Mal aus der Tora (Gesetzesrolle) vor. Gewöhnlich findet nach dem Gottesdienst eine kleine Familienfeier statt. Er wird von diesem Tag an als eigenverantwortliche Person angesehen. Er nimmt alle Pflichten eines Juden wahr. Bei den Gemeindegottesdiensten wird er bei den zehn erwachsenen Männern, die als Mindestzahl vorgesehen sind, mitgezählt. Im Alter von zwölf Jahren wird ein Mädchen volljährig und gilt als Bat Mizwa (Tochter des Gesetzes). Dazu findet eine Feier in den Reformsynagogen statt.

Gebet: Ein frommer Jude betet morgens, nachmittags und abends zu Hause oder in der Synagoge. Er nimmt das Gebet dreimal jeden Tag auf. Während des Gebetes ist der Kopf mit einem Hut oder einem Käppchen (Jarmelka oder Kippa) bedeckt.

Koschere Speisen: Eine jüdische Hausfrau hat die Verpflichtung, für die religiöse Reinheit des Hauses zu sorgen. Sie schließt koschere Speisen mit ein. Dazu gehört im Sinne des jüdischen Speisegesetzes, dass das Essen „rein" sein muss. Dies meint, das Fleisch und Milchprodukte nicht zeitgleich zur Mahlzeit eingenommen werden dürfen. Beim Fleischverzehr gibt es keine Butter auf dem Brot

und Milch im Kaffee ist untersagt. Damit die Einhaltung ermöglicht wird, nutzen fromme Juden zweierlei Geschirr; das eine nur für Milchprodukte, das andere nur für Fleisch. Es kommt auch vor, dass manche jüdische Haushalte zweierlei Trockentücher und zwei Spülsteine haben. Jüdische Hotels haben zwei Küchen.
Beim Fleischverzehr sind es Lamm, Geflügel und Rindfleisch, die erlaubt sind. Schellfisch und Schweinefleisch sind verboten. Dabei ist zu beachten, dass die Tiere schnell ausbluten und ihnen nur ein Minimum an Schmerzen zugefügt werden. Deshalb darf das Fleisch nur verzehrt werden, wenn sie von einem ausgebildeten und ordinierten Schochet geschlachtet werden.

Die Einhaltung der Speisegesetze hängt vom religiösen Glauben des Juden ab, so dass dies sehr unterschiedlich sein kann. Manche Juden beachten die Speisegesetze gar nicht, andere enthalten sich des Fleischverzehrs, wenngleich dies ausdrücklich verboten ist, wieder andere achten weniger auf die Regeln einer koscheren Küche. Orthodoxe Juden erachten die Speisegesetzmäßigkeit als eine religiöse Gehorsamspflicht; sie halten die Regeln aufs Sorgfältigste ein, so dass der Familientisch zum Altar und das Essen geheiligt wird (vgl. Die Bibel 1980).

Jüdische Feiertage

- Sabbat: ist der heilige Ruhetag, der von jedem Freitagabend bis Samstagabend stattfindet.
- Purim: ist der Tag der Errettung der persischen Juden im Altertum, der einen Tag lang im Februar/März erfolgt.
- Pessach: ist das Passafest. Es beginnt am Abend des ersten Frühlingsvollmonds im März/April und dauert 8 Tage.
- Tag der Staatsgründung Israels (14. Mai 1948).
- Schawuot: ist ein Wochenfest, das am 50. Tag nach Pessach stattfindet, im Mai/Juni.
- Shiw'a, Asar be Tamus: ist ein Fastentag im Juni, zur Erinnerung an die Belagerung Jerusalems durch die Babylonier, am 17. Tag des Monats Tammus.
- Tisch'a beAv (9, Aw): ein Fasten- und Trauertage, an Gedenken der Zerstörung des Jerusalemer Tempels; im Juli, drei Wochen nach dem 17. Tammus.
- Rosch Ha-Schana: ist ein jüdisches Neujahrsfest, welches im September/Oktober eines jeden Jahres stattfindet.
- Bußtage: finden im September und Oktober statt.
- Yom Kippur: ist ein Versöhnungstag, der als Fastentag im September gefeiert wird.
- Sukkot: ist ein Laubhüttenfest, welcher acht Tage im September und Oktober eines jeden Jahres gefeiert wird.
- Chanukka: ist ein jüdisches Lichterfest und wird im Dezember eines jeden Jahres gefeiert.

(vgl. Urban 2011)

Basistexte des Judentums

5. Buch Mose 6, 4-9

Höre Israel Jahwe, unser Gott, Jahwe ist einzig. Darum sollst du den Herrn, deinen Gott lieben mit ganzem Herzen, mit ganzer Seele und mit ganzer Kraft. Diese Worte, auf die ich dich heute verpflichte, sollen auf einem Herzen geschrieben stehen. Du sollst sie deinen Söhnen wiederholen. Du sollst von Ihnen reden, wenn du zu Hause sitzt und wenn du auf der Straße gehst, wenn du dich schlafen legst und wenn du aufstehst. Du sollst sie als Zeichen um das Handgelenk binden. Sie sollen zum Schmuck auf deiner Stirn werden. Du sollst sie auf die Türpfosten deines Hauses und in die Stadttore schreiben.

(Die Bibel 1980)

Lob und Schöpfung – Lob der Tora („Weisung Gottes“)

Psalm 19, 1-15

Die Himmel rühmen die Herrlichkeit Gottes, vom Werk seiner Hände kündet das Firmament.

Ein Tag sagt es dem anderen, eine Nacht tut es der anderen kund,

ohne Worte und ohne Reden, unhörbar bleibt ihre Stimme.

Doch ihre Botschaft geht in die ganze Welt hinaus, ihre Kinder bis zu den Enden der Erde.

Dort hat er der Sonne ein Zelt gebaut.

Sie tritt aus ihrem Gemach hervor wie ein Bräutigam;

Sie frohlockt wie ein Held und läuft ihre Bahn.

Am einen Ende des Himmels geht sie auf und läuft bis an das andere Ende; nichts kann sich vor ihrer Glut verbergen.

Die Weisung des Herrn ist vollkommen, sie erquickt den Menschen.

Das Gesetz des Herrn ist verlässlich, den Unwissenden macht es weise.

Die Befehle des Herrn sind richtig, sie erfreuen das Herz; das Gebot des Herrn ist lauter, es erleuchtet die Augen.

Die Furcht des Herrn ist rein, sie besteht für immer.

Die Urteile des Herrn sind wahr, gerecht sind sie alle.

Sie sind kostbarer als Gold, als Feingold in Menge. Sie sind süßer als Honig, als Honig aus Waben.

Auch dein Knecht lässt sich von ihnen warnen; wer sie beachtet, hat reichen Lohn. Wer bemerkt seine eigenen Fehler? Sprich mich frei von Schuld, die mir nicht bewusst ist!

Behüte deinen Knecht auch vor vermessenen Menschen; sie sollen nicht über mich herrschen.

Dann bin ich ohne Makel und rein von schwerer Schuld.

Die Worte meines Mundes mögen dir gefallen; was ich im Herzen erwäge, stehe dir vor Augen, Herr, mein Fels und mein Erlöser.

(Die Bibel 1980)

1.6.2.8 Mormonen

Die Mormonenkirche wurde von Josef Smith im Bundesstaat New York gegründet (1830). Missionare der Mormonen predigten auch in Europa. Glaubensgrundlage ist das von Smith geschriebene Buch „Mormonen". Weltweit gibt es etwa 13 Millionen getaufte Mitglieder, die in 160 Länder verteilt sind. In den USA gibt es etwa 5,9 Millionen Mormonen. Damit weist sie die größte Mormonenkirche auf. Etwa 38 000 aktive Mormonen leben in Deutschland (vgl. Urban 2011).

Der Glaube orientiert sich an einem lebenden Propheten. Dieser Prophet erhält von Gott Offenbarungen und leitet so die Kirche Gottes auf Erden. Es wird geglaubt, dass die Rückkehr Jesu Christi unmittelbar bevorsteht. Die Botschaft soll in der ganzen Welt verkündet werden. Die missionarische Tätigkeit der Mormonen stellt diese Grundlagen dar. Der Missionsdienst beträgt für Frauen sowie ältere Ehepaare 18 Monate und zwei Jahre für Männer. In aller Regel wird die Aufgabe von Mormonen im Alter zwischen 19-22 Jahren wahrgenommen. Mormonen, die ihre Aufgaben ausführen und sich auf Reise begeben, reisen zu zweit, leben von ihren Ersparnissen in dieser Zeit sowie von der Unterstützung ihrer Familien oder der Heimatgemeinde. Ein Priesteramt kann ausschließlich von männlichen Mormonen (ab dem zwölften Lebensjahr) wahrgenommen werden. Die hierarchische Reihenfolge der Ämter lautet „Diakon", „Lehrer", „Priester", und „Ältester". Ein männlicher Mormone kann bereits im Alter von 18 Jahren „Ältester" werden. Bei Einhaltung des Wortes der Weisheit und einem keuschen Lebenswandel sowie Volljährigkeit eines aktiven und bekennenden Mormonen der Mormonenkirche, kann es sein, dass es sich um einen „Tempelmormonen" handelt. Aufgrund der in einzelnen Ländern immer noch betriebenen Polygamie stehen die Mormonen in der Kritik (vgl. ebd.). Joseph Smith soll durch eine göttliche Eingebung vermittelt bekommen haben, „das Polygamie von Gott als Mittel zur Erhaltung der menschlichen Art erwünscht sei" (Urban 2011, S. 59).

Feiertage der Mormonen

- Ostern.
- Pfingsten.
- Weihnachten.
- Generalkonferenzen für alle Mitglieder im April und Oktober zur Unterstützung und Belehrung durch die Kirchenführer.
- Pioniertag: zur Erinnerung der Ankunft der ersten Pioniere im heutigen Utah am 24. Juli jeden Jahres.

(vgl. Urban 2011)

1.6.2.9 Neuapostolische Kirche

Die neuapostolische Kirche entstand aus der katholisch-apostolischen Gemeinde (1863) und stellt die größte ‚christliche Sondergruppe' in Deutschland. Lebensgrundlage sind das Evangelium Christi sowie die Orientierung an den zehn Geboten.

Etwa 370 000 Mitglieder in cirka 3000 Gemeinden hat die neuapostolische Kirche in Deutschland zu verzeichnen. Sie ist nach der katholischen und evangelischen Kirche sowie den orthodoxen Kirchen die größte christliche Religionsgemeinschaft.

Die seelsorgerische Betreuung wird durch ehrenamtliche Mitglieder ausgeführt. Dazu gehören neuapostolische Priester, Gemeindevorsteher oder Diakone. Drei Sakramente sind in der Glaubensgemeinschaft bekannt: die heilige Wassertaufe, die heilige Versiegelung und das heilige Abendmahl. Ein Stammapostel steht an der Spitze der Neuapostolischen Kirche. Finanziert wird er durch freiwillige Spenden der Neuapostolischen Kirche der Mitglieder. Der Stammapostel hat eine leitende und versöhnende Funktion innerhalb der Gemeinde. Die Mitglieder sollen sich am Gemeindeleben beteiligen und ein Leben nach dem Evangelium Christi führen. Mitglieder sind für ihr Handeln eigenverantwortlich, indem der Einzelne Gott gegenüber verantwortlich für sein Verhalten ist (vgl. Urban 2011).

Neuapostolische Feiertage

- Sonntag: ist der Tag der besonderen Anbetung. Der Tag gilt als Tag der Auferstehung Christi. Gottesdienste finden in aller Regel sonntags statt oder in manchen Gemeinden werden Wochengottesdienste angeboten.
- Palmsonntag, Karfreitag und Christi Himmelfahrt werden als christliche Feste gefeiert.
- Pfingsten: wird als Geburtstag der Kirche gefeiert.

(vgl. Urban 2011)

1.6.2.10 Quäker

Die Quäker sind eine Gemeinschaft, die um das Jahr 1647 in England entstand. Mitbegründer war George Fox. Er stellte das „Innere Licht in jedem Menschen“ in den Glaubensmittelpunkt und betrachtete dies als Rückbesinnung auf das Christentum. Nach deren Überzeugung ist jedes Leben heilig. Jeder Mensch kann im „Grund seines Herzens“ Gott begegnen.

Etwa 300 000 Quäker gibt es weltweit, mit unterschiedlichen theologischen Ausrichtungen. Die meisten davon leben in den USA, Kenia, Großbritannien und Bolivien. Etwa 300 Mitglieder leben gegenwärtig im deutschsprachigen Raum. Das einzige Quäker-Andachtshaus mit Quäkerfriedhof in Deutschland befindet sich in Bad Pyrmont. Ein Quäkerbüro existiert seit den 1920er Jahren in Berlin.

Der Begriff Quäker resultiert aus einer abfälligen Bezeichnung ihrer Gegner und ist abgeleitet aus dem englischen „to quake“ und meint soviel wie beben oder zittern. In den eigenen Reihen der Quäker ist die abfällige Bezeichnung „Quäker“ beliebt, weil George Fox einem Richter gesagt haben soll, dass er im Angesicht Gottes „zittern“ werde (vgl. Urban 2011).

Die Quäker wurden im Zeitraum 1660-1689 in England verfolgt. George Fox soll in dieser Zeit bis zu acht Mal wegen Blasphemie inhaftiert wurden sein. Universitäten und öffentliche Ämter blieben für Quäker lange Zeit verschlossen, weil sie unter anderem den Eid unter Berufung der Bergpredigt ablehnten. Vor höher gestellten Personen weigerten sich die Quäker den Hut zu ziehen, trugen eine Einheitstracht und praktizierten eine einfache Lebensführung, wandten sich gegen Luxus und lehnten Titel und Ehrenbezeugungen ab. Sie gerieten vielerorts in eine gesellschaftliche und politische Außenseiterrolle, weil sie jedermann duzten, Steuern (eine zehnprozentige Steuer auf ihr Einkommen) zu zahlen verweigerten sie. Aufgrund der Außenseiterrolle wanderten viele der Quäker nach Nordamerika, Friesland, Holland und Westindien aus. Sie gründeten Firmen, die heute noch bekannt sind, z. B. Barclays (Bank), Cadbury (Süßigkeiten und Schweppes), Clarks (Schuhe). Die Bibel betrachten Quäker nicht als die einzig wahre Lehre, weil die biblischen Schriften lediglich eine Beschreibung der Quelle sind, jedoch nicht die Quelle selbst darstellen.

Die heutigen grundlegenden Schriften der Quäker sind Faith & Practice-Editionen aus unterschiedlichen Jahresversammlungen.

Das Quäkertum ist eine Lebensform und weniger eine Glaubenslehre, da sie ihren Glauben leben, der sich in mitmenschlicher Hilfe und Beistand widerspiegelt (vgl. ebd.).

Feiertage der Quäker

- regelmäßige Andachtszusammenkünfte: die Anwesenden warten schweigend auf Gott. Ein Mitglied kann beginnen zu beten, zu sprechen oder aus der Bibel zu lesen. Gemeinsamer Gesang und gemeinsames Beten finden nicht statt. Es gibt auch keinen festen Ablauf.
- Quäker glauben traditionell nicht an Feiertage, weil sie der Ansicht sind, dass die wahre Religion ganz individuell im Herzen eines jeden Menschen gelebt wird, somit nicht aus vorgegebenen Gebeten, Ritualen oder Worten gelernt werden kann. Sakramente, wie z. B. die Taufe sind Quäker nicht bekannt.
- Einige Quäker feiern die christlichen Feiertage, wenngleich diese Tage nicht heiliger für sie sind als Wochentage.

(vgl. Urban 2011)

1.6.2.11 Rastafari

Die Bewegung der Rastafari gründete sich auf westindischen Inseln, vorzugsweise auf Jamaika sowie der Dominikanischen Republik. Eine Million Anhänger gibt es weltweit. Etwa zehn Prozent der Bevölkerung sind in Jamaika und Belize Anhänger des Rastafaris. In England und Deutschland gibt es einige Anhänger der Rastafari.

Der Begriff Rastafari ist auf den Geburtsnamen des äthiopischen Kaisers Haile Selassies, Ras (Prinz) Tafari Makonnen (1892-1975) zurückzuführen. Angehörige dieses Kulturkreises nehmen sich selbst als einen der zwölf Stämme des alten Israels wahr. Sie gehen davon aus, dass der äthiopische Kaiserthron durch Haile Selassie bestiegen wurde (1930) und sehen dies als Erfüllung der Bibel (Psalm 68), wo den schwarzen Menschen besondere Aufmerksamkeit durch Gott geschenkt wurde. Angehörige des Rastafari sprechen von „Jah". Jah steht für die Bezeichnung Gott und wird gesprochen als Dschah. Jah ist die Kurzform von dem ursprünglichen Namen Jahwe. Als heilige Schriften werden das Alte und Neue Testament angesehen, wenngleich Rastafari sich nicht als gewöhnliche Christen betrachten. Eine zentrale Stellung nimmt in dem Glauben der Rastafari die Offenbarung des Johannes ein. Rastafari sehen Haile Selassie als wiedergeborenen Messias an, der die Nachkommen der Sklaven aus dem Exil ins gelobte afrikanische Land zurückführt. Sie sehen durch die Krönung Haile Selassies das Erscheinen bereits an, hingegen Muslimen, Juden und Christen auf ein erneutes Erscheinen warten. Der Glaube wird als persönlicher, relativ puritanischer gelebt, zu dem die Unterwerfung gegenüber Jah sowie den Kampf der Gleichberechtigung der Bevölkerung und die zu einem größtenteils ablehnende Haltung von westlichen Werten (Babylon = Unterdrückung des westlichen Wertesystems) gehören. Dazu zählt auch die teilweise ablehnende Haltung gegenüber dem westlichen medizinischen Versorgungssystem. Im Rastafarianismus wird unter Babylon das unterdrückende westliche System verstanden. Nicht alle westlichen Werte werden als Unterdrückung gesehen, weil oftmals Normen auf christlichen Grundsätzen des Glaubens basieren.

Rastafari, die gläubig sind, versuchen mit dem Erforderlichen an Nahrung und Materialien auszukommen, sich körperlich gesund zu halten und sich vor nichts zu fürchten. Alkohol und Drogen stellen für den Körper und die Seele eine Gefahr dar. Deshalb wird von der Einnahme solcher Produkte gewarnt. Marihuana betrachten Rastafari nicht als Droge, sondern als etwas Gutes, was Gott (Jah) ihnen mit auf den Lebensweg gegeben hat, weil Marihuana die Kraft hat, Menschen weise zu machen und sie besser den Weg zu Jah finden.

Zudem glauben Rastafaris, dass die gegenseitige Vervollkommnung durch Zusammenleben und Zusammenbleiben bis ans Lebensende von Mann und Frau ermöglicht wird und Männer die Frau besonders fürsorglich behandeln. Gleichgeschlechtliche Liebe herrscht nur unter Gottlosen, weil der Mann die Frau und die Frau den Mann begehren soll (vgl. Die Bibel 1980).

Die Rasta-Religion basiert auf drei Farben: rot, gelb und grün. Die Farben symbolisieren den Bezug zu Afrika und zur Geschichte. Rot versinnbildlicht die Morde an den schwarzen Sklaven und das Blutvergießen, gelb steht für Reichtum und Grün symbolisiert das gelobte Land Äthiopien sowie für Afrika (vgl. Urban 2011).

Feiertage der Rastafari

- Christi Geburt: wird am 06. Januar gefeiert.
- Black History Month: wird im Februar gefeiert.
- Haile Selassie Gedenktag: Haile Selassie besucht Jamaika (1966), 21. April.
- Äthiopischer Befreiungstag: 24. Mai.
- All African Liberation Day: 25 Mai.
- Geburtstag Haile Selassies (1892): 23. Juli.
- Geburtstag von Marcus Mosiah Garvey: 17. August.
- Äthiopisches Neujahr. 11. September.
- Haile Selassies Krönung (1930): 2. November.

(vgl. Urban 2011)

1.6.2.12 Siebenten-Tags-Adventisten

Siebenten-Tags-Adventisten ist eine evangelische Freikirche, die von Joseph Bates und Ellen sowie James White um 1863 gegründet wurde. Adventisten leitet sich von „adventus", Jesus Christus kommt wieder, ab. Sie glauben, dass die Bibel das Wort Gottes ist und nur Erwachsene getauft werden sollten. Die zehn Gebote dienen als Orientierung. 16 Millionen Menschen gehören dieser Freikirche an, die in über 200 Länder verteilt sind. Etwa 36 000 Adventisten leben in Deutschland in 578 Gemeinden.

Die Lebensgrundlage der Adventisten ist der Glaube an Jesus Christus und seine baldige Wiederkehr, die offen ist, so dass der Glaube zu den Endzeitreligionen gehört, weil sie sich zeitlich nicht festlegen. Adventisten verfügen über ein großes Bibelwissen. Wöchentlich findet ein Bibelgespräch statt; dies ist Bestandteil des adventistischen Sabbat-Gottesdienstes. In Friedensau bei Magdeburg unterhalten die Adventisten eine staatlich anerkannte Theologische Hochschule. Pastor der Sieben-Tags-Adventisten kann nur werden, wer ein theologisches Studium an einer adventistischen Hochschule absolvierte, welches mit dem Master of Arts oder einem Diplom/Magister erfolgreich absolviert wird. Die Amtsbezeichnung lautet Pastorin oder Pastor. Früher wurde die Bezeichnung Predigerin, Prediger verwendet. Diese ist heute ungebräuchlich. Auch Laienmitglieder dürfen (wie in der evangelischen Kirche) predigen. Die Glaubensausübung wird durch Missionarstätigkeit und die „Zahlung des Zehnten" wahrgenommen. Zur Unterhaltung der Freikirche entrichtet jeder Adventist 10 Prozent seines Einkommens. Einrichtungen, wie das Advent-Wohlfahrtswerk und die adventistische Entwicklungs-Katastrophenhilfe, stehen Bedürftigen offen. Finanziert werden sie durch Spenden und den Zehnten (vgl. Urban 2011).

Feiertage der Adventisten

- Sabbat gilt als ein besonderer Tag der Adventisten: Dieser beginnt mit einem Gottesdienst an einem Samstagvormittag.
- Erntedankfest: wird in fast allen Gemeinden gefeiert, an einem Samstag, der dem Erntedanksonntag vorausgeht.
- Angebot eines Gottesdienstes mancher Gemeinden an Ostern und Weihnachten; wenngleich dies nicht zur Regel gehört.
- Abendmahlgottesdienste: in reformierter Tradition. Beginn mit einer Fußwaschung. Sie werden vierteljährlich gefeiert. Die Abendmahlfeier erfolgt als offene Kommunion, mit Verwendung von ungesäuertem Brot und unvergorenem Traubensaft.

(vgl. Urban 2011)

1.6.2.13 Sinti und Roma

Ursprüngliches Herkunftsland der Sinti und Roma ist Indien. Die Bezeichnung „Zigeuner" für Sinti und Roma sprachlich zu verwenden, ist diffamierend und sollte nicht genutzt werden. Der Begriff ist im Mittelalter entstanden. Früher waren Sinti und Roma „Fahrende". Heutzutage haben sie einen festen Wohnsitz und haben feste Berufe.

Sinti und Roma bilden die größte ethnische Minderheit mit etwa zehn bis zwölf Millionen Menschen in Europa. Etwa 70 000 Sinti und 30 000 Roma leben in Deutschland. „Roma" bezeichnet Angehörige südost-europäischer Herkunft. Sinti sind in Mitteleuropa beheimatet. Die Mehrheit ist römisch-katholisch, einige sind griechisch-orthodox oder gehören der Freikirche an. Aus Balkanländern kommende Sinti und Roma sind Muslims.

Von den Nationalsozialisten (1940 und folgenden Jahre) wurden Sinti und Roma als fremdrassig bezeichnet, so dass dies zur Folge hatte, dass sie aus allen öffentlichen Ämtern entfernt und systematisch entrechtet wurden. Die systematische Deportation in Arbeitslager begann 1940, ab 1943 in Konzentrationslager (Ausschwitz-Birkenau). Etwa eine halbe Million Sinti und Roma wurden Opfer des Holocaust.

Geprägt sind Sinti und Romas von den Traditionen der Heimatländer. Sie passen sich der jeweiligen Gesellschaft mit ihren Kultur-, Lebens- und Religionsgewohnheiten in der sie leben jedoch an. Durch die Übernahme anderer Werte und Normen gerät der Erhalt der eigenen Traditionen und Bräuche in Vergessenheit. Ihre Sprache ist das Romanes und stammt aus Indien. Das Romanes ist mit dem Sanskrit verwandt. Sie ist die zweite Muttersprache, neben der Landessprache, in denen Sinti und Roma leben und wird mündlich von Generation zu Generation weitergegeben. Aufgrund der verschiedenen Länder, in denen Sinti und Roma leben, hat dies Auswirkungen auf die Sprache, weil sich dadurch viele Romanes-Dialekte ergeben. Deshalb gibt es keine standardisierte, einheitliche Sprache, sondern einheitliche Ausdrücke für bestimmte Objekte.

Sinti und Roma sind familiärer Zusammenhalt sowie Respekt vor älteren Menschen Werte, die im Besonderen berücksichtigt werden. Kinder und ältere Menschen werden sehr geschätzt. Ältere Menschen werden nicht in Senioreneinrichtungen untergebracht. Im Romanes gibt es noch nicht einmal ein Wort dafür. Familien mit vielen Kindern haben ein hohes Ansehen und gelten als Inbegriff von Glück. Als Unglück gilt Kinderlosigkeit. Die Brutalität der Zwangssterilisationen während des Holocaust dürfte vor diesem Hintergrund besonders deutlich werden (vgl. Urban 2011).

Gedenktage der Sinti und Roma
Sinti und Roma können christlichen Religionen oder muslimischen Glaubens angehören. Die jeweiligen Religionen sind zu achten. Besondere Gedenktage der Sinti und Roma sind:

- Nationaler Holocaust Gedenktag: 27. Januar.
- Internationaler Feiertag der Sinti und Roma: 08. April.
- St. Georg Tag: Schutzheiliger der Sinti und Roma am 06. Mai.
- Auflösung des Lagers Auschwitz-Birkenau (1944): 2./3. August.
- Auschwitz Erlass Heinrich Himmlers (1942): 16. Dezember.

(vgl. Urban 2011)

1.6.2.14 Atheisten und Agnostiker

Neben den aufgeführten Religionen und kulturellen Werten und Normen sind die Atheisten und Agnostiker zu nennen. Der Begriff Atheisten leitet sich ab vom altgriechischen átheos, was soviel meint wie gottlos. Atheisten vertreten die Grundannahme, dass vor der Geburt nichts war und nach dem Tod nichts folgt. Ein Gott existiert bei Atheisten nicht.

Bei Agnostiker steht das a für ohne, gnosis meint Wissen und theos steht für Gott. Agnostiker stehen Religionen kritisch und sachlich gegenüber. Die Existenz von einem Leben nach dem Tod und von Gott können nicht bewiesen und nicht widerlegt werden. Auch wenn bei den Atheisten und Agnostiker keine einheitlichen Rituale vorhanden sind, so haben sie doch Einstellungen und werden von Werten und Normen geprägt.

1.7 Kurzzusammenfassung

In diesem Kapitel wurden theoretische Grundlagen zu den Begriffen Interkulturalität und Interreligiosität zusammengeführt und erörtert.

Der interkulturelle Ansatz wurde vorgestellt, indem Kultur, Migration, Interkulturalität, Multikulturalität und Transkulturalität einer Begriffsortung unterzogen wurde und eine Annäherung an die interkulturelle Ethik erfolgte. Nachdem die interkulturelle Ethik mit den zentralen Komponenten Autonomie, Toleranz und Vernunft unter ethischer Perspektive erläutert wurde, wurde auf den interreligiösen Ansatz geblickt. Dabei wurde der Begriff Interreligiosität erörtert und es werden Religionen und Kulturen herausgestellt, die für die Gesundheitspflege zunehmend an Bedeutung gewinnen, weil sich durch den Zuwachs an Migranten, die in Deutschland leben, das Verständnis einer zukunftsweisenden Gesundheitspflege ändern wird und Gesundheitspflegende sich auf diesen Wandel einstellen müssen. Dies setzt voraus, dass Gesundheitspflegende über ein umfangreiches Fachwissen zur Interkulturalität und Interreligiosität verfügen sollten, um auf die verschiedenen kulturellen und religiösen Eigenheiten des Klienten angemessen eingehen zu könen, um sich auf eine leibliche Kommunikation einzulassen.

2 Interkulturelle und interreligiöse Kompetenzen

Um im Beruf individuell angemessen handeln zu können, wird davon ausgegangen, dass dies mit Kompetenzen möglich sei und dies nicht nur ein Wissen über pflegerische und medizinische Grundlagen, sondern auch ein Wissen über Interkulturalität und Interreligiosität durch Kompetenzanreicherung erfordert. Die Entwicklung von Kompetenen kann durch „Fallrekonstruktives Lernen" gefördert werden (vgl. Darmann et al. 2009).

Die Kategorie „Kompetenz" findet sich in der Literatur in vielfältiger Weise und in unterschiedlichen Definitionen. Zudem ist der Begriff Kompetenz umstritten, weil in ihm der Versuch gesehen wird, die Bildung zu ökonomisieren. Die Annahme besteht, dass Inhalte der einzelnen Fächer zurückgedrängt werden, weil allgemeine Fertigkeiten vordergründig fokussiert werden, an denen Lobbyverbände und Wirtschaft interessiert seien und der Kompetenzbegriff theoretisch sowie empirisch nicht fundiert sei. Die erste Annahme wird von der Gesellschaft für Bildung und Wissen e.V. gesehen. Die zweite Annahme vertreten Erziehungswissenschaftler und Fachdidaktiker; dies haben sie bei ihren internationalen Tagungen (zuletzt Köln 2010) kundgetan.

Befürworter des beruflichen Kompetenzbegriffs sehen die Chance, den Lernprozess durch vollständige Handlungen zu fördern und über diesen Weg eine Handlungskompetenz für den jeweiligen Beruf zu erzielen, bei dem die Lernenden selbst durch eine Matrix einer Kompetenzorientierung ihre erreichten Kompetenzen einschätzen können. Auf der Grundlage dieser Kenntnisse kommt in dieser Arbeit dem Kompetenzbegriff der beruflichen Bildung besondere Bedeutung zu, da es sich in der Gesundheitspflege um eine berufliche Ausbildung handelt. Eine Diskussion des vieldeutigen Kompetenzbegriffs wird in dieser Arbeit aufgrund der Zielverfolgung nicht unternommen, weil das Ansinnen auf einer für die Gesundheitspflege brauchbaren interkulturellen und interreligiösen Kompetenzförderung basiert. Von dieser Ausgangslage wird der Begriff berufliche Kompetenz, interkulturelle und interreligiöse Kompetenz einer Erläuterung unterzogen.

2.1 Von der allgemeinen Kompetenz zur beruflichen Kompetenz

Nach Weinert (1999) lassen sich verschiedene Kompetenzdimensionen unterscheiden:

1. Kompetenz als allgemeine Fähigkeiten im Sinne von Bereitschaft und Empfänglichkeit (Dispositionen), die einen Menschen befähigen, in verschiedenen Situationen anspruchsvolle Aufgaben zu meistern.
2. Kompetenzen als funktional bestimmte Klassen verstehen sich als
   - kognitive Leistungspositionen, um Situationen und Anforderungen angemessen zu begegnen, die sich psychologisch als Kenntnisse, Fertigkeiten, Strategien, Routinen und bereichsfähige Fähigkeiten beschreiben lassen.
   - Kompetenz zu motivalen Orientierungen zur Bewältigung anspruchsvoller Aufgaben.
   - Handlungskompetenz in der Begrifflichkeit, ein bestimmtes berufliches Handlungsfeld umschließend, indem dieser die voraus genannten Kompetenzen umschließt.
   - Metakompetenzen: als Wissen, Motivationen und Strategien, die den Erwerb und die Anwendung von Kompetenzen in verschiedenen Inhaltsbereichen erleichtert.
   - Schlüsselqualifikationen, sind Kompetenzen die über eine vergleichsweise breite Spanne von Situationen und Aufgabenstellungen einsetzbar sind (aufgeführte funktionale Kompetenz).

Auf den Lernenden bezogen, umfasst Kompetenz „den Lernerfolg in Bezug auf den einzelnen Lernenden und seine Befähigung zu eigenverantwortlichem Handeln in beruflichen, gesellschaftlichen und privaten Situationen" (Kultusministerkonferenz 2000, 29). Eine weitere Formulierung von Kompetenzen ist das wechselseitig miteinander verschränkte Strukturgefüge, welches sich „im Handeln aktualisierte(r) sozial-kommunikative(r), aktionale(r) und persönliche(r) Handlungsdispositionen" (Erpenbeck 1996, zit. nach Wittwer 2001, S. 243) zeigt.

Berufliche Kompetenz orientiert sich an der Arbeitswelt. In der Arbeitswelt kann die berufliche Kompetenz Berufen zugeordnet werden, so dass ein Gesundheitspflegender andere berufliche Kompetenzen aufweist als ein KFZ-Mechaniker. Berufliche Kompetenzen sind somit Anforderungen, die an einen Beruf angelehnt sind, weil sie sich aus einem Berufsbild ergeben und an einen Beruf gestellt werden, um in der berufspraktischen Lebens- und Arbeitswelt angemessen und adäquat zu reagieren.

Der berufliche Kompetenzbegriff umfasst anforderungs- und situationsbezogen sowie inhaltsbezogen und inhaltsübergreifend diese Kombination. In Diskussion der Fachexpertise wurden die Kompetenzdimensionen Fach-, Methoden-, Sozial- und Personenkompetenz geprägt, die in der Gesundheitspflege um die Kommunikations- und Personenkompetenz erweitert wurde (vgl. Leufgen 2012), und sich in der gesundheitspflegerischen Berufspädagogik als Merkmale beruflicher Handlungskompetenz verstehen.

Das Bundesinstitut für Berufsbildung versteht unter beruflicher Handlungskompetenz „die Fähigkeit und Bereitschaft, Kenntnisse, Fertigkeiten sowie persönliche, soziale und methodische Fähigkeiten, sowohl in Arbeitssituationen als auch für die berufliche und persönliche Entwicklung zu nutzen. Es ist das Ziel der Berufsbildung, die berufliche Handlungskompetenz/-fähigkeit entstehen zu lassen, anzupassen, zu erhalten oder zu erweitern“ (BiBB 2014, o.S.).

Um eine berufliche Handlungskompetenz zu erreichen, ist ein subjektorientierter Ansatz, wie er bei Arnold und Schüßler (1998, 107 ff.) referiert wird, zu beachten.

Kompetenzen stellen einen subjektbezogenen Begriff dar, der sich auf die Ganzheitlichkeit der gesamten Person bezieht (vgl. Arnold, Schüßler 1998, S. 107 f.). Dabei wird der Lernende als Persönlichkeit anerkannt, bei der neben kognitiven Prozessen auch emotionale, soziale und kommunikative Vorgänge eine Rolle spielen. Auf die „notwendige Selbstorganisation des Lernenden“ (ebd., S. 107), bei gleichzeitiger Zurückdrängung der Fremdorganisation weisen Kompetenzen ebenfalls hin. Das Individuum kann sich durch den Ausbau von Kompetenzen zu einer eigenständigen, selbstverantwortlich handelnden und mündigen Person entfalten, die sich den Aufgaben und Problemen der Arbeitswelt und der Gesellschaft gewachsen fühlt. Im Modell von Arnold wird von zwei Annahmen ausgegangen: „Man lernt nicht nur durch Wissensaneignung, sondern auch durch die Formen derselben. Kompetenzentwicklung ist ein erfahrungsbasierter Prozess. Dies gilt auch und in einer subtilen Besonderheit für die Entwicklung pädagogisch-professioneller Kompetenzen. Dies ist die These des „Es gibt kein Richtiges im Falschen!““ (Arnold 2007, S. 149).

Ableitend von diesen Annahmen zur Förderung einer beruflichen Kompetenz werden nachfolgend die interkulturelle Kompetenz und die interreligiöse Kompetenz herausgestellt.

2.2 Interkulturelle Kompetenzen

Das Institut für interkulturelle Kompetenz und Didaktik IIKD (2014) formuliert Kompetenz als „die Fähigkeit, effektiv mit Menschen, die über andere kulturelle Hintergründe verfügen, umzugehen und zusammenzuarbeiten, wobei die Effektivität auf beiden Seiten als solche empfunden werden sollte, wird mit interkultureller Kompetenz beschrieben. Wichtig sind dabei die emotionale Kompetenz und die interkulturelle Sensibilität, die es uns erlauben, die Konzepte der Wahrnehmung, des Denkens, Fühlens und Handelns der Fremdkultur bei unserem Handeln zu berücksichtigen. Die eigenen Erfahrungen der interkulturell kompetenten Person werden in diesem Moment zurückgestellt und es besteht die Bereitschaft Stereotype und Vorurteile zu revidieren und Neues zu erlernen. Beispielsweise kann ein Muslim zurückweisend, wenn nicht sogar ängstlich oder mit einem Gefühl des Ekels auf den möglichen Körperkontakt mit Hunden reagieren. Um diese Situation richtig deuten zu können, benötigt man die Fähigkeit, die eigene kulturelle „Brille“ abzusetzen und zu respektieren, dass diese Reaktion darin gründen könnte, dass Hunde im Islam als „unreine“ Tiere gelten.

Interkulturelle Kompetenz bezeichnet ein komplexes theoretisches Konstrukt, welches ein Bündel aus vielen verschiedenen Fähigkeiten und Fertigkeiten beinhaltet, die sowohl auf strategischer und professioneller als auch auf individueller und sozialer Ebene anzusiedeln sind. Interkulturelle Kompetenz versteht sich als ein lebenslanger Lernprozess (vgl. Straub 2010, S. 31).

Thomas (2003) definiert interkulturelle Kompetenz wie folgt: „Interkulturelle Kompetenz zeigt sich in der Fähigkeit, kulturelle Bedingungen und Einflussfaktoren im Wahrnehmen, Urteilen, Empfinden und Handeln bei sich selbst und bei anderen Personen zu erfassen, zu respektieren, zu würdigen und produktiv zu nutzen im Sinne einer wechselseitigen Anpassung, von Toleranz gegenüber Inkompatibilitäten und einer Entwicklung hin zu synergieträchtigen Formen der Zusammenarbeit, des Zusammenlebens und handlungswirksamer Orientierungsmuster in Bezug auf Weltinterpretation und Weltgestaltung“ (Thomas, zit. n. Straub, Nothnagel, Weidemann 2010, S. 18).

Die in Abbildung 9 und 10 zusammengefassten Teilkompetenzen interkultureller Kompetenz sind notwendig, um in stattgefundenen Interaktionen interkulturelle Überschneidungssituationen zwischen Menschen unterschiedlicher Kulturen zu erkennen und sensibel, adäquat, reflektiert und effektiv zu handeln (vgl. Hatzer, Layes 2005, S. 138).

Abb. 9: Vier-Ebenen-Modell

(vgl. Straub 2010, S. 31; IKUD 2014).

Das Vier-Ebenen-Modell umfasst die interkulturelle Fachkompetenz, die interkulturelle strategische Kompetenz, die interkulturell soziale Kompetenz und die interkulturell individuelle Kompetenz, die in eine interkulturelle Handlungskompetenz als „umfassendes Zusammenwirken“ mündet.

Die interkulturelle Handlungskompetenz erschließt sich als ein umfassendes Zusammenwirken von „individuellem, sozialem, fachlichem und strategischem Handeln in interkulturellen Kontexten“ (Bolten 2007). Ein Mensch ist dann interkulturell kompetent, wenn er es schafft, das Zusammenwirken der verschiedenen Dimensionen interkultureller Kompetenzen ausgewogen und zielgerichtet ein- und umzusetzen (vgl. Bolten 2007). Interkulturelle Kompetenz umfasst auch, das Eigene und das Andere zu hinterfragen. Des Weiteren können Fragen aufkommen, wie z. B. Wissen um Kulturkonzepte und Ethnozentrismus sowie Fähigkeiten wie Selbst- und Fremdreflexion.

In der nachfolgenden Abbildung 10 werden interkulturelle Fähigkeiten nach Lerndimensionen für eine interkulturelle Kompetenzentwicklung aufgezeigt, die zur Förderung der interkulturellen Handlungskompetenz in Situationen wirksam werden können.

Abb. 10: Interkulturelle Kompetenzentwicklung zur Förderung der interkulturellen Handlungskompetenz

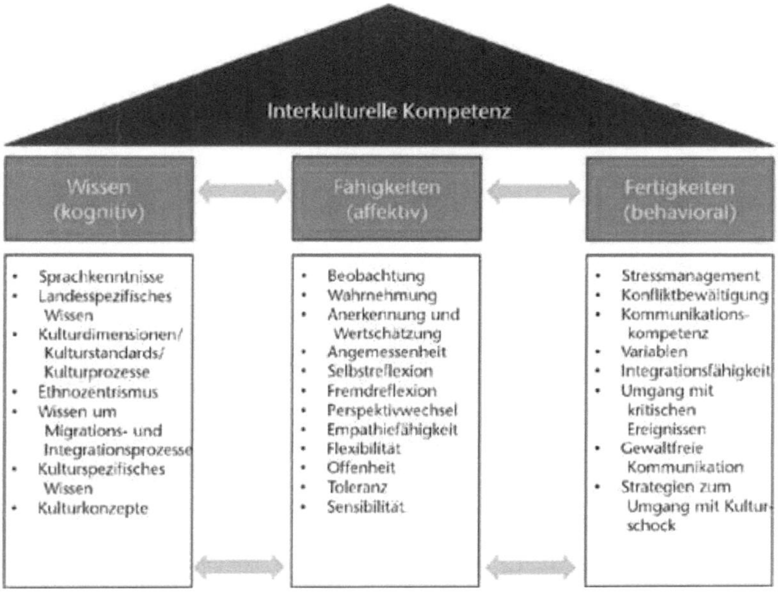

(IKUD 2014)

Zur Förderung der interkulturellen Kompetenz eignen sich die kognitiven, affektiven und verhaltensbedingten Lernebenen. Durch das Berücksichtigen der Lerndimensionen in Lernprozessen wird dem Menschen ermöglicht, in interkulturellen Überschneidungssituationen (vgl. Barmeyer 2012, S. 82) in effektiver und situationsbezogener, angemessener Weise zu reagieren und zu handeln. Menschen, die eine interkulturelle Kompetenz erworben haben, werden nicht nur die eigenen Absichten (Ziele) verfolgen, sondern sind fähig und bereit, die Absichten (Ziele) des Anderen zu würdigen und zu beachten sowie Verhaltensweisen und Verhaltensregeln zu berücksichtigen, die dem Anderen wertvoll und wichtig sind. Durch die Würdigung der Bedeutsamkeit des Anderen (Fremden; der Fremdkultur) werden Synergieeffektive erzeugt, die eine interkulturelle Handlungskompetenz auszeichnen. Synergieeffekte umfassen das Sich-Öffnen für das Andere und die Bereitschaft für die Erweiterung der eigenen religiösen und kulturellen Kompetenz durch Hinzunahme anderer Religionen und Kulturen. Zur Förderung der interreligiösen Kompetenz ist die Studie von Schambeck beachtsam, da sie zur Vertiefung gesundheitspflegerischer Aktionsräume einen Orientierungsrahmen ermöglicht.

2.3 Interreligiöse Kompetenzen

Interreligiöse Kompetenz hat in der Gesundheitspflege in der Gegenwart und der Zukunft eine zentrale Bedeutung und stellt eine Herausforderung für die Gesellschaft dar.

Interreligiöse Kompetenz ist nicht nur in der schulischen Bildung, sondern auch in der beruflichen Bildung Gesundheitspflegender zu fördern und gewinnt somit an Bedeutung. Interkulturelle Kompetenz wird brauchbar für die berufliche Bildung Gesundheitspflegender und deren Beachtung in Gesundheitseinrichtungen diskutiert. Damit findet die Auseinandersetzung mit interreligiöser Kompetenz nicht nur in der Bildung, damit einhergehend in der Theorie statt, sondern ist auch in der praktischen Gesundheitspflege von Relevanz.

Die interreligiöse Kompetenz wird bei Schambeck (2013) als Diversifikations- und Relationskompetenz vorgestellt (vgl. hierzu auch Kap. 1.6.1 und Abb. 7). Diese Kompetenzen erschließen sich aus der durchgeführten Forschung von Schambeck, den durchgeführten qualitativen Interviews und deren Analyse. Aus der Untersuchung schälte sich heraus, das eine Person, die „mit dem Religionsplural angemessen gut umgehen kann, die Fähigkeit hat, Eigenes und Fremdes zu unterscheiden (Diversifikationskompetenz) und zugleich Eigenes und Fremdes miteinander in Beziehung zu setzen und miteinander zu vermitteln (Relationskompetenz“ (Schambeck 2013, S. 174). Verstehbar wird interreligiöse Kompetenz als Einstellung, Fähigkeit, Haltung und Verhaltensweise, die die Partikularität religiöser Traditionen anerkennt und aufeinander beziehen kann. Anders formuliert markiert „interreligiöse Kompetenz Fähigkeiten und Fertigkeiten, die Menschen in die Lage versetzen, angesichts und in einer bestimmten religiösen Tradition eine verantwortende und begründete Position zu Religion auszubilden, die pluralitätsbewusst anerkennt, dass Religion nur im Plural vorkommt und diesen Religionsplural produktiv zueinander zu vermitteln versteht“ (ebd.).

Abb. 11: Interreligiöse Kompetenz als Diversifikations- und Relationskompetenz

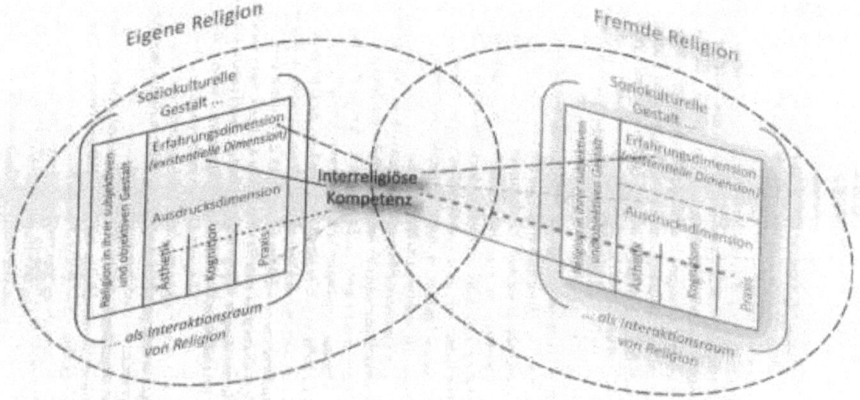

(Schambeck 2013, S. 175)

Demnach umfasst interreligiöse Kompetenz Fähigkeiten, Fertigkeiten, Einstellungen und eine Haltung des Menschen, der seine Position angesichts einer partikularen religiösen Tradition ausbildet.

Religion prägt als soziokulturelles Phänomen Kultur. Kulturelle Werte und Religion prägen den Menschen, so dass ein Inder eher vom Hinduismus oder Buddhismus geprägt sein wird als vom Christentum. Religiöse Traditionen berühren einander, da sie nicht beziehungslos nebeneinander stehen. Sie können sich auch bereichern, aber auch behindern (vgl. Schambeck 2013).

Die Schnittstelle (ebd.), die bei Willems (2011) als Überschneidungssituation bezeichnet wird, lässt sich als interreligiöse Kompetenz orten. Sie „sucht als Fähigkeit der In-Beziehung-Setzung danach, wie Interaktionen von Menschen einer Tradition mit der Interaktion von Menschen anderer Traditionen vermittelt werden können" (Schambeck 2013, S. 176). Zudem kann sich die Erfahrungsdimension mit der Praxis verschränken oder die Ästhetik der eigenen Religion kann sich mit der fremden Religion (deren Lehren) in einen Dialog bringen, wenngleich das Eigene das Vorrangige ist und das Fremde dabei als Folie des Eigenen zum Tragen kommt (vgl. ebd.).

Bei Schambeck (2013) wird die interreligiöse Kompetenz der Diversifikations- und Relationskompetenz in drei Kompetenzbereiche eingeteilt. Dies sind der ästhetische (1), der hermeneutisch-reflexive und hermeneutisch-kommunikative (2) sowie der praktische Kompetenzbereich (3). Die drei Kompetenzbereiche erschließen sich aus den gewonnenen Interviewergebnissen, in denen konkretisiert wurde, wie sich die Unterscheidungs- und In-Beziehungs-Setzungsfähigkeit zu erkennen gibt. Zu den Kompetenzbereichen führt Schambeck bespielhaft Passagen aus der Untersuchung auf, die sich auf die Fähigkeit, Fertigkeit, Haltung und Einstellung explizierten. Zum besseren Verständnis, auch hinsichtlich einer interkulturellen und interreligiösen Kompetenzförderung in der Gesundheitspflege (vgl. Kap. II/4.3 und 4.4), werden die Kompetenzbereiche an dieser Stelle mit Beispielen hinterlegt, die bei Schambeck (2013, S. 177ff.) vertiefend nachlesbar sind.

1. Im *ästhetischen Kompetenzbereich* werden Nuancen und Unterschiede wahrgenommen, indem die Person aufmerksam dafür ist, wo Verschiedenheiten der Religionen als Zugewinn oder als Bedrohung empfunden werden. Zudem ist die Vielfalt der Religionen in ihrer Ambivalenz wahrnehmbar, die als Bereicherung durch die Vielfalt oder als dunkle Seite einer Religion wahrgenommen wird. Das Ausbilden von Sensibilität für Pluralität aus der Minderheitsperspektive, da sie aus der Minderheitsperspektive anders wahrnehmbar ist als aus der Mehrheitsperspektive.
2. Im *hermeneutisch-reflexiven und hermeneutisch-kommunikativen Kompetenzbereich* wird ein Verstehen und Ausdrücken der eigenen traditionellen Religionen im Angesicht der anderen Religionen möglich. Andere Religionen mit ihren Hoffnungsbildern können in die eigene Sprache übersetzt werden. Dazu kann das Wissen um die Unabgleichbarkeit der Übersetzungen helfen.
3. Im *praktischen Kompetenzbereich* ist die Bereitschaft vorhanden sich auf den Anderen als Fremder und dessen fremde Religion einzulassen. Weiterhin ist die Bereitschaft für ein gutes Miteinander durch gegenseitige Anerkennung der Gaben und Anteilnahme gegeben.

Interreligiöse Kompetenz ist zugänglich zu machen mit dem Bewusstwerden der eigenen Religion im Angesicht der fremden Religion, welches sich in einem wahrnehmendem Lernen findet (ästhetische Kompetenz) und einen diskursiven Umgang möglich macht und befähigt Auskunft zu geben (hermeneutisch-reflexive und hermeneutisch-kommunikative Kompetenz) sowie daraus ableitend Maxime für das praktische Verhalten und Handeln ziehen zu können (praktische Kompetenz).

Die vorgestellten Kompetenzbereiche der Diversifikations- und Relationskompetenz weisen mehr als Kenntnisse auf. Sie umfassen Einstellungen, Fertigkeiten und Haltungen, die im Religionsplural Menschen ausbilden und sich für die Gesundheitspflege als bedeutsam erweisen können, weil in der Gesundheitspflege sich Unterscheidungs- und In-Beziehungssetzungsprozesse in jeder Kontaktaufnahme mit dem Klienten ergeben, die sich aus der Klient-Gesundheitspflegenden-Beziehung erschließt.

Kompetenzniveaustufen werden hier vorgestellt, da sie aktuell in der Religionspädagogik diskutiert werden. Ob diese für die Gesundheitspflege sinnvoll sind, wird in Kap. 4.2 und 4.3 zu entwickeln sein.

Interreligiöse Kompetenz weist in aller Regel unterschiedliche Ausformungen auf, die sich in Ausprägungen der Subjekte näher durch Niveaustufen beleuchten lassen. In den Ausführungen wird Bezug auf die Niveaustufen von Schambeck (2013, S. 181ff.) genommen, die unterschiedliche Niveaustufen der Aneignungsprozesse interreligiöser Kompetenz aufweisen. Sie sind zu entwickeln und geben Auskunft über die Auseinandersetzung mit Religion im Subjekt sowie über die Wirksamkeit interreligiöser Kompetenz. Es wird anhand der Niveaustufen aufgezeigt, welche Intensität und durch welchen Grad „es dem Subjekt gelingt, die eigene Religion angesichts anderer Religionen zu identifizieren und in Beziehung zu setzen“ (ebd., S. 181).

In Niveau 1 erfolgt die Wahrnehmung des Anderen und Fremden. Auf Niveau 1 und Niveau 2 werden die Fähigkeiten ausgebildet. Eine Auseinandersetzung mit dem wahrgenommenen Anderen erfolgt auf Niveau 2. Im Niveau 3 kommt das wahrgenommene Andere und bereits bearbeitete Andere zum Tragen.
Auf Niveau 2 werden Einstellungen, Haltungen und Handlungen begründet, die auf Niveau 3 verändert werden (vgl. Abb. 12).

Abb. 12: Niveaus interreligiöser Kompetenz

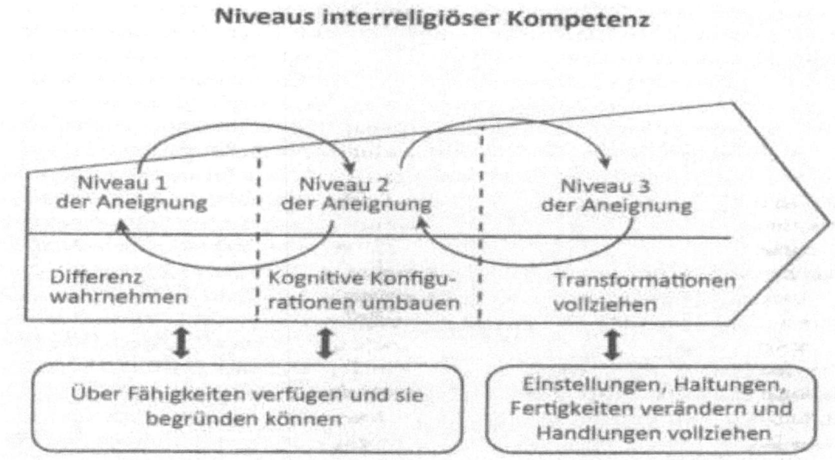

Wenn Subjekte auf dem Niveau 3 lernen, dann ist die subjektive Maxime interreligiöser Kompetenz erreicht. Die Unterscheidungs- und In-Beziehung-Setzungsfähigkeit hat einen Prozess bei den Subjekten ausgelöst die Einstellungen, Wissensbestände, Lebenshaltungen sowie Lebenspraktiken beeinflussen.

Das hier skizzierte Verständnis von interreligiöser Kompetenz bezieht sich auf das Eigene und das Andere im Verständnis füreinander und umfasst interkulturelle und interreligiöse Dimensionen. Um die Kompetenzen zu befördern bedarf es angemessener Strukturen, zu denen die Lernorte gehören, in denen Lernprozesse stattfinden. Lernorte sind Schulen sowie Einrichtungen, in denen unter vorhandenen Strukturen ausgebildet wird. Lernprozesse werden durch Strukturen und den dort tätigen Menschen beeinflusst.

3 Strukturelle Gegebenheiten der gesundheitspflegerischen schulischen und praktischen Bildung im Kontext interkultureller und interreligiöser Kompetenzförderung

Das Thema dieser Arbeit „Interkulturelle und interreligiöse Kompetenzförderung in der Gesundheitspflege" hat den Anspruch auf Strukturen in Bildungs- und Gesundheitseinrichtungen hinzuweisen, um davon ausgehend die Strukturen zu überdenken, damit Interkulturalität und Interreligiosität in der Gesundheitspflege nicht aufgrund strukturbedingter Gegebenheiten gehemmt, behindert, daraus resultierend nicht durchführbar wird. Um dem Anspruch einer interkulturellen und interreligiösen Kompetenzförderung in der Gesundheitspflege gerecht werden zu können, werden in diesem Kapitel gegebene Strukturen in Bildung und Gesundheitseinrichtungen beschrieben. Daraus ableitend wird ein Bezugsrahmen entwickelt, der Spuren einer interkulturellen und interreligiösen Gesundheitspflege ebnet.

3.1 Struktur der schulischen Gesundheitspflegebildung

Die Ausbildung des Altenpflegers, Gesundheits- und Krankenpflegers, Gesundheits- und Kinderkrankenpflegers findet gegenwärtig in Deutschland an verschiedenen Schulformen, damit einhergehend Schulorten, statt. Zwei zukunftsweisende Aussichten werden zurzeit diskutiert. Einerseits sollen die drei Pflegeausbildungen in eine berufliche Erstausbildung münden, die sich als generalistische Ausbildung versteht. Kritiker sagen zu Recht, dass die Altenpflege keine Krankenpflege ist. Die Arbeit mit alten Menschen umfasst die Lebensqualität, die im Rahmen vorhandener Möglichkeiten zu fördern und zu erhalten ist (vgl. Sahmel 2014, S. 21). Insoweit dürfte der Erstausbildungsweg einer Gesundheitspflege, mit drei unterschiedlichen Ausbildungsprofilen noch nicht vom Tisch sein. Andererseits findet die Ausbildung an unterschiedlichen schulischen Orten statt, was zu verschieden gelagerten Schwierigkeiten führen dürfte, die sich entweder unmittelbar zeigen oder im Handlungsfeld der Praxis zeigen können.

Durch die schulischen Orte Berufsbildende Schule, Fachseminare für Altenpflege, Gesundheits- und Krankenpflegeschulen, Hochschulen, Fachhochschulen und Universitäten haben wir einerseits ein vielfältiges Angebot in den Pflegeausbildungen zu verzeichnen, andererseits kann diese Vielfalt zu Ungereimtheiten führen, die für eine professionalisierte Gesundheitspflege nicht unbedingt förderlich sind.

3.1.1 Strukturen der Pflegeausbildung an Fachseminaren

Fachseminare für Altenpflege sind entweder eingebunden an den Träger mit Senioreneinrichtungen oder die Ausbildung wird von unterschiedlichen Trägern angeboten, und die Lernenden müssen einen praktischen Ausbildungsbetrieb nachweisen können. Die Fachseminare treffen die Auswahl der Auszubildenden. Die Fachseminare bedürfen der staatlichen Anerkennung. Wird die gesamte Ausbildung von einem Träger ermöglicht, handelt es sich in aller Regel um größere Senioreneinrichtungen, die das Fachseminar Altenpflege angegliedert haben und eine Altenpflegeausbildung in Theorie und Praxis anbieten, so dass beide Ausbildungsanteile, sowohl die theoretische als auch die praktische Ausbildung, bei einem Träger angegliedert sind, z. B. bei der Caritas.

Das Lehrpersonal der Fachschule führt Vorstellungsgespräche. Einzelne Fachseminare führen zusätzlich zu den Vorstellungsgesprächen auch Gruppenaktivitäten mit den Bewerbern durch und entscheiden danach über die Aufnahme in die Ausbildung.

Das Lehrpersonal verfügt zumeist über einen sozialpflegerischen Kontext, zumindest über die erforderlichen beruflichen Qualifikationen, wie das Bundesaltenpflegegesetz (2003) sie als Mindestanforderung ausweist. Die Seminarleitung hat in aller Regel ein abgeschlossenes pflegepädagogisches Studium absolviert.
Die Ausbildung findet an zwei Lernorten statt: im Fachseminar, mit eigenen Schulungsräumen und in Altenpflegeeinrichtungen, wo die praktische Ausbildung zu gewährleisten ist. Die praktische Ausbildung in der Pflege ist sicherzustellen durch Pflegefachkräfte und mindestens einer Praxisanleitung.

3.1.2 Strukturen der Pflegeausbildung an Kinderkranken- und Krankenpflegeschulen

Die Kranken- und Kinderkrankenpflegeschulen sind an einen kirchlichen, privaten oder öffentlichen Träger angeschlossen und bedürfen der staatlichen Anerkennung. So haben Universitätskliniken eigene Kinder- und Krankenpflegeschulen, die sich zumeist in unmittelbarer Nähe der Klinik befinden.

Seit mehreren Jahren gibt es zunehmend „Zentrale Krankenpflegeschulen", die in einer Trägerschaft sind. Dies ist ein Zusammenschluss von kleineren Krankenhäusern mit (ehemals) kleinen Krankenpflegeschulen, die sich zu einer großen Krankenpflegeschule formierten und in einem Schulungsgebäude untergebracht wurden. Hierbei sind die verschiedenen Krankenhäuser nicht mehr in unmittelbarer Nähe, sondern können mehrere Kilometer von der Zentralschule entfernt liegen. Die Lernenden werden in den verschiedenen Krankenhäusern eingesetzt oder haben mit einem Verbundkrankenhaus einen Ausbildungsvertrag abgeschlossen, so dass sie vorwiegend in diesem Krankenhaus ihre praktische Ausbildung leisten. Für zu leistende praktische Phasen, die das Verbundkrankenhaus nicht ermöglichen kann, werden die Einsätze in anderen Krankenhäusern oder in der ambulanten Pflege sichergestellt.

Zur Auswahl von geeigneten Bewerbern haben verschiedene Kinder- und Krankenpflegeschulen Verfahrenssettings entwickelt, die Bewerber durchlaufen. An einzelnen Schulen haben mehrere Bewerber einen Auftrag als Gruppe durchzuführen. Der Arbeitsauftrag ist gemeinsam unter Beobachtung durch das Lehrpersonal auszuführen. Für die Aufnahme ist mit entscheidend, wie der einzelne Bewerber sich in den Settings eingebracht und sich verwirklicht hat. Die Lehrenden bieten solche Settings an, um eine gewisse Eignung des Bewerbers für den Pflegeberuf daraus erkunden zu können.

Das fest angestellte Lehrpersonal verfügt entweder über eine grundständige Pflegeausbildung mit pädagogischer Zusatzqualifikation oder einem pflegepädagogischem Studium. Die Schulleitung muss ein pflegepädagogisches Studium absolviert haben. Nebenberufliche Dozenten verfügen über eine berufliche Qualifikation in dem Modul, dass sie unterrichten.

Die praktische Ausbildung in der Pflege ist sicherzustellen durch Pflegefachkräfte und mindestens eine Praxisanleitung.

3.1.3 Strukturen der Pflegeausbildung an öffentlichen Berufsbildenden Schulen

In einigen Bundesländern wird die schulische Pflegeausbildung an Fachschulen der Berufsbildenden Schulen durchgeführt. Vorzugsweise betrifft es die Altenpflege, die an Berufsbildenden Schulen qualifiziert wird.

Die Lernenden müssen neben den gesetzlichen Komponenten nachweisen, dass sie einen Ausbildungsbetrieb haben, in dem sie die praktische Ausbildung absolvieren können. Weitere Voraussetzungen sind nicht erforderlich. Es finden keine Vorstellungsgespräche und auch keine Verfahrenssettings statt, weil dies die jeweiligen Verwaltungsordnungen nicht vorsehen und somit eine solche Maßnahme zwar durchgeführt werden könnte, die jedoch keinerlei Auswirkungen auf die Zusage eines schulischen Ausbildungsplatzes haben darf, weil dies die jeweiligen Verwaltungsordnungen nicht vorgeben. Insoweit stellt sich die Frage, ob die Durchführung eines Bewerberauswahlverfahrens an Fachschulen der Berufsbildenden Schulen überhaupt durchgeführt werden darf.

Die hauptamtlich Lehrenden verfügen über unterschiedliche Qualifikationen. Sie haben oftmals keine Pflegeausbildung sowie kein Pflegestudium absolviert, so dass eine professionelle Pflegekontextuierung ihnen nicht eigen, sondern fremd ist. Lehrer für Fachpraxis verfügen über eine grundständige Pflegeausbildung mit einer Weiterbildungsqualifikation an staatlichen Studienseminaren, die ihnen die Führung der Bezeichnung „Lehrer für Fachpraxis Pflege“ erlaubt. Zudem gibt es Lehrende für Theorie und Praxis. Dies sind Absolventen von Fachhochschulen, die sich an staatlichen Studienseminaren zum Lehrenden für Theorie und Praxis qualifizieren lassen. An universitär ausgebildetem Personal finden sich Lehramtsberechtigte mit beruflicher Fachrichtung, oder mit allgemeinbildenden Fächern. Zudem können Quer- oder Seiteneinsteiger als Lehrende tätig werden.

Dies sind Lehrende, die ein Studium abgeschlossen haben, z. B. Ernährungswissenschaft. Ihnen wird ein zweites Fach zugeteilt, damit sie das Referendariat und die zweite Staatsprüfung absolvieren können. Diese Lehrenden verfügen über kein Studium der Bildungswissenschaften, was in einem Lehramtsstudium bzw. Masterstudium erforderlich ist. Ihnen wird per se die pädagogische Reife zugestanden, durch eine einseitige pädagogische Sichtweise im Referendariat. Einseitig deshalb, wenn ausschließlich am Seminar nur eine Bildungswissenschaft vertreten wird, bleibt eine professionelle pädagogische Bildung auf der Strecke. Im Studium hingegen lernt der Student eine Vielfalt von pädagogischen Möglichkeiten durch die Auseinandersetzung mit unterschiedlichen bildungswissenschaftlichen Ansichten. Eine professionelle pädagogische Anreicherung erfolgt. Seiteneinsteiger befinden sich während dieser Zeit in einem Angestelltenverhältnis mit der Schule und leisten das Referendariat zeitgleich ab.

Quereinsteiger sind direkt dem Seminar unterstellt und sind während der Zeit des Referendariats einer Einsatzschule zugeordnet.

Die Schulleitungen verfügen an Berufsbildenden Schulen in Deutschland über völlig unterschiedliche Ausbildungsabschlüsse. Die Schulleitung, zumindest die Abteilungsleitung, müsste lt. Bundesaltenpflegegesetz, um zumindest den Mindestanforderungen zu genügen, über ein Pflegestudium verfügen. Oftmals ist dies nicht der Fall, so dass in manchem Bundesland das Bundesaltenpflegegesetz unbeachtet bleibt, wenn es um die Qualifikation der Schulleitung geht, so dass es vorkommen kann, dass ein Gymnasiallehrer Schulleiter einer Berufsbildenden Schule ist und ein Hauptschullehrer Abteilungsleiter einer Fachschule für Altenpflege. Die zuständige Schulbehörde (an denen ehemalige Lehrende die Ämter ausführen) überwacht die Berufsbildenden Schulen. Da solche Berufsbildenden Schulen sodann nicht den Mindestanforderungen des Bundesaltenpflegegesetzes entsprechen, kann die gesamte Ausbildung angezweifelt werden.

Am Lernort Pflegepraxis ist die praktische Ausbildung in der Pflege sicherzustellen durch Pflegefachkräfte und mindestens einer Praxisanleitung.
Die schulische Betreuung in der Pflegepraxis wird zu einem hohen Anteil an Berufsbildenden Schulen durch Lehrende gewährleistet, die weder über ein Pflegestudium noch über eine qualifizierte Pflegeausbildung verfügen.

3.1.4 Strukturen der Pflegeausbildung an Hochschulen

Studiengänge an Fachhochschulen für Pflegemanagement und Pflegepädagogik wurden erstmalig ab den Jahren 1987 im Westen Deutschlands möglich. Im Os-

ten hatten qualifizierte Pflegende die Möglichkeit, an der Universität ein Studium in der Medizinpädagogik mit Ausrichtung Pflege aufzunehmen.
Das Lehramtsstudium, mit der beruflichen Fachrichtung Pflegewissenschaft, wurde im Jahr 1994 eröffnet. Damit wurde eine erstmalige Gleichwertigkeit zu anderen Lehramtsstudiengängen in Deutschland ermöglicht. Ursprünglich war in der Pflegelehrerbildung angedacht, die Lehrerausbildung Pflegender analog einem Lehramtsstudium, mit erster und zweiter Phase der Lehrerausbildung zu sichern. Dieser Grundgedanke wird durch die verschiedenen Studiengänge in der Pflegepädagogik heutzutage nicht mehr konsequent verfolgt. Die Gründe zu dieser Entscheidung können mannigfaltig sein. Mittlerweile sind an den Universitäten, wo Lehramtsstudiengänge angeboten werden, viele Studienpläne in Bachlor- und Masterstudiengänge überführt wurden, so dass der Masterstudiengang als 1. Staatsprüfung von den jeweiligen Landesprüfungsämtern durch die Beachtung bestimmter Voraussetzungen anerkannt werden kann. Hierfür gelten die Landesprüfungsordnungen der Länder, die bei den Landesprüfungsämtern erhältlich und einsetzbar sind.

Zu den Möglichkeiten der Studiengänge Pflegepädagogik und Pflegemanagement wurde die Möglichkeit, ein grundständiges Pflegestudium an einer Hochschule zu besuchen, eröffnet. Des Weiteren besteht die Möglichkeit, weiterführende aufbauende Fachstudiengänge zu besuchen, z. B. für „Palliative Pflege“, „Gerontologische Pflege“.

Hauptamtliche Lehrende haben eine akademische Ausbildung im Bereich Pflege oder einer Bezugswissenschaft und in aller Regel einer Promotion abgeschlossen und einen Ruf einer Professur an eine Hochschule erhalten. Manche von diesen Lehrenden verfügen zudem über eine grundständige Pflegeausbildung. Professoren, ohne Promotion sind selten in den Bereichen Pflegewissenschaft, Pflegepädagogik oder Pflegemanagement anzutreffen.

Dozenten sind wissenschaftlich qualifizierte Personen mit einem akademischem Abschluss und ggf. einer Promotion. Auch Professoren können als Dozenten nebenberuflich an anderen Hochschulen im Bereich der verschiedenen Pflegestudiengänge dozieren.

Für die grundständige akademische Pflegeausbildung ist der Lernort Pflegepraxis zuständig. Die praktische Ausbildung ist in der Pflege sicherzustellen durch Pflegefachkräfte und mindestens eine Praxisanleitung.
Für die praktischen Phasen im Pflegemanagement ist der Lernort Pflegedienstleitung, Pflegedirektorium, Einrichtungsleitung eines Krankenhauses, Pflegedienstleitung eines ambulanten Dienstes zuständig.

Für die praktischen Phasen Lehramtsanwärter sowie Pflegepädagogen sind die Schulformen Fachseminar, Kinder- und Krankenpflegeschulen, Fachschule Pflege/Altenpflegeschule an Berufsbildenden Schulen zuständig.

3.1.5 Kritische Würdigung der gesundheitspflegerischen strukturellen schulischen Gegebenheiten im Kontext interkultureller und interreligiöser Kompetenzförderung

Die unterschiedlichen schulischen Ausbildungsstätten, die in der Pflege zum Qualifizieren berechtigt sind, bilden Strukturen, die es insbesondere hinsichtlich im Rahmen einer interkulturellen und interreligiösen sich anbahnenden schulischen Kompetenzförderung Gesundheitspflegender zu bedenken gilt.

- In der Gesundheitspflege stehen die professionellen Berufsgruppen der gegenwärtigen Ausbildungen Altenpflege sowie Gesundheits- und Kinderkrankenpflege und Gesundheits- und Krankenpflege gleichwertig nebeneinander und sollten nach aktuellen Erkenntnissen beibehalten werden. Beabsichtigt ist die Zusammenführung zu einer generalisierten Ausbildung. Die verschiedenen unterschiedlichen Ausbildungsstrukturen sollten beibehalten werden, da die Ausrichtung der Altenpflege andere Inhalte aufweist als die Gesundheits- und Krankenpflege oder die Gesundheits- und Kinderkrankenpflege (vgl. Sahmel 2014). Diesem Ansinnen soll dadurch Rechnung getragen werden, weil sich in einem interkulturellen und interreligiösen Kontext die Berufe nicht in eine Ausbildung überführen lassen, weil interkulturelle Gruppierungen auch vom Alter abhängig sind.
- Die Ansiedlung der grundständigen Pflegeausbildungen an unterschiedliche Schulformen bringt eine Unüberschaubarkeit hervor, die den qualitativen professionellen Pflegeanspruch untergraben dürfte, weil durch die unterschiedlichen Ausbildungsniveaus und die Personen, die Pflegende ausbilden und für die Gesamtausbildung verantwortlich sind, selbst einem völlig unterschiedlichen qualitativen Niveau unterliegen, weil sie z. B. an Berufsbildenden Schulen weder eine Bezugwissenschaft noch berufsbezogene Linien aufweisen müssen. Wenn solche Personen (noch) in Leitungsfunktion sind und keinen fachberuflichen Studiengang belegten, dann können solche Personen behindernd oder lähmend auf eine professionelle Pflegebildung wirken. In solchen Konstellationen wird von der Leitung ausschließlich ein pädagogisches Ansinnen verfolgt und eine zwingend erforderliche Förderung der beruflichen Handlungskompetenz vernachlässigt. Diese Vernachlässigung kann so weitreichend greifen, dass professionell qualifiziertes Lehrpersonal sich stets begründen und erklären muss, weil das Leitungspersonal an Berufsbildenden Schulen kein Interesse für berufliche Profilsteigerung zeigt, sondern ausschließlich ein allgemein pädagogisches Ansinnen verfolgt. Zeigen sich zudem Spuren einer katastrophalen Personalführung, die meist durch die fehlenden Kompetenzen der Leitungen an öffentlichen Berufsbildenden Schulen zum Vorschein tritt, indem z. B. qualifiziertes Lehrpersonal durch Leitungspersonal denunziert und gemobbt wird (vgl. Jäger 2013), dann trifft die Aussage, die Jäger

formuliert, passgenau zu: „Der Fisch fängt am Kopf an zu stinken“ (Jäger 2013, S. VIII).

- Durch das unterschiedliche Niveau der Lehrendenqualifikationen an Berufsbildenden Schulen, welches noch nicht einmal Berufsbezogenheiten aufzuweisen hat, wenngleich eine Berufsbezogenheit auch in den jeweiligen Schulgesetzen gefordert wird, bleiben Bundesgesetze, wie das Bundesaltenpflegegesetz oder das Bundeskrankenpflegesetz, unberücksichtigt, so dass eine qualifizierte Ausbildung der Gesundheitspflege an Berufsbildenden Schulen nicht grundsätzlich sichergestellt werden kann. Zurückzuführen ist dies auf die Gegebenheit, dass die jeweiligen Länder keine unabhängige Instanz haben, bei der die landes- und bundesgesetzlichen Gegebenheiten beachtet werden. Dies führt dazu, dass Lehrende an Fachschulen, die an öffentliche Berufsbildende Schulen angeschlossen sind, Unterricht erteilen, denen jegliche Bezüge zur professionellen Pflege fehlen, so dass es schwer sein dürfte eine kultur- und religionssensible Gesundheitspflege zu sichern. In einem solchen Zustand wird es kaum möglich sein, interkulturelle und interreligiöse Kompetenz zu fördern, weil strukturell verfestigte Strukturen dies verhindern. In aller Regel darf und kann davon ausgegangen werden, dass sich bei solchen Konstellationen nur persönliche Interessen verbergen, weil die Pädagogisierung nicht einer kulturellen und religiösen Gemeinschaft zugute kommt, sondern der Eigennutz vom Schulleiter und Abteilungsleiter gesehen wird, der darin begründet liegen dürfte, mit ihrem eigenen pädagogischen (unberücksichtigt eines berufspädagogischen) Vorgehen, dass allgemeine pädagogische Interesse zu verfolgen. Dies entspricht jedoch keinem berufspädagogischem Ansinnen und stellt aus berufswissenschaftlicher Perspektive ein Absurdum dar. Wenn dieses Vorgehen von Lehrenden der Pflegepraxis (noch) mit unterstützt wird, weil sich damit einem geringen Widerstand ausgesetzt wird, dann haben solche Pflegelehrende kläglich versagt, weil sie nach dem grundständigen Berufskodex Pflegender, jedoch auch dem Leitbild Lehrender (vgl. Leufgen 2009) versagt haben. Solche verheerende Gegebenheiten weisen auf Unfähigkeit eines Systems hin, indem Schulleitung, Abteilungsleitung ohne jegliche Berufsbezogenheiten in einem Beruf mitwirken, ohne die Qualitätsmerkmale zu kennen, noch zu schätzen. Solche Gegebenheiten sind für die professionelle Pflegebildung, die sich zu einer interkulturellen und interreligiösen Gesundheitspflege anbahnend entwickelt, schädlich.
- Schulleitungen an Berufsbildenden Schulen verfügen in aller Regel über kein pflegepädagogisches Studium, womit weder das Bundesaltenpflegegesetz noch das europäische Übereinkommen zwischen Mitgliedstaaten und Deutschland gewürdigt werden. Zudem kann es bei Schulleitungen vorkommen, dass sie keinerlei Berufsbezogenheiten in ihrer Funktion (Rolle, die sie wahrzunehmen haben) aufweisen, weil sie aus dem Gymna-

sialbereich oder Grund- und Hauptschul- bzw. Realschulbereich kommend an einer Berufsbildenden Schule als Schulleiter und Abteilungsleiter tätig sind. Dreierlei Problemfelder werden durch eine solche Konstellation provozierend hervorgerufen, die gravierende Auswirkungen auf eine professionelle Pflegebildung haben:
(1) Durch das Fehlen einer beruflichen Sozialisation können fachbezogene Kontexte nicht nachvollzogen werden und werden durch Orientierung allgemein pädagogischer Gegebenheiten untergraben. Dies meint, Pädagogik steht im Vordergrund und Berufspädagogik, in der die fachliche Dimension zum Tragen kommt, so dass sich auch eine interkulturelle und interreligiöse Gesundheitspflege einbinden ließe, bleibt gering beachtet und wird aus gesundheitspflegerischer Perspektive nicht beachtet und wertgeschätzt, so dass wesentliche aktuelle Kontexte nicht erschlossen werden können. Dies wird noch fokussiert durch Ausfall von Unterrichtsstunden, aufgrund von zum Teil kurzfristig vorgebenen Terminen für Gesamtkonferenzen, Workshops, Konferenzen, Schulentwicklungstage. Hier wäre zwingend eine unabhängige außerstaatliche Instanz zu implementieren, die die Stundentafel vor Beendigung der Ausbildung auf den tatsächlichen Ist-Stand überprüft.
(2) Belange der gesundheitspflegerischen Expertise bleiben unverstanden, weil sie entweder nicht nachvollziehbar sind oder nicht verstanden werden wollen, weil die allgemeine Pädagogik vordergründig gewürdigt wird, damit seien Schulpreise vordergründig im Visier und dies zum Eigennutz, nämlich zum Nutzen der eigenen beruflichen Karriereleiter, so dass die gesundheitspflegerischen Belange (die sich aus einem interkulturellen und interreligiösen Gemeinschaftswohl, ganz im Sinne der „Liebe als Grund vom Eigenem und Fremdem“ (Schambeck 2013, S. 130) erschließen) in weiteren Vorhaben keine Berücksichtigung finden. Daraus ableitend erhält die gesundheitspflegerische Ausbildung nicht das qualitative Profil, welches gesetzlich vorgegeben ist und von der Pflegexpertise gefordert wird. Die Berufspädagogik Gesundheitspflegewissenschaft, der die professionellen Berufe Altenpflege, Kinder- und Krankenpflege angehören, wird am Ort Berufsbildende Schule durch die beschriebenen Schulleitungen und Abtelungsleitungen pädagogisiert. Die Pädagogisierung mag sich aus dem fehlenden Berufsprofil ergeben, welches sich durch eine grundständige Berufsausbildung oder ein grundständiges berufsbezogenes Studium (z. B. Pflegewissenschaft, Rechtswissenschaft, Theologie) überlicherweise erschließt. Um es anders formuliert auszudrücken: Ein Schulleiter, der keine berufliche Fachrichtung studiert hat, (also Allgemeinbildner im Grundschul- Hauptschul- und Realschulbereich oder Gymnasialbereich ist) wird kaum in der Lage sein dürfen, berufliche Belange verantwortungsvoll unterstützen zu können. Diese Annahme erschließt sich aus der Gegebenheit, wenn Schulleiter und Abteilungsleiter einen weltweit aner-

kannten Berufskodex Pflegender nicht auch an der Berufsbildenden Schule im Verhaltenskodex umgesetzt wissen wollen, dies kundtun, und nur auf allgemeinen pädagogische Grundlagen fixiert sind, dann ist der Ort Berufsbildende Schule für die professionelle Gesundheitspflegeausbildung nicht der angemessene schulische Ausbildungsort, weil sich professionelle Gesundheitspflege nicht in Berufsfremdheit durch Pädagogisierung und einseitiger Sichtweise erschöpft. Gesundheitspflege hat einen gesellschaftlichen Auftrag zu erfüllen, dessen Auftrag sich am Wohl der Bürgerinnen und Bürger mit seiner Werteorientierung und seiner Religion orientiert. Demnach liegt der Gesundheitspflege ein berufsethisches Verständnis zugrunde (vgl. Kap. 5.1.; 5.2).

(3) Eine professionelle Pflegebildung wird nicht möglich, weil sich trotz Argumentation und Begründung (gesundheits-)pflegerischer, gerontologischer, pflegepädagogischer Darlegungen, die zudem noch wissenschaftlich begründet werden können, diese nicht verstanden wird oder verstanden werden will oder kann, weil eben die erforderlichen Spuren einer beruflichen Qualifikation der Pflegexpertise nicht eigen sind bei Schulleitungen und Abteilungsleitungen, die keinerlei Berufsbezogenheiten aufweisen können.

- Durch die verschiedenen Ausbildungen der Lehrenden an Berufsbildenden Schulen resultieren eine Vielzahl von Schwierigkeiten, die an dieser Stelle nicht alle aufgeführt werden können, sondern nur exemplarisch benannt werden, soweit sie zur Entfaltung und Förderung einer interkulturellen und interreligiösen Gesundheitspflege bedeutsam sind.

  Lehrende, die über eigene praktische Erfahrungen durch eine grundständige Pflegeausbildung verfügen, und sich stetig weiter im pflegewissenschaftlichen Kontext fortbilden, haben ein professionelles Verständnis von Pflege und Gesundheitspflege entwickelt.

  Ignorieren Lehrende, mit Pflegeausbildung und Weiterbildung zum Lehrenden der Pflegeberufe (Unterrichtsschwester/Unterrichtspfleger) die eingerichteten Studiengänge, weil sie die Auffassung vertreten, dass die Weiterbildung zum Pflegelehrer gleichzusetzen ist mit einem universitären Abschluss, dann kann angenommen werden, dass mit einer sochen Haltung eine kulturell und religiös wandelnde Gesellschaft nicht wahrgeommen wird. Durch eine solche Haltung dürfte weder eine generelle professionelle berufliche Kompetenz der Gesundheitspflege noch eine interkulturelle und interreligiöse Gesundheitspflege gefördert werden.
- Am Lernort Praxis wird die praktische Ausbildung gegenwärtig überwiegend von (Gesundheits-)Pflegenden vorgenommen, die selbst keine akademische Ausbildung absolviert haben. Insbesondere erweist sich dies als ein Problem bei den Pflegestudierenden, die eine grundständige Ausbildung an der Hochschule absolvieren. Hier könnte erwartet werden, dass die Praxisanleitung eine akademische Ausbildung aufweist.

- Die praktische Ausbildung wird nicht kontinuierlich durch (Gesundheits-) Pflegefachkräfte begleitet. Oftmals sind Lernende in der praktischen Ausbildung sich selbst überlassen.

3.2 Strukturen der Gesundheitseinrichtungen

Zu den Gesundheitseinrichtungen, in denen die professionellen Pflegeberufe praktisch ausgebildet werden, gehören stationäre und ambulante Gesundheitseinrichtungen. Die Strukturen der verschiedenen Einrichtungen wirken auf interkulturelle und interreligiöse Kompetenzen Gesundheitspflegender. Aus diesem Grundverständnis heraus werden die gegenwärtigen Strukturen aufgeführt, um daraus ableitend optimale Wege einer interkulturellen und interreligiösen Gesundheitspflege anzubahnen. Um interkulturelle und interreligiöse Kompetenzen in der Gesundheitspflege anzubahnen müssen vorhandene Strukturen zur Kenntniss genommen werden, damit dem ratsuchenden Menschen eine optimale Betreuung ermöglicht werden kann, die seinem interkulturellen und interreligiösen Verständnis entspricht.

3.2.1 Stationäre Struktur der Pflege

Zu den stationären Einrichtungen der Pflege gehören Krankenhäuser, Kinderkrankenhäuser, Rehabilitationskliniken, Fachkliniken (z. B. Psychiatrische Kliniken, Orthopädische Kliniken), Senioreneinrichtungen. Träger der Einrichtungen sind öffentliche, private und freigemeinnützige Institutionen. Öffentliche Träger können Kreis, Stadt Land, Bund, höherer Kommunalverband oder Stiftungen des öffentlichen Rechts sein. Gemeinnützige Träger sind Träger der freien Wohlfahrtspflege. Dazu gehören: Caritas, Diakonie, Arbeiterwohlfahrt, Deutsches Rotes Kreuz, Paritätischer Wohlfahrtsverband. Private Träger sind Einrichtungen, die von privat-gewerblichen Trägern unterhalten werden. Weitere gemeinnützige Träger sind solche, die keinem der Spitzenverbände angeschlossen sind.

Fachkliniken sind Spezialkliniken, die sich in einem medizinischen Bereich spezialisiert haben. Für diesen speziellen Bereich wird entsprechend qualifiziertes Personal der Gesundheitspflege benötigt.

Krankenhäuser sind Einrichtungen, in denen Krankheiten geheilt oder gelindert werden sollen und in denen Geburtshilfe geleistet wird. Medizinische und pflegerische Behandlung und Betreuung werden dem Menschen zugesichert. In Krankenhäusern werden neben der medizinischen und pflegerischen Behandlung auch medizinische und pflegerische Diagnostik durchgeführt, um eine angemessene medizinische und pflegerische Behandlung dem Menschen zuzugestehen. Dies soll durch eine evidenzbasierte Medizin und evidenzbasierte Pflege gewährleistet werden. Die evidenzbasierte Methode ist in Deutschland in der praktischen Versorgung im medizinischen Bereich weiter fortgeschritten als im pflegerischen Bereich.

Rehabilitationskliniken sind Einrichtungen, in denen der Mensch medizinisch, pflegerisch, logopädisch, ergotherapeutisch wieder so weit Unterstützung erhält, dass seine körperlichen, geistigen und seelischen Funktionen weitgehend wieder hergestellt werden, damit er seine Selbstständigkeit erlangt. Das Ziel dabei ist neben der Selbstständigkeit, die Integrierung am gesellschaftlichen Leben durch Teilhabe zu ermöglichen und den Menschen wieder in die Arbeit und seinen Beruf einzugliedern. Durch die aktive Teilhabe und Teilnahme des Menschen an den angebotenen Aktivitäten in Rehabilitationskliniken soll eine vorzeitige Pflegebedürftigkeit verhindert und das Gesundheitspotenzial des Menschen gefördert werden.

Senioreneinrichtungen sind Einrichtungen, in denen ältere Menschen in einer integrierten Wohngemeinschaft zusammenleben oder in denen sie pflegerischer Betreuung, aufgrund altersbedingter Beeinträchtigungen, bedürfen, die sich nach den zurzeit gültigen Pflegestufen ermittelt. In Pflegestationen sind in aller Regel Menschen untergebracht, die nicht mehr alleine in einer Wohnung leben können, weil sie nicht mehr in der Lage sind sich selbst zu versorgen.
Die stationäre Altenpflege gliedert sch in vollstationäre Pflege (Dauerpflege), Tagespflege und Kurzzeitpflege.

Vollstationäre Pflege umfasst eine vierundzwanzigstündige Pflegeversorgung, also eine anhaltende, dauerhafte Unterbringung in einer Pflegeeinrichtung, deren ständige Verantwortlichkeit bei einer ausgebildeten Pflegefachkraft (Altenpfleger/in, Gesundheits- und Krankenpfleger/in, der Gesundheits- und Kinderkrankenpfleger/in) liegt und es sich um selbstständige wirtschaftende Einrichtungen für Pflegebedürftige handelt. Das Ziel einer vierundzwanzigstündigen Unterbringung in einer Senioreneinrichtung ist es, eine Rundum-Versorgung zu ermöglichen, weil der Mensch selbst nicht mehr in der Lage ist, sich selbstständig zu versorgen (vgl. Sozialgesetzbuch XI 2014).

In diesen Einrichtungen kann auch eine teilstationäre Pflege in Anspruch genommen werden. Dies meint, dass Pflegeangebote am Tag oder in der Nacht in Anspruch genommen werden können. Man spricht dann auch von Tagespflege oder Nachtpflege.

Der Pflegesatz umfasst in Krankenhäusern die gesamten Kosten. In Pflegeeinrichtungen sind die Kosten für Unterkunft, Verpflegung und Investitionskosten nicht enthalten. Diese sind gesondert zu zahlen, so dass die Gesamtkosten für einen Platz in einer Pflegeinrichtung sich aus der Addition von Pflegesatz und Kosten für Unterkunft und Verpflegung und Investitionskosten ergeben.

Kurzzeitpflege ermöglicht einem pflegebedürftigen Menschen einen zeitlich begrenzten stationären Aufenthalt in einer Pflegeinrichtung. Kurzzeitpflege wird von der Krankenkasse gewährt, wenn ein pflegender Angehöriger erkrankt ist oder Urlaub benötigt. So werden ambulant betreute pflegebedürftige Menschen für einen befristeten Zeitraum, von längstens vier Wochen pro Kalenderjahr, in die Obhut einer stationären Pflegeeinrichtung verlegt. Auf diese Weise kann der pflegende Angehörige eine Erholung in Anspruch nehmen. In der Kurzzeitpflege sind die Kosten der Pflege, der sozialen Betreuung und der medizinischen Behandlung abgedeckt. Die Verpflegungs- und Unterkunftskosten sind in der Erstattung nicht eingeschlossen.

3.2.2 Ambulante Struktur der Pflege

Um den pflegebedürftigen Menschen so lange wie möglich in seinem privaten Umfeld zu belassen, ermöglicht die Pflegeversicherung Pflegeleistungen in seinem häuslichen Umfeld. Es gilt der Grundsatz „ambulant vor stationär". Zwei Varianten bieten sich beim Erbringen der Pflegeleistungen an: die *Sachleistung*, die durch einen professionellen Pflegedienst erbracht wird oder die *Geldleistung*, bei der die Pflege z. B. durch einen Angehörigen erbracht wird, deren Aufwendungen oder Verdienstausfälle mit dem Pflegegeld abgegolten werden. Die *Geldleistung* hat auch vor der Sachleistung Vorrang im Pflegeversicherungsgesetz.

Die ambulante Pflege gewinnt durch das Pflegeversicherungsgesetz an Bedeutung, weil die häusliche Pflege gestärkt wird durch den Grundsatz „ambulant vor stationär" und somit dem pflegebedürftigen Menschen sein vertrautes Umfeld auch in einer Pflegesituation zugestanden wird.

Der Pflegebedürftige entscheidet mit seinen Angehörigen, ob er Sachleistung, Geldleistung oder Kombinationsleistung in Anspruch nehmen will.

Sachleistung umfasst bei der ambulanten Pflege die zu erbringende Pflege durch einen professionellen Pflegedienst.

Geldleistung kann dann in Anspruch genommen werden, wenn durch die zu übernehmende Pflege des Angehörigen, ein Verdienstausfallausgleich gewährt werden soll. Hierfür kann Pflegegeld beantragt werden. Die Angehörigen, die die Pflege übernehmen, sind auch sozial abgesichert, da sie in der gesetzlichen Unfall- und Rentenversicherung über die Pflegeleistungen versichert sind. Die Höhe der Geldleistung ermittelt sich nach dem Grad der Pflegebedürftigkeit, die nach den Pflegestufen bestimmt werden.

Kombinationsleistungen können als Sachleistungen und anteilig gleichzeitig als Geldleistung in Anspruch genommen werden. Dies kann dann sinnvoll sein, wenn z. B. ein Pflegedienst für die direkte Pflege (Grundpflege) beauftragt wird und gleichzeitig ein Angehöriger oder Freund bei der hauswirtschaftlichen Versorgung hilft.

Bei Menschen mit demenziellen Fähigkeitseinschränkungen, die einen erheblichen Betreuungsbedarf benötigen, können zusätzliche Leistungsaufwendungen beantragt werden.

Ein Anrecht auf Pflegegeld erhält eine Person, die pflegebedürftig ist. Die Pflegebedürftigkeit wird ermittelt durch den Medizinischen Dienst der Krankenkassen. Ein Anrecht haben Personen, die mindestens fünf Jahre Mitglied einer Pflegepflichtversicherung sind. Die Krankenkasse beauftragt den medizinischen Dienst der Krankenkasse zur Begutachtung. Die Begutachtung erfolgt auf der Grundlage von Pflegestufen, die nach Zeiten bemessen werden. Benötigt eine Person weniger als 45 Minuten Hilfe täglich, besteht kein Anspruch auf Hilfe.

- *Pflegestufe I:* Erheblich pflegebedürftig ist eine Person, wenn sie mehr als 46 Minuten Pflege und Unterstützung bei alltäglichen Verrichtungen, wie z. B. Körperpflege, Nahrungsaufnahme und Mobilität (direkte Pflege) benötigt. Insgesamt umfasst diese Pflegestufe 90 Minuten.
- *Pflegestufe II:* Schwerpflegebedürftig sind Personen, die mindestens drei Stunden pflegebedürftig sind, wovon mindestens zwei Stunden täglich in der direkten Pflege zu erbringen sind.
- *Pflegestufe III*: Schwerstpflegebedürftig sind Personen, die fünf Stunden, davon mindestens vier Stunden einen Pflegebedarf in der direkten Pflege haben. Der Pflegebedarf besteht „rund um die Uhr".

Härtefallregelung: Schwerstpflegebedürftige Personen in der Pflegestufe III können aufgrund des Härtefalls einen höheren bis doppelten Pflegesatz bekommen, wenn sie dauerhaft durch zwei Personen betreut werden müssen, z. B. übergewichtige Personen, die mehrmals täglich umpositioniert werden müssen.

Die derzeitig gültigen Pflegestufen sollen im Jahr 2017 durch fünf Pflegegrade abgelöst werden. Dabei orientiert sich die Pflegebedürftigkeit nicht mehr an dem minütlichen Aufwand, sondern der Maßstab soll der Grad der Selbstständigkeit sein. Als Grundlage soll ein Begutachtungsassessment (NBA) eingesetzt werden. Dabei werden nach Schwere der Beeinträchtigung Punkte in den Bereichen der Selbstständigkeit vergeben. Der Pflegegrad ermittelt sich anhand einer Skala von 0 bis 100 Punkte. Durch die Gesamtpunkte ergeben sich die Pflegebedürftigkeit und die Einteilung in die jeweilige Pflegestufe.

Die voll- und teilstationären Krankenhausleistungen werden über sogenannte Fallpauschalen des DRG-Systems (Diagnosis Related Groups) nach § 17b, Krankenhausfinanzierungsgesetz vergütet. Bei hochaufwendiger Pflege kann der Pflegekomplexmaßnahmen Score (PKMS) im Krankenhaus angewendet werden, so dass der Operationen- und Prozedurenschlüssel (OPS) im Rahmen der DRG-Kalkulation getriggert wird. Wenn die im PKMS erhobenen Aufwandspunkte erreicht werden, ist der OPS 9-20 zu kodieren.

3.2.3 Kritische Würdigung der gesundheitspflegerischen strukturellen praktischen Gegebenheiten im Kontext interkultureller und interreligiöser Kompetenzförderung

Die zurzeit vorzufindenden Strukturen innerhalb der Gesundheitspflege weisen auf eine Pflege hin, die sich weniger in einer gesundheitspflegerischen Umsetzung befindet, da die Gesundheitspflege bereits in der Sprache weitgehend ausgeblendet bleibt und in praktischen Handlungen innerhalb der vorzufindenden Strukturen sich vorzugsweise an der Medizin orientiert.

In einigen Aussagen des Sozialgesetzbuches XI zur Pflegeversicherung (2014) finden sich Begriffe wie Alltagskompetenz und Aktivierung. Diese Begriffe werden ausgehend von negativen Situationen formuliert, so dass sie einen Pflegebezug, ausgehend von einer medizinischen Erkrankung, jedoch keinen Gesundheitspflegebezug, aufweisen. Ausgehend von einer Gesundheitspflege würde sodann die Alltagskompetenz vom Gesundheitspotenzial und nicht von einer Funktionsstörung oder einer Schädigung formuliert werden, die auch nach Feststellung durch den Medizinischen Dienst der Kassen zu gewähren sein müsste. Aktivierung wird aufgeführt bei zusätzlichem sozialversicherungspflichtigem Betreuungspersonal, welches in der Pflegeeinrichtung tätig ist. Da Aktivierungen der Menschen in den Bereich der Gesundheitspflege zu zählen sind, ist in einem gesundheitspflegerischen Ansatz nicht nachvollziehbar, wie Aktivierungsprogramme in einen Bereich aufgenommen werden, die außerhalb der Gesundheitspflege vom Gesetzgeber beschrieben werden.

Solange die Pflege an die Medizin gebunden bleibt, der Pflegebedarf sich an medizinischen Diagnosen orientiert, wird sich eine Gesundheitspflege nicht etablieren können, die auf ihrem eigenständigen und eigenverantwortlichem Wissen und Handeln basiert. Ein Ansatz ausgehend von einer Gesundheitspflege hat den Anspruch Gesundheitsdiagnosen, unter Berücksichtigung interkultureller und interreligiöser Aspekte, zu formulieren (vgl. Leufgen 2012) und ausgehend von diesen den Bedarf zu ermitteln, der für den Menschen mit reduziertem Gesundheitspotenzial angezeigt ist.

Solange sich Pflegende nicht als Gesundheitspflegende verstehen und sich mit der Medizin schmücken und identifizieren, wird eine professionelle Umsetzung einer Gesundheitspflege nicht gelingen können.

Ein weiteres aktuelles Beispiel für die vorhandenen strukturellen Gegebenheiten, die eine diffuse Beibehaltung der Situationen fördern, jedoch nicht zukünftig ausschließen, ist das Ansinnen der zukünftigen Berufsbezeichnung durch die Gesellschaft für Pflegewissenschaft, die (salopp) sich für die zukunftsweisende beruflich zu schützende Bezeichnung „Pflegende", „Pflegender" entschied. Salopp deshalb, weil diese Bezeichnung auf keinerlei Konkretisierung basiert und so ganz offen oder unverbindlich in der sprachlichen Ausdrucksweise verbleibt. Beim Anfragen in Teilnehmergruppen der Gesundheitspflege, um welche Pflegende es sich dort handele, wurde mit folgenden Antworten begegnet: Tierpfleger, Autopfleger, Gebäudepfleger, Raumpfleger, Pflanzenpfleger, Computerpfleger. Um diese beeindruckenden Aussagen nicht zu interpretieren, darf an dieser Stelle kurz angemerkt werden, dass die Berufsbezeichnung „Pflegende“ bzw. „Pflegender“ unangemessen erscheint, wenn dies zudem unter professioneller gesundheitspflegerischer Perspektive betrachtet wird.

3.3 Von einer funktionalisierten zu einer interkulturellen und interreligiösen Perspektive: Von der Pflege zur Gesundheitspflege

Um den Weg von einer funktionalisierten zu einer interkulturellen und interreligiösen Perspektive anzubahnen und sich von einer funktionalisierten Pflege endgültig zu lösen, damit einhergehend zu befreien, bedarf es einer Besinnung und Blickschärfung auf dass, was wir „Wissen“ und auf das, was wir „Tun“, indem bislang gewonnene theoretische Erkenntnisse und praktische Erfahrungen der Pflege kritisch-reflexiv betrachtet werden. Aus der kritisch-reflexiven Würdigung der gewonnenen Erkenntnisse und Erfahrungen ist es sodann vielleicht möglich, sich von bestehenden Strukturen, wie z. B. der stark verhafteten medizinischen Orientierung (Gesundheits-)Pflegender zu lösen und sich an der Gesundheit des anvertrauten Menschen zu orientieren, der sich aufgrund einer Krankheit oder einer altersbedingten Erkrankung in die Obhut Gesundheitspflegender begibt. Anders formuliert: Ärztliche Aufgabe ist es, medizinische Heilung zu fördern. Gesundheitspflegende haben die Aufgabe, kranke, gebrechliche Menschen dahingehend zu unterstützen, dass ihr Gesundheitspotenzial wieder erreicht wird oder bei altersbedingten, chronischen Erkrankungen das Gesundheitspotenzial soweit zu fördern, so weit dies möglich ist und den Wünschen des anvertrauten Menschen entspricht (vgl. Leufgen 2012). Um von einer funktionalisierten Pflege zu einer interkulturellen und interreligiösen Gesundheitspflege zu gelangen, beinhaltet dies unweigerlich ein Kompetenzprofil theoretischer Ansätze, die in der praktischen Gesundheitspflege umgesetzt werden können.

3.4 Kompetenzprofil der Gesundheitspflege

Einrichtungen, Schule, Hochschule wirken auf die berufliche Kompetenz des Lernenden durch Vorleben, gezieltes Anleiten, Beraten und Ermöglichen von Reflexionsphasen. Das Wirken geschieht bewusst und unbewusst. Bewusste Kompetenzförderung geschieht, wenn geplant wird den Lernenden anzuleiten oder wenn er einen von dem schulischen Lehrpersonal praktisch durchzuführenden Bildungsauftrag während der praktischen Ausbildungsphase zu erledigen hat. Unbewusst verinnerlicht der Lernende im täglichen gesundheitspflegerischen Handeln Abläufe, Vorgänge, gesundheitspflegerelevante Maßnahmen, die die eigenen Kompetenzen beeinflussen. Um die Kompetenzen der beruflichen Felder Altenpflege, Gesundheits- und Krankenpflege und Gesundheits- und Kinderkrankenpflege zielorientiert zu fördern, bedarf es curricularer Orientierungen, die am Ort der Praxis sicherstellen, dass Lernende angemessen durch einen Praxisanleiter begleitet werden. Bei einem Lernenden aus der Hochschule kommend ist darauf zu achten, dass der Praxisanleiter selbst einen Hochschulabschluss nachzuweisen hat, damit die akademische Ausbildung nicht einseitig verläuft. Für die Zukunft ist zu klären, wo die grundständige Ausbildung der Gesundheitspflege anzusiedeln sein wird. Am Rande sei angemerkt: Weltweit ist die Erstausbildung der Pflegeberufe auf dem Bachelor-Niveau längst angenommen. Gesetze sind in administrative Abläufe einzubeziehen, damit die Erstausbildung sowohl am Ort Schule/Hochschule als auch in den Einrichtungsorten zu einer Kompetenzprofilförderung beiträgt.

Abb. 13: Wirkungsfelder auf die gesundheitspflegeberufliche Kompetenz

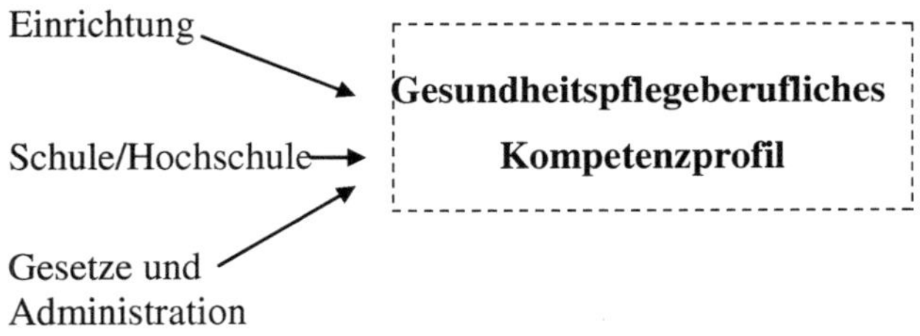

Um ein gesundheitspflegeberufliches Kompetenzprofil zu fördern, bedarf es eines Umdenkens der Wirkungsfelder Einrichtung, Schule/Hochschule, Gesetze und Administration. Nicht mehr eine pflegerische oder pflegerisch-medizinische Kompetenzförderung muss im Vordergrund stehen, sondern das Augenmerk sollte sich an der Gesundheitspflege orientieren. Dies setzt voraus, dass gesundheitspflegeberufliche Kompetenzorientierungsrahmen zu entwickeln sind, die dem Lernenden zur Selbsterschließung und Selbsteinschätzung seiner Kompetenzen dienen (vgl. Kap. II/5). Dem Lehrenden für Gesundheitspflege[3] muss der Kompetenzorientierungsrahmen klar und nachvollziehbar sein. Im günstigen Fall kennt der Lehrende sowohl theoretisch als auch praktisch den Kompetenzorientierungsrahmen, den er dem Lernenden zur selbsterschließenden Kompetenzförderung bereithält. Dies setzt voraus, dass er selbst Berufsbezüge zur Gesundheitspflege theoretisch und praktisch herstellen kann. Im ungünstigen Fall hat der

[3] Lehrerende für Gesundheitspflege bezieht sich in diesen Ausführungen auf Personen, die eine berufliche Qualifikation im Bereich Gesundheitspflege, der Fachrichtung Gesundheitspflege, Gesundheit/Pflegewissenschaft oder eines affinen Fachbereiches (Soziologie, Psychologie, mit einem Schwerpunkt der Gesundheitspflege) nachweisen können.

Lehrende keinerlei Berührungspunkte mit Berufsbezogenheiten aufzuweisen, weder im eigentlichen Fach bzw. der Fachwissenschaft Gesundheitspflege noch in Bezugsfächern bzw. Bezugswissenschaften. Ein Kompetenzorientierungsrahmen bedeutet für jeden Lernenden, dass er sich auf seine individuelle Art und Weise, aus seiner Wahrnehmung heraus, am Prozess beteiligen soll, so dass sich ein gesundheitspflegeberufliches Handlungsprofil entwickeln kann.

Damit die Wirkungsfelder Schule/Hochschule und Einrichtung sowie Gesetze und Administration auf Lernende angemessen, im Sinne einer sich ausbreitenden Gesundheitspflege, einwirken, bedürfen Gesetze einer Überarbeitung. Es ist herauszubilden, das Lehrende selbst über Berufsbezogenheiten verfügen, und nicht durch fehlende Kenntnisse sowohl berufsbezogene qualifizierte Lehrende als auch Lernende in Lernprozessen behindern. Das Behindern wird ausgelöst durch fehlendes Wissen, Nichtwissen, Nichtwertschätzung der Beruflichkeit, Missverständnisse aufgrund fehlender Berufsbezogenheit. Durch klare gesetzliche Regelungen, dürfte es gelingen, die Schwachstellen und Schlupflöcher zu schließen, so dass die zukünftige schulische Bildung Gesundheitspflegender nicht mehr in den Händen von Leitungspersonen liegen, denen Gymnasial- und Grund- und Hauptschulbezüge, mit Erweiterung Realschulbezüge zwar eigen jedoch Berufsbezogenheiten fremd sind. Durch das Fehlen von Berufsbezogenheiten können gesundheitspflegerische Zusammenhänge nicht gesichert werden, weil das Grundverständnis und die berufliche Expertise fehlen. Anzumerken sei an dieser Stelle, dass es unvorstellbar wäre, wenn ein Zahnarzt eine Bauchoperation durchführen würde. Dies wäre zudem gesetzlich nicht erlaubt und möglich.

In Berufsbildenden Schulen scheint alles möglich zu sein, denn in diesen Schulen hebt sich die Unvorstellbarkeit schnell auf, weil sie Wirklichkeit ist. Das durch den Einsatz von nicht entsprechend ausgebildetem Lehrpersonal in den verschiedenen Schulformen den Lernenden Schaden zugefügt werden kann, wird in keiner Literatur näher thematisiert. Die Bezüge eines Gymnasiallehrers mit allgemeinbildenden Fächern weisen einen völlig anderen Schwerpunkt auf als berufliche Fachrichtungen. Wer ein Lehramt oder Master of Education mit beruflicher Fachrichtung studiert, muss ein mindestens zwölfmonatiges Praktikum in der jeweiligen Fachrichtung nachweisen. Genauso wie bei einem Gymnasiallehrer verhält es sich bei Grund- und Hauptschullehrern, mit Erweiterungsbildungsgängen zum Realschullehrer. Füllen solche Lehrenden dann auch noch eine Leitungsfunktion aus, die sich auf die Berufsbildenden Schulen erstreckt, und bestimmen über das dortige berufsbezogene qualifizierte Lehrpersonal, indem sie Forderungen stellen, die ethisch fragwürdig und berufsethisch nicht vertretbar sind, dann eröffnen sich Wirkungsfelder, die für eine gesundheitspflegerische Bildung nicht geeignet sind. Die gesetzliche Verankerung, dass die Gesamtverantwortung der Ausbildung der Pflege der Schule obliegt, macht nur dann Sinn, wenn die Schule auch das entsprechende berufliche Lehrpersonal aufzuweisen hat. Kann eine Berufsbildende Schule dies nicht erfüllen, ist die professionelle Gesundheitspflege solchen Schulen unverzüglich zu entziehen, oder sie hat genauso, wie es an Krankenpflegeschulen und Fachseminaren erforderlich ist, sicherzustellen, dass eine Lehrperson ein pflegewissenschaftliches Studium nachzuweisen hat.

Im Rahmen von selbstgesteuertem und selbstorganisiertem Lernen wird vorausgesetzt, dass Lernende mit einem hohen intrinsischen Motivationspotenzial die Ausbildung aufnehmen. Diese Motivation ist extrinsisch durch geeignete Methoden, z. B. geeignete Fallkonstellationen (vgl. Darmann et al. 2009) zu stärken und zu unterstützen, so dass dem Lernenden Möglichkeiten angeboten werden, gesundheitspflegerische interkulturelle und interreligiöse Anknüpfungspunkte zu erschließen. Damit rückt Unterricht, Förderung, Beratung für den Lernenden in den Mittelpunkt der Geschehnisse.

In der praktischen Ausbildung ist der Lernende nicht als volle Arbeitskraft anzurechnen, da er sich im Lernprozess befindet. Dies ist gesetzlich so zu verankern, dass keine Schlupflöcher mehr möglich sind. Die praktische Ausbildung ist so zu gestalten, dass die Themenbereiche, die in der Schule besprochen wurden, in der Praxis zu erproben, zu evaluieren und zu reflektieren sind. Durch ein derartiges Vorgehen werden Lernende didaktisch, systematisch an Lernprozesse herangeführt und erhalten die Möglichkeit, dass in der Schule Erarbeitete in der Praxis umzusetzen und erfahrbar werden zu lassen.

4 Interkulturalität und Interreligiosität unter der Perspektive einer Gesundheitspflege

4.1 Annäherung an den Begriff Gesundheitspflege

Um dem Menschen als Subjekt in seiner Kultur und seiner Religion zu begegnen bedarf es einerseits um das gesundheitliche Wissen über den Klienten, andererseits um das Wissen über Gewohnheiten, Bedürfnisse, Sitten und Bräuche des Klienten, damit diese in der gesundheitspflegerischen Betreuung berücksichtigt werden. Dies bedeutet unter der Perspektive einer interkulturellen und interreligiösen Gesundheitspflege dreierlei, nämlich: (1) den Blickwinkel für die Gesundheit zu schärfen, (2) eine Umorientierung von der Pflege zur Gesundheitspflege, (3) kulturelle und religiöse Eigenheiten des Menschen erkennen und diese unter Rücksprache mit dem Klienten in den Gesundheitspflegeprozess integrieren.

In dem Begriff Gesundheitspflege sind zwei Wörter inbegriffen. Die Worte Gesundheit und Pflege. Die Begriffe haben einzeln eine andere Bedeutung. Um die Gesundheitspflege für die interkulturelle und interreligiöse Kompetenzförderung brauchbar mit einzubeziehen und brauchbar zu nutzen, wird der Begriff Gesundheit kurz erörtert, um ihn dann zu überführen und unter interkultureller und interreligiöser Perspektive einer Gesundheitspflege zu verorten. Der Begriff Pflege wird in diesen Ausführungen im Kontext der Gesundheitspflege bearbeitet. Als Pflegebegriff ist er in unterschiedlicher Literatur nachlesbar und wird in diesen Ausführungen nicht weiter losgelöst verfolgt (z. B. Leufgen 2012).

Gesundheit bildet einerseits einen zentralen Wert im Gefüge gesellschaftlicher Normen und individueller Lebensziele, andererseits ist Gesundheit eine Erfahrungsqualität menschlichen Lebens. So hat Gesundheit im gesellschaftlichen Bezugssystem eine andere Bedeutung als im Bezugssystem der Professionen. Im gesellschaftlichen Ansinnen kann sich der Mensch dann bereits gesund empfinden, wenn er nur am Abend in sein Bett muss oder wenn er am Tag unbesorgt arbeiten kann und sich wohl fühlt. Im Bezugssystem der Professionen gilt der Mensch als gesund, wenn er frei von Beschwerden und Krankheit ist, seinen Alltagsverpflichtungen nachkommen kann, soziale Kontakte im Austausch pflegt, sich wohl fühlt und Lebensfreude aufbringt (vgl. Leufgen 2012).

Unter interkultureller und interreligiöser Perspektive hat der Begriff Gesundheit eine weitreichende Bedeutung. Für jede Kultur und jede Religion gilt es, Normen und Werte zu beachten, die für die Gesundheit förderlich sind. Allgemein gehören eine gesunde Ernährung, Bewegung, ein Lebenswandel, der sich durch regelmäßige Arbeits-, Ruhe- und Schlafphasen auszeichnet, das Wohl des Seelenheils, die eigene Körperpflege und -hygiene nach den persönlichen, kulturellen und religiösen Riten ausführen zu können, dazu, die entscheidende Aspekte der eigenen Gesundheit ausmachen. Gesundheit wird als ein „normaler Zustand“ angesehen. Ausgehend von einem normalen Zustand definiert die Weltgesundheitsorganisation Gesundheit folgendermaßen: „Gesundheit ist ein Zustand vollkommenen körperlichen, geistigen und sozialen Wohlbefindens und nicht allein das Fehlen von Krankheit und Gebrechen.“ („Health is a state of complete physical, mental and social wellbeing and not merely the absence of disease or infirmity”) (Weltgesundheitsorganisation 1948, S. 100). Diese Definition ist reduktionistisch bio-medizinisch, da Gesundheit als Abwesenheit von Krankheit und Gebrechen gesehen wird. Die Weltgesundheitsorganisation (1986) hat aufgrund des reduktionistisch bio-medizinischen Gesundheitsbegriffs eine Änderung der Definition vorgenommen, die nicht mehr in das Freisein von Krankheit und Gebrechen mündet, sondern subjektive Aspekte des Individuums berücksichtigt:
„Gesundheit wird von Menschen in ihrer alltäglichen Umwelt geschaffen und gelebt: dort, wo sie spielen, lernen, arbeiten und lieben. Gesundheit entsteht dadurch, dass man sich um sich selbst und für andere sorgt, dass man in die Lage versetzt ist, selber Entscheidungen zu fällen und eine Kontrolle über die eigenen Lebensumstände auszuüben sowie dadurch, dass die Gesellschaft, in der man lebt, Bedingungen herstellt, die allen ihren Bürgern Gesundheit ermöglichen“ (Weltgesundheitsorganisation 1986, S. 1).

Diese Definition ist umfassender konzipiert. Sie unterscheidet eine subjektive und eine objektive Perspektive von Gesundheit, die alltägliche Umwelt, die vom Menschen geschaffen wird und in der er lebt, sich einbringt, als objektive Betrachtung; wie ich dies wahrnehme, mich sorge um andere und um mich, Entscheidungen treffe, als subjektive Betrachtung.

Diese Definition ist für Gesundheitspflegende insoweit von Bedeutung, dass sie in der Praxis im gesundheitspflegerischen Handeln aufgeht, da bei der Betreuung der ihnen anvertrauten Menschen die Aktivitäten, Beziehungen und existenzielle Erfahrungen des Lebens (ABEDL) berücksichtigt bleiben. Es geht im engeren Sinne um das Gesundheitspotenzial des Menschen, dass durch Beachtung interkultureller und interreligiöser subjektiver Empfindungen und objektiver Kriterien einzuschätzen ist.

Um aus den gewonnenen Einschätzungen einer interkulturellen und interreligiösen Gesundheitspflege gerecht zu werden, sind Gesundheitspflegende in der Lage, eine eigenverantwortliche Versorgung und Betreuung durch Gesundheitspflege mit dem Klienten wahrzunehmen und in seinem Sinne durchzuführen. Gesundheitspflegende können mit anderen Berufsangehörigen kooperieren, um Menschen aller Altersgruppen, von Familien oder Lebensgemeinschaften und von Gruppen und sozialen Gemeinschaften, ob krank oder gesund, in allen Lebenssituationen (Settings) angemessen betreuen und unterstützen. Die Gesundheitspflege schließt die Förderung der Gesundheit, Verhütung von Krankheiten und die Versorgung und Betreuung kranker, behinderter und sterbender Menschen ein, so dass Gesundheitspflegende die Wahrnehmung der Interessen und Bedürfnisse (Advocacy) des Klienten, im Sinne des Klienten, vertreten. Zudem haben Gesundheitspflegende die Aufgabe, eine sichere Umgebung des Klienten zu fördern, in der Gestaltung der Gesundheitspolitik mitzuwirken, im Gesundheitswesen ihre Bereiche unter gesundheitspflegerischer Perspektive zu organisieren, Aus-, Fort- und Weiterbildung anzubieten und die gesundheitspflegerische Forschung aktiv zu unterstützen.

Diese Angaben entsprechen dem gesellschaftlichen Auftrag der Weltgesundheitsorganisation (WHO), nachdem Gesundheitspflegende „dem einzelnen Menschen, der Familie und ganzen Gruppen dabei (...) helfen, ihr physisches, psychisches und soziales Potenzial zu bestimmen und zu verwirklichen, und zwar in dem für die Arbeit anspruchsvollen Kontext ihrer Lebens- und Arbeitsumwelt. Deshalb müssen die (Gesundheits-)Pflegenden Funktionen aufbauen und erfüllen, welche die Gesundheit fördern, erhalten und Krankheit verhindern. Zur Pflege gehört auch die Planung und Betreuung bei Krankheit und während der Rehabilitation, und sie umfasst zudem die physischen, psychischen und sozialen Aspekte des Lebens in ihrer Auswirkung auf Gesundheit, Krankheit, Behinderung und Sterben. (Gesundheits-)Pflegende gewährleisten, dass der einzelne und die Familie, seine Freunde, die soziale Bezugsgruppe und die Gemeinschaft gegebenenfalls in alle Aspekte der Gesundheitsversorgung einbezogen werden, und unterstützen damit Selbstvertrauen und Selbstbestimmung. Pflegende arbeiten auch partnerschaftlich mit Angehörigen anderer, an der Erbringung gesundheitlicher und ähnlicher Dienstleistungen beteiligten Gruppen zusammen“ (WHO, 1993, S. 15).

Die Gesundheitspflege muss sich sowohl mit Aspekten der Gesundheit sowie Krankheit auseinandersetzen, wenn sich das Handeln stets an den kulturellen und religiösen Belangen der Klienten orientieren soll. Denn eine völlige Gesundheit des lebendigen Organismus ist nicht erreichbar. Vielmehr ist das Gesundheitspotenzial des einzelnen Menschen zu erkunden. Jeder Mensch hat sowohl gesunde als auch kranke Anteile, auch wenn er sich gesund erlebt oder fühlt. Gesunde Anteile sind solange vorhanden, solange der Mensch lebt.

Nach dem Modell von Antonovsky (ein amerikanisch-israelischer Medizinsoziologe) nimmt die Pathogenese die Homöostase (Gleichgewicht) als Normalfall an. Sie geht davon aus, dass Menschen sich in aller Regel im Gleichgewicht befinden. In Ausnahmefällen, z. B. bei Krankheiten oder kritischen Lebenssituationen, die durch Missverständnisse kultureller oder religiöser Komponente ausgelöst werden können, kommt es dann zur Beeinträchtigung des Potenzials. In dieser Situation muss Energie aufgewendet werden, damit die Homöostase wieder hergestellt wird. Im salutogenetischen Konzept wird der Unterschied zwischen Pathogenese (Homöostase) und Salutogenese (Heterostase) mit der Metapher eines Flusses beschrieben: Der Fluss fließt nicht gerade und immer, er hat unterschiedliche Fließgeschwindigkeiten und Biegungen, Stromschnellen und Strudel. Pathogenese beruht nach Antonovsky auf der Idee, es könne Menschen geben, die in der überwiegenden Zeit am Ufer entlang des Flusses gehen und sich nur in Ausnahmefällen die Füße nass machen.

In der Salutogenese wird von einem Ungleichgewicht (einer Heterostase) als Normalfall ausgegangen. Zu der menschlichen Existenz gehören Ungleichgewicht, Leid, Sterben und Tod. Die Lebenspanne zeichnet verschiedene Phasen des Lebens auf, die u. a. die Geburt und den Tod umfassen. In der gesamten Lebensspanne befindet sich der Mensch im Fluss und ist damit beschäftigt, kleine Stromschwellen, Wasserfälle, Angriffe von gefährlichen Wasserlebewesen zu bewältigen. In einzelnen Phasen kann es vorkommen, dass der Fluss ruhig fließt, in denen das Schwimmen geringe Energie benötigt, in denen der Mensch sich treiben lassen kann, jedoch geringe Bewegungen vorhanden bleiben, weil das Einstellen aller Bewegungen zum Untergang führen würde. Die Salutogenese sieht den Fluss als den Strom des Lebens (vgl. Antonovsky 1997).

Gesundheit und Krankheit werden in einer solchen Sichtweise nicht als sich ausschließende Zustände, sondern als angenommene Pole (Endpunkte) eines Gesundheits-Krankheits-Kontinuums betrachtet. Das individuelle Gesundheitspotenzial eines Menschen ergibt sich aus der dynamischen Wechselwirkung zwischen Gesundheitsressourcen und Gesundheitsrisiken der Person und dessen Umwelt.

Abb. 14: Vereinfachte Darstellung des Gesundheits-Krankheits-Kontinuums

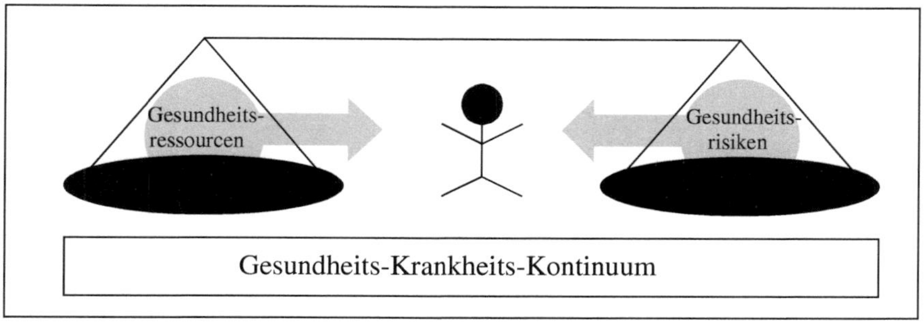

Ausgehend von diesem Modell ist im Sinne der Salutogenese Gesundheit als ein flexibles und ständiges Ausbalancieren von Ungleichgewichten (Erschütterungen) zu verstehen, die sich als Dynamik im Kontinuum der Pole Gesundheit und Krankheit bewegt.

Antonovsky begründet seine Theorie mit dem Kohärenzgefühl. Das Kohärenzgefühl ist ein Gefühl der Zusammengehörigkeit (Sense of Coherence, SOC) und fügt sich aus drei Komponenten zusammen: der Verstehbarkeit, der Handhabbarkeit und der Bedeutsamkeit (1997, S. 33f.). Es kommt auf den Menschen selbst an, wie er die Anforderungen des Lebens *verstehbar* sowie *handhabbar* verarbeitet und diese *bewältigt*. Bei der Kohärenzgefühl-Theorie geht Antonovsky (1997, S. 34ff.) davon aus, dass es auf den Menschen selbst ankommt, wie die Anforderungen des Lebens verstehbar sowie handhabbar verarbeitet und bewältigt werden und ein Gefühl des Vertrauens entsteht.

Das Gefühl der *Verstehbarkeit* wird als kognitive Komponente bezeichnet, welches das Zusammengehörigkeitsempfinden stärkt. Es ermöglicht dem Menschen, durch seine Fähigkeiten unbekannte und bekannte Stimuli wahrzunehmen und in geordneten und strukturierten Informationen zu verarbeiten. Dadurch wird ein chaotisches, ungeordnetes, willkürliches, zufälliges und unerklärliches Rauschen ausgeschlossen (vgl. ebd., S. 34).

Die zweite Komponente ist das Gefühl der *Handhabbarkeit* (Bewältigbarkeit), die Ressourcen beinhaltet, um den gestellten Anforderungen zu begegnen, in denen der Mensch in aktiven Beziehungen mit der Umwelt steht. Der Mensch zeichnet sich durch sein Verhalten in dem Zusammengehörigkeitsempfinden aus (vgl. ebd., S. 35). Der Mensch ist in der Lage, auch mit Situationen des Lebens umzugehen, die nicht nur erfreuliche, sondern auch traurige Ereignisse aufweisen. Er wird nicht endlos trauern, sondern mit traurigen Situationen umgehen können, so dass Ereignisse lenkbar und fügsam für den Menschen sind, da er die Lage durch aktives Tun beeinflussen und bewältigen kann, weil der Mensch die

Situation nicht als Last wahrnimmt, die man gerne los wäre. Er erlebt sie als Herausforderung, der er sich gerne stellt.

Die dritte Komponente ist die *Bedeutsamkeit* (Sinnhaftigkeit). Sie deutet auf das Ausmaß des emotionalen, sinnvollen Lebens des Menschen hin und nutzt Anforderungen als Herausforderung, so dass sie nicht als Last wahrgenommen werden. Unter dieser Sichtweise haben Situationen Bedeutung, ergeben einen Sinn und erwecken Interesse. Diese drei Komponenten bilden das Kohärenzgefühl.

Unter Einbeziehung der drei Komponenten Verstehbarkeit, Handhabbarkeit, Sinnhaftigkeit wird das Ausmaß ausgedrückt, in dem ein Mensch ein dynamisches Gefühl des Vertrauens hat, dass Anforderungen aus der inneren und äußeren Erfahrungswelt im Verlauf des Lebens strukturiert werden und sich Ressourcen herausbilden, die nötig sind, um den Anforderungen gerecht zu werden und in Lebenssituationen verfügbar sind. Das Kohärenzgefühl kann als globale Stressbewältigungsressource betrachtet werden (vgl. ebd., S. 36f.). Es entwickelt sich im Laufe der Kindheit und Jugend und wird von den gesammelten Erfahrungen und Erlebnissen beeinflusst. In der Adoleszenzzeit kann sich das Kohärenzgefühl umfassend verändern, und im Alter von ca. 30 Jahren ist es ausgebildet und bleibt stabil. Im Erwachsenenalter ist es schwer veränderbar. Eine Veränderung erfordert eine kontinuierliche Arbeit (vgl. ebd.).
Das Kohärenzgefühl ist der entscheidende Prädiktor, um belastenden Situationen durch eine gelingende Bewältigung zu begegnen. Damit bleibt die Gesundheit aufrechterhalten.

Demnach können Menschen, die ein stark ausgeprägtes Kohärenzgefühl aufweisen, die Anforderungen des Lebens optimal bewältigen und gehen mit einer gesteigerten Selbstkompetenz gestärkt aus belasteten Situationen hervor. Die Anforderungen (der inneren und äußeren Erfahrungswelt) werden oftmals als Herausforderungen angesehen. Mit einem stark ausgeprägten Kohärenzgefühl kann der Mensch auf Anforderungen flexibel reagieren. Damit bewegt er sich auf den positiven Pol des Gesundheits-/Krankheitskontinuum zu.

Bei Menschen, deren Kohärenzgefühl weniger ausgeprägt ist und denen es an Ressourcen mangelt, um die Anforderungen und Belastungen effektiv bewältigen zu können, können sich gesundheitsschädigende Wirkungen zeigen. Im Bewältigungsprozess besteht die Gefahr, dass sie geschwächt hervorgehen. Durch Misserfolge, die sich aus Erfahrungen ergeben, erlangen diese Menschen verminderte Selbstkompetenz (vgl. ebd.).

Für die Gesundheitspflege bedeutet dies, dass sich bestimmte Handlungsorientierungen für die Gesundheitspflege-Klienten-Interaktion aus dem Kohärenzgefühl, dass „als individuelles Regulations- und Leistungspotenzial für Gesundheit betrachtet wird“ (Brieskorn-Zinke 2006, S.92) ableiten lassen. Gesundheitspflegende können das Kohärenzgefühl des Menschen stärken, indem sie die kulturelle und religiöse Weltanschauung des Klienten in seiner Lebenslage (z. B. eines reduzierten Gesundheitspotenzials aufgrund akuter oder chronischer Gesundheitsprobleme) beachten. Durch die Beachtung kann auf eine Stärkung des Kohärenzgefühls hingewirkt werden. Auch wenn davon ausgegangen wird, dass das Kohärenzgefühl im Erwachsenenalter sich nicht mehr signifikant verändert, kann es in Krisensituationen zu Erschütterungen des Kohärenzgefühls kommen, die mit angemessenen Interventionen unter Beachtung kultureller und religiöser Aspekte möglicherweise wieder stabilisiert werden kann.

Die *praktische Umsetzung* erfolgt durch eine Gesundheitsbratung, orientierend am salutogenetischen Modell.

> Beispiel:
> Ein Gesundheitspflegender wird in der ambulanten Betreuung mit einer Klientin konfrontiert, die nach ihrer Krankenhausentlassung auf gesundheitspflegerische Versorgung angewiesen ist. Nach einer Hüftoperation ist die Klientin in der Bewegung des Gehens eingeschränkt (aufgrund eines Muskelabbaus) und durch das Legen eines Dauerkatheters inkontinent geworden. Diese beiden beeinträchtigenden Faktoren sind massive Stressoren, die die körperliche Autonomie sowie das Kohärenzgefühl bedrohen. Gewohnte Bewältigungsmuster sind nicht abrufbar, da die Verzweiflung über die Hilflosigkeit groß ist. Die Klientin ist verzweifelt und fühlt sich ausgeliefert.

Gesundheitspflegende können den Menschen dahingehend unterstützen, indem er die eingetretene Schwierigkeit kognitiv verarbeiten kann. Über auftretende Fragestellungen bietet sich an, mit dem Klienten eine Art Landkarte zu erstellen, bei dem die Gesundheitsressourcen und Gesundheitsrisiken (die durch eine mögliche Erkrankung aufgetreten sind) zu erfassen. Die Fragestellungen orientieren sich zunächst an den subjektiven Empfindungen des Menschen, die subjektive Probleminterpretationen und subjektive Gesundheitsinterpretationen erfassen, um den Ort zu bestimmen, von dem aus die Problembewältigung erfolgen könnte. Gesundheitspflegende können so erkennen, wo die Klientin steht und welche Informationen sie in ihrer Situation benötigt. Im folgenden Schritt erfolgt eine Aufklärung und Beratung. Dabei werden die aufgetretenen Probleme aus gesundheitspflegerischer Sicht beleuchtet. Durch dieses Vorgehen werden die Fähigkeiten der Klientin unterstützt, in dem die aufgetretenen Stressoren kognitiv eingeordnet werden, so dass ihnen die Zufälligkeit und Willkür entzogen wird. Das Kohärenzgefühl wird in dieser Situation über die erste Komponente der Verstehbarkeit der Klientin gestärkt.

Der Umgang mit den aufgetretenen Problemen wirft die Frage auf, wie die Situation bewältigt werden kann. Im aufgeführten Beispiel geht es um die Ressourcen und Kompetenzen der Klientin sowie die Klärung geeigneter Hilfsangebote und die Ermittlung von Hilfspotenzialen (akzeptierende und helfende Personen des Umfelds). Die Fragestellungen erfolgen subjektorientiert, um den Klientenbedürfnissen gerecht zu werden. Gesundheitspflegende müssen über die Kenntnis eines differenzierten Ressourcenkonzeptes verfügen, um eine klientenzentrierte

Versorgung sicherzustellen. Geeignete Ressourcen stärken wahrscheinlich das Gefühl der Klientin, mit der Situation (Krankheit) fertig zu werden und Anfangsschwierigkeiten zu überwinden. Die Gesundheitspflegenden werden durch das Gefühl der Handhabbarkeit ebenfalls gestärkt, indem sie geeignete Mobilisationsverfahren, Pflegeprinzipien und Pflegekonzepte (kinästhetisches Konzept) anwenden können.
Für die Klientin könnte dies bedeuten, dass sie lernt, mit Hilfe eines Toilettenstuhls und geeigneter Haltegriffe sowie Aufmerksamkeit ihr Miktionsverhalten wieder zu regulieren. Die zweite Komponente des Kohärenzgefühls der Handhabbarkeit bzw. Bewältigbarkeit wird gestärkt.

Es können Fragen zur Bedeutsamkeit und Sinnhaftigkeit des Lebens aufkommen. Der Mensch kann durch die Krankheit oder plötzlich eintretende Pflegebedürftigkeit erschüttert werden, so dass Fragen aufkommen wie „Warum hat es mich erwischt?" „Wofür das alles?" Insbesondere bei chronischen Erkrankungen oder lebenslangen Beeinträchtigungen des Körpers können solche Fragen gestellt werden. Die kulturellen und lebensgeschichtlichen Erfahrungen des Menschen sind prägend für diese emotionale Komponente.
Vielleicht lassen sich durch eine sensible Gesprächsführung verborgene Sinnbezüge wiederherstellen, damit der Mensch einen Sinn in seinem Leben, mit einer für ihn neuen Situation, erkennen kann und weiterleben will. Die dritte Komponente des Kohärenzgefühls der Bedeutsamkeit bzw. Sinnhaftigkeit wird gestärkt.

Neben den spezifischen Problemen und den angemessenen Hilfestellungen können gesundheitliche Ressourcen gestärkt werden, z. B. die körperliche Ebene durch Stärkung der Immunabwehrlage, die psychisch Ebene durch Stärkung vorhandener Bewältigungskompetenzen (mit Erkrankung und Bewegungseinschränkung leben lernen) und die soziale Ebene durch Maßnahmen zur Stärkung vorhandener Unterstützungsnetzwerken.

Die vorgestellten Prinzipien einer Gesundheitspflege umfassen die Salutogenese und beziehen sich auf eine personenorientierte Praxis, die sich unter Einbeziehung verschiedener Ebenen des gesellschaftlichen Lebens erweitern lässt und damit nicht begrenzt bleibt, weil die soziokulturellen und interreligiösen Lebensbedingungen mit einbezogen werden, wie dies im Ansatz die Weltgesundheitsorganisation (1993) vorsieht. Für die Gesundheitspflege wird es zukünftig auch um gesundheitspolitisches Handeln gehen, wenn die Gesundheitspflege interkulturell und interreligiös wirksam zu werden vermag. Ein gesellschaftliches Zusammenleben von Gesundheit und interkultureller und interreligiöser Gesundheitspflege, die für alle erreichbar ist, lässt sich auf verschiedenen Ebenen herstellen.

Abb. 15: Mehrebenen-Modell

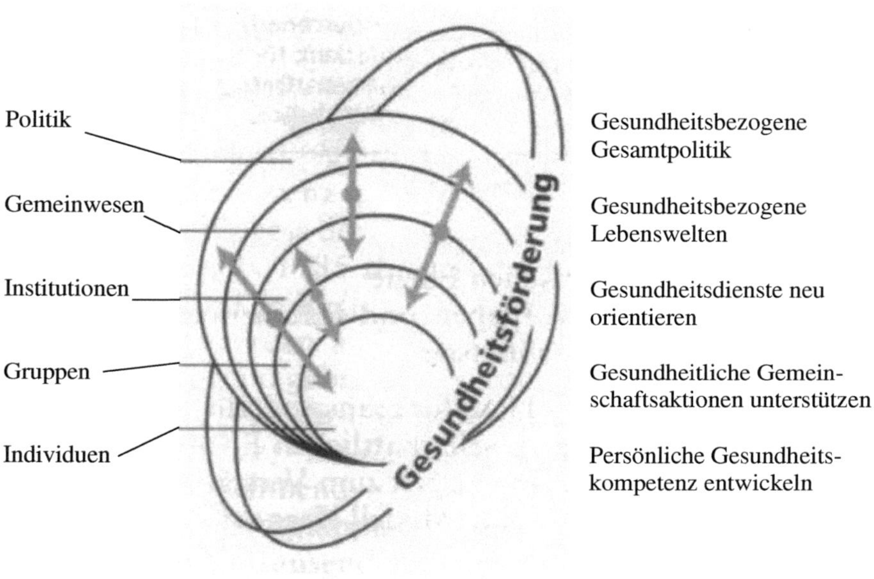

(vgl. Göpel et al. 1992)

Die Handlungsansätze bedingen und bereichern sich wechselseitig. Sie bauen nicht aufeinander auf. Jede Ebene kann mit Aktivitäten zur Erhaltung und Förderung des Gesundheitspotenzials beginnen, die sich dann ergänzen oder bereichern.

Entwicklung persönlicher Kompetenzen

Gesundheitsbewusste Einstellungen entwickeln und Optimierung der Lebensplanung und Lebensgestaltung, Hilfestellung zur gesundheitlichen Mündigkeit durch Partizipation: Mitsprache, Entscheidung und Mitgestaltung.

Unterstützung gesundheitlicher Gemeinschaftsaktionen fördern

Aufbau sozialer Unterstützung, Selbsthilfeförderung, Verbesserung der Wohn- und Arbeitssituation, Familien- und Netzwerkförderung.

Neuorientierung von Gesundheitsdiensten

Betriebliches Gesundheitsbewusstsein durch gesundheitsbewusste Haltung stärken (z. B. vierteljährliche Infobroschüren, gesundheitsbewusste Fortbildungen), systemische Personal- und Betriebsentwicklung.

Gesundheitsbezogene Gesamtpolitik

Schaffung von Rahmenbedingungen sowie gesetzliche Vorgaben und Förderung eines öffentlichen Gesundheitsbewusstseins.

Gegenwärtig ist ansatzweise eine Strömung zu beobachten, die in ein Verständnis von Pflege mit gesundheitlichen Anteilen mündet. Diesem Prozess liegen die Perspektiven Gesundheitsförderung und Gesundheitserhaltung zugrunde (vgl. Abb. 16). Eine Gesundheitsorientierung wird im Ansatz erkennbar. Die Anreicherung der gesundheitsfördernden Anteile ist gering, so dass sie im gesundheitspflegerischen Handeln zu kurz kommen müssen. Daraus ergibt sich das Phänomen der Verwogenheit von einem pflegegesundheitsorientierten Ansatz, bei dem vorzugsweise Pflegeanteile überwiegen und vereinzelt ein pflegemedizingesundheitsorientierter Ansatz zu begründen gesucht wird. Eine gesundheitsorientierte Evaluation ist (in Abb. 16) nicht erkennbar. In der Praxis ist sie gegenwärtig auch nicht (konsequent) beobachtbar.

Abb. 16: Zwischenverständnis von Pflege und Gesundheit

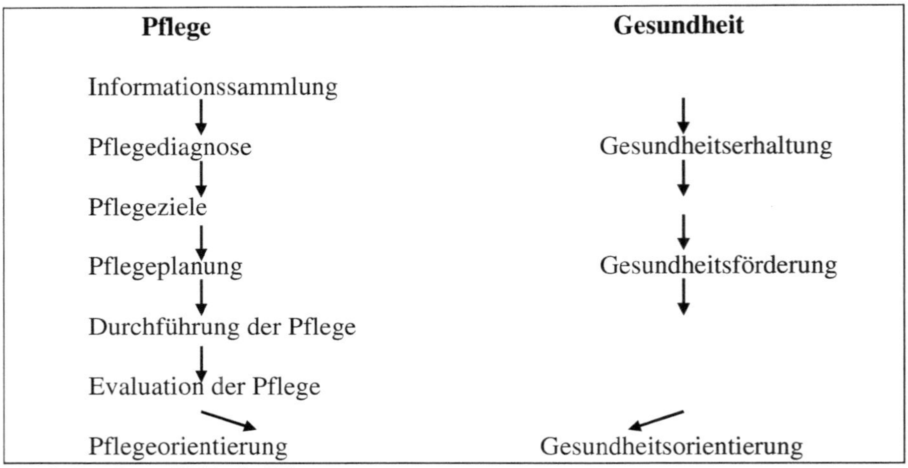

(vgl. Leufgen 2012, S. 56)

Ein pflegeorientierter Ansatz weist sich durch eine systematisch aufeinander folgende zielgerichtete Ablauffolge aus, dem eine Gesundheitsorientierung gänzlich fehlt. Um zukünftig Gesundheitsbedürfnisse, Gesundheitsaspekte und Gesundheitsabsichten zu sichern, könnte das Gesundheitspflegeprozessmodell (vgl. Leufgen 2012, S. 88ff.) eine Orientierung bieten. Auf dieser Grundlage ließe sich ein gesetzlicher Rahmen erstellen. Erst über diesen Weg wird es dann möglich werden, den Begriff „Gesundheit“ als feststehenden Begriff in der Pflege aufzunehmen und in gesundheitspflegerische Handlungen einzubeziehen. Zudem kann das Gesundheitspflegeprozessmodell dazu beitragen, ein Bildungsverständnis in der Gesundheitspflege zu entwickeln, weil ein solches Modell gesundheitliche Kontexte in der Pflege mit berücksichtigt und das Handeln sich aus einem Gesundheitspflegefokus begründet, der nicht krankheitsgeleitet oder ausschließlich pflegegeleitet bleibt. In der nachfolgenden Abbildung werden die einzelnen Phasen aufgeführt, die sich im Gesundheitspflegeprozess begründen (vgl. ebd., 88ff.).

Abb. 17: Bildungsverständnis der Gesundheitspflege

Gesundheitspflege

↓

Informationssammlung über Gesundheitspotentiale und dem Pflegebedarf

↓

Identifikation der Hilfsfrage

↓

Gesundheitspflegediagnose

↓

Beschlussfassung

↓

Planung der Gesundheitspflege

↓

Intervention der Gesundheitspflege

↓

Evaluation der Gesundheitspflege

↓

Abschied aus dem Gesundheitspflegeprozess
oder Fortsetzung

↓

Gesundheitspflegeorientierung

(Leufgen 2012, S. 57)

Aus einem sich anbahnenden Gesundheitsverständnis kann sich eine Gesundheitskompetenz entwickeln, die zur Stärkung eines Gesundheitsverhaltens beiträgt. Ausgehend von dieser Orientierung kann sich eine Gesundheitspflegekompetenz herausbilden, die sich durch einen gesundheitspflegerischen Ansatz auszeichnet.

4.2 Interkulturelle und interreligiöse Kompetenzförderung in der Gesundheitspflege

In dieser Arbeit stehen die interkulturelle und interreligiöse Gesundheitspflege im Zentrum. Damit erfährt die bestehende Berufskultur Pflege eine Umorientierung, die nicht eine interkulturelle und interreligiöse Pflege aufweist, sondern sich auf eine Gesundheitspflege zu besinnen versteht. Dies bedarf einer Klärung, auf die in dieser Arbeit nochmals in einem eignen Kapitel eingegangen wird, in der ein Perspektivenwechsel von der Pflege zur Gesundheitspflege angeregt wird. Die Gründe zu diesem Ansinnen wurden in der vorausgegangenen Untersuchung „Von der Pflege zur Gesundheitspflege: Perspektivenwechsel in Theorie und Praxis“ begründend erörtert und werden in dieser Untersuchung vertiefend einer Bearbeitung unterzogen. Denn auch Gesundheit, Pflege und Krankheit sind durch gesellschaftliche und kulturelle Einflussfaktoren geprägt und bedürfen einer stetigen Besinnung.

Der Bezugsrahmen dieser Untersuchung umfasst die interkulturelle und interreligiöse Kompetenzförderung in der Gesundheitspflege. Das Ansinnen ist, eine Verständigung anzuregen, um Missverständnisse zu minimieren oder gar auszuschließen und zu einer geänderten Berufskultur, die von der Pflege zur Gesundheitspflege ermutigen und aufmuntern möge.

Gesundheit wurde in der westlichen Pflege und Medizin lange Zeit als Gegenbegriff zur Krankheit verstanden. Gegenwärtig ist diese Ansicht heute teilweise immer noch wahrnehmbar. Dies zeigt sich durchgehend in der berufsbezogenen Sprache, indem z. B. Konzepte aus pflegerischer Perspektive zu unterschiedlichen Krankheiten erstellt werden, wenngleich Medizindiagnosen nicht grundsätzlich zutreffend sein müssen. Ob eine Krankheit vorliegt, können wir nicht wissen, da es nicht Aufgabe Pflegender ist, Krankheiten zu diagnostizieren. Es kann also sein, dass eine Krankheit diagnostiziert wird, die gar nicht vorhanden sein muss. Stolze zeigt in ihrer Arbeit auf, wie es z. B. um die Krankheit Alzheimer steht, welche Medizindiagnosen diesbezüglich aus ganz unterschiedlichen Beweggründen getroffen werden, obwohl die medizinisch diagnostischen Belege nicht grundsätzlich zutreffend sein müssen (vgl. Stolze 2013). Spätestens jetzt sollten Pflegende, die sich als solche und nicht als Gesundheitspflegende verstehen, wachsam werden, da eine medizinische Anordnung nicht grundsätzlich zur Durchführung der medizinischen Anordnung gegeben sein muss, da die angeordneten Medikamente vielleicht ungerechtfertigt sind, weil die angegebene Krankheit nicht vorliegt.

Für Gesundheitspflegende, für die Gesundheit in der Pflege mit im Fokus steht, wird in diesem Bezugsrahmen davon ausgegangen, dass sich eine unreflektierte Annahme medizinischer Anordnungen aus ethischer Perspektive nicht erschließt. Vielmehr erschließt sich die Perspektive aus der Selbstverständlichkeit, dass medizinische Anordnungen aus der Gesundheitspflege stets unter Abwägung der angeordneten Medikation, deren Nebenwirkungen, dem Gesundheitspotenzial des Menschen sowie der tatsächlichen Berechtigung der Medikation unter gesundheitspflegerischer Perspektive sich erschließt, stets unter der Autonomie des Klienten.

Durch unterschiedliche Untersuchungen konnte belegt werden, dass ökonomische Bedingungen und das Verhältnis von Gesundheit und Krankheit durch fehlende Ressourcen, die aus Armut und Arbeitslosigkeit resultieren können, wie z. B. durch mangelnde soziale Sicherheit, schädigende Wohnverhältnisse, Fehl- und Unterernährung und Distress, Auswirkungen auf das Gesundheitspotenzial haben können (vgl. Zielke-Nadkarni 1997, S. 104). Durch die traditionell bedingte Unterordnung der Pflege unter die Medizin trug dies zur Abkehr eines ganzheitlichen Menschenbildes, wie es im christlichen Leitbild ursprünglich beschrieben wurde, bei, welches zur Fragmentierung im Umgang mit dem Klienten führte. Unterstützt wurde dies noch durch innerstrukturelle Machtverhältnisse, wie z. B. institutionelle Vorgaben wie Dienstanweisungen in Gesundheitseinrichtungen, die Pflegende in ihrem Wirken (bis heute) einschränken (vgl. Leufgen 2006) oder dem Trend, unqualifiziertes Personal in der (Gesundheits-)Pflege einzusetzen, insbesondere zeigt sich dieses zu beobachtende Phänomen in Senioreneinrichtungen. Weiterhin zeigen sich durch die Unterordnung und die Machtstrukturen in Gesundheitseinrichtungen, die durch die fortschreitende Ökonomisierung unter dem Fokus der Wirtschaftlichkeit vordergründig Auswirkungen haben, dass dies auch Auswirkungen auf die Sprache in der Pflege seit Jahren hat. Bis heute wird ein Mensch, dessen Gesundheitspotenzial ins Wanken geriet, als „Patient" sprachlich in fast allen Einrichtungen und Praxen des Gesundheitswesens in der Dokumentation und allen sonstigen personenbezogenen Akten geführt. Auch die Sprache obliegt einem gesamtgesellschaftlichen kulturellen Einfluss, der sich auch auf die Pflege auswirkte. Die Pflege befindet sich, soweit sie bereit ist, sich auf eine Gesundheitspflege einzulassen, gegenwärtig „in einem Prozess der Entdeckung, Etablierung und Konsolidierung einer eigenen, wissenschaftlich begründeten beruflichen Identität" (Zielke-Nadkarni 1997, S. 105). In dem Prozess der beruflichen Identitätsfindung, der einen Weg von einer bestehenden Berufskultur zu einer zu sich veränderten Berufskultur der Gesundheitspflege entwickeln vermag, wird dann eine Gesundheitspflege hervorkommen, die nicht mehr vordergründig naturwissenschaftliches Wissen hervorbringt, sondern einen wesentlichen Schwerpunkt unter gesundheitsfördernder Perspektive anerkennen, welches zur gesundheitspflegerischen Versorgung der Menschen benötigt wird. Die kulturell berufsbezogenen Merkmale einer gegenwärtigen Pflegekultur, die zu einer Gesundheitspflegekultur ermutigen sollten, beinhalten:

- ein Verständnis einer Pflegewissenschaft entwickeln, die in einer Gesundheitspflegewissenschaft mündet, die sich in der Sprache und im Handeln der Gesundheitspflege widerspiegeln,
- die Vorschlagsanregung der Änderung der zurzeit gültigen Berufsbezeichnung von Altenpfleger, Gesundheits- und Krankenpfleger, Gesund-

heits- und Kinderkrankenpfleger von der Deutschen Gesellschaft für Pflege umzubenennen auf „Pflegende“, „Pflegender“ versus die zukunftsweisende Berufsbezeichnung muss in der sprachlichen Verortung den Aspekt Gesundheit beinhalten, z. B. als Berufsbezeichnung: „Gesundheitspflegeexpertin/Gesundheitspflegeexperte“.

- Unterordnung der Pflege versus die Pflege muss sich aus der Unterordnung Berufsfremder befreien und lernen sich als eigenständige Fachdisziplin „Gesundheitspflege“ zu verstehen,
- Pflegende lernen sich als Gesundheitspflegende zu verstehen, indem sie aus dem eigenen Berufsstand mit dem durchlebten Prozess der Eigenständigkeit, der Eigenanerkennung und Verantwortlichkeitsübernahme der gesundheitspflegerischen Therapie, die präventive, prophylaktische, rehabilitative, beratende, gesundheitsfördernde, gesundheitserhaltende, unterstützende und kooperative Dimensionen in sich vereinen und weiterentwickeln,
- pflegetherapeutische Maßnahmen durchgeführt werden versus gesundheitspflegerische Therapie situationsbezogen bei jedem Klienten individuell angemessen wirksam werden kann.

Unter dieser Weiterentwicklung der Gesundheitspflege wird eine Anerkennung gesamtgesellschaftlich gelingen können. Ein solcher Perspektivenwechsel setzt eine kritische Ist-Analyse der gegenwärtigen Pflegewissenschaft voraus. Sie erfordert zeitgleich Überlegungen einer veränderten Sichtweise, die zur Umorientierung unter Würdigung des Gesundheitsprotenzials führt und in einer Gesundheitspflege mündet. Bei der Betreuung des Menschen sind interkulturelle und interreligiöse Befindlichkeiten stets mit zu beachten. Dies muss dann letztendlich auch Auswirkungen auf Gesetze haben, so das Gesetze nicht mehr nebeneinander zu stehen kommen und einen Widerspruch darstellen, sondern nebeneinander stehend sich ergänzen oder Gesetze, wie z. B. die formulierten Ausbildungsziele des Altenpflege- und Krankenpflegegesetzes, in anderen Gesetzen berücksichtigt werden, damit die beschriebenen und geforderten Ausbildungsziele in der gesundheitspflegerischen Praxis auch Umsetzung finden können.

In diesem Zusammenhang wird der Kulturbegriff im Bereich der Gesundheitspflege bedeutsam, da sich ein Gesundheitsverständnis entwickeln könnte, welches von der Berufsgruppe selbst ausgeht. Damit dies gelingen kann, setzt dies voraus, dass sich aus der Gesundheitspflegewissenschaft von innen (aus der Berufsgruppe heraus) nach außen (in die Gesellschaft) ein Prozess einer veränderten Kultur entwickelt, der Linien einer Gesundheitspflege aufweist. Durch die sprachliche Umbenennung würde es dann um ein vielfaches leichter werden,

- den Übergang vom Pflege- zum Gesundheitspflegeprozess zu ermöglichen,
- die kulturellen und religiösen Befindlichkeiten sowie die Gesamtbiografie des Klienten im Gesundheitspflegeprozess zu berücksichtigen,

weil Gesundheitspflegende es gelernt haben und angehalten sind, *mit* dem Klienten den Prozess der Gesundheitspflege zu gestalten. Dies bedeutet eine Abkehr von herkömmlichen Mustern, bei denen Pflegende sich anmaßen, zu wissen glauben, was für den Klienten das Beste sei und den Pflegeprozess für den Patienten erstellen. Im herkömmlichen Pflegeprozess wird der Klient einerseits als Patient wahrgenommen, weil er sich einem Verfahren zu unterziehen hat, bei dem er gesteuert wird, aber nicht partizipieren kann, indem er sich u. a. als „Patient" anzupassen hat und Geduld aufbringen muss. Andererseits finden kulturelle Werte und Normen eher am Rande Berücksichtigung, indem sie wahrgenommen werden, aber adäquates und angemessenes Handeln häufig ausbleibt, weil erwartet wird, dass sich Menschen sowohl aus der eigenen Kultur (Deutsche) sowie aus anderen Kulturen (z. B. Moslem) den strukturellen Gegebenheiten der Einrichtung anzupassen haben. Denn strukturelle Gewaltformen in Gesundheitseinrichtungen sind (weiterhin) gegenwärtig (vgl. Leufgen 2006; Schneider 2006). Insoweit gehen die verschiedenen Ansätze der Pflegeprozessmodelle ansatzweise in der Pflege auf, berücksichtigen jedoch weiterhin den Klienten als solchen nicht, da dass Patientendasein dies nicht zulässt. Denn ein Klient wird wahrgenommen, akzeptiert, respektiert, angenommen und partizipiert mit, während ein Patient sich anzupassen und geduldig zu sein hat. Eine Haltung der (Gesundheits-)Pflegenden, bei der der Klient partizipieren kann, wird in den gegenwärtigen Pflegeprozessmodellen zwar gefordert, jedoch nicht konsequent umgesetzt, wenngleich die Forderung nach Bedürfnis- und Aktivitätsorientierung (die die Selbstständigkeit fördern) besteht (vgl. z. B. Krohwinkel 2007; Roper et al. 2002). Insoweit bleibt die gegenwärtige Pflegekultur weiterhin fragwürdig. Es ist anzuregen, dass sich die gegenwärtige Pflegekultur in eine Gesundheitspflegekultur weiterentwickeln möge, bei der es dann möglich wird und gelingen kann, die unterschiedlichen Kulturen und Religionen anzunehmen, indem sie in gesundheitspflegerischen Handlungen bedacht und berücksichtigt werden und es nicht weiterhin eine Randerscheinung bleibt. Denn Kultur wird als „Gesamtheit der Lebensformen, Wertvorstellungen und der durch menschliche Aktivitäten geformten Lebensbedingungen einer Bevölkerung in einem historischen und regional abgrenzbaren (Zeit-)Raum" (Hillmann 1994, S. 460) verstanden. „Zur Kultur gehören alle (von vorausgegangenen Generationen) übernommenen und im Prozess der Weiterentwicklung und Veränderung befindlichen materiellen Gestaltungsformen der Umwelt (Bauten, Werkzeuge, Geräte); das Wissen und die Nutzung von gesetzmäßig ablaufenden Naturprozessen einschließlich des menschlichen Lebens (Wissenschaft, Technik); alle Ideen, Werte, Ideale, Sinngebungen und Symbole; die Methoden und Institutionen des gesellschaftlichen Zusammenlebens" (ebd.).

Dies bedeutet, dass jede Kultur ihre eigenen Rituale und Ansichten hat, aus denen sich Bedürfnisse und Befindlichkeiten ergeben, die bei der Betreuung zu beachten sind.

Damit Gesundheitspflegende in einen dialogischen Austausch mit Menschen aus unterschiedlichen Kulturen und Religionen treten können und empathisch reagieren und agieren können, bedürfen sie einer interkulturellen und interreligiösen Kompetenz, indem sie eine interkulturelle und interreligiöse Fachkompetenz, interkulturelle und interreligiöse Methodenkompetenz, interkulturelle und interreligiöse Personalkompetenz, interkulturelle und interreligiöse Sozialkompetenz, interkulturelle und interreligiöse Kommunikationskompetenz und interkulturelle und interreligiöse Personenkompetenz entwickeln (vgl. Abb. 18).

Abb. 18: Interkulturelle und interreligiöse Kompetenzförderung in der Gesundheitspflege

Interkulturelle und interreligiöse Kompetenzförderung in der Gesundheitspflege durch	**Definition der interkulturellen und interreligiösen Kompetenzdimension**	**Beispiele einer interkulturellen und interreligiösen Gesundheitspflegepraxis**
interkulturelle und interreligiöse Fachkompetenz	... bezeichnet die Bereitschaft und Fähigkeit, interkulturelle und interreligiöse Probleme zielorientiert und selbstständig zu lösen, indem interkulturelle und interreligiöse Belange in der Gesundheitspflege durch erforderliche Aktionsräume garantiert werden und im Gesundheitspflegeprozess mit einfließen.	Interkulturelle und interreligiöse Erkenntnisse in der Gesundheitspflege berücksichtigen und umsetzen können; indem dies im Gesundheitspflegeprozess, beim Planen, Vorbereiten und Durchführen (vgl. Leufgen 2012) angemessen berücksichtig wird. Menschen aus unterschiedlicher Herkunft und Menschen mit verschiedenen Glaubensrichtungen angemessen beraten, informieren, begleiten und betreuen können.
interkulturelle und interreligiöse Methodenkompetenz	... bezeichnet die Fähigkeit zur selbstständigen Aneignung neuer interkultureller und interreligiöser Kenntnisse, Fähigkeiten und Fertigkeiten und zur Anwendung für die Bearbeitung komplexer Problemstellungen in einer interkulturellen und interreligiösen Gesundheitspflege.	Interkulturelle und interreligiöse Informationen beschaffen, wiedergeben, auswerten, beurteilen. Anwendung von interkulturellen Lerntechniken. Anwenden von Methoden zur Erschließung von interkulturellen und interreligiösen Texten.
interkulturelle und interreligiöse Personalkompetenz	... bezeichnet die Fähigkeit zur Reflexion von Interkulturalität, Interreligiosität und Entwicklung eigener interkultureller und interreligiöser Fähigkeiten, Begabungen und personaler interkultureller und interreligiöser Eigenschaften einschließlich motivationaler und emotionaler Aspekte einer interkulturellen	Belastbarkeit bei interkulturellen und interreligiösen Anliegen an Gesundheitspflegende, die die Gesundheitspflege in einer ausgewogenen Balance, die ihnen zugestanden wird, erbringen können. Übernahme von Verantwortung, die in einer interkulturellen und interreligiösen Gesundheitspflege möglich ist.

	und interreligiösen Bildung.	Interkulturelle und interreligiöse Gestaltungsräume in der Gesundheitspflege ermöglichen.
interkulturelle und interreligiöse Sozialkompetenz	... bezeichnet interkulturelle und interreligiöse Fähigkeiten und das Zusammenwirken mit anderen Menschen aus unterschiedlichen Kulturen.	Hilfsbereitschaft, Empathie, Toleranz, Kooperationsfähigkeit im interkulturellen und interreligiösen Kontext, der im Gesundheitspflegealltag gegenüber Menschen ausgedrückt wird.
interkulturelle und interreligiöse Kommunikationskompetenz	... bezeichnet interkulturelle und interreligiöse Kenntnisse und Fertigkeiten, die dazu dienen, eigene Argumente klar zu formulieren und mit Menschen vielfältiger Kulturen und Religionen, aufgrund deren Herkunft im Gesundheitspflegealltag zu kommunizieren.	Interkulturelle und interreligiöse gesundheitspflegeberufliche Sachverhalte interpretieren und wiedergeben können. Konflikte in der Gesundheitspflege identifizieren, Lösungsvorschläge unterbreiten, die auch Umsetzung finden. Trotz kultureller und religiöser Fremdheiten Situationen ermöglichen, in der Interaktion und Kommunikation tatsächlich stattfinden kann (vgl. Uzarewicz, Uzarewicz 2008; Yousefi, Braun 2011).
interkulturelle und interreligiöse Personenkompetenz	... bezeichnet die Bereitschaft und Fähigkeit, ein Bezogensein auf Personen anderer Herkunft und Religion herzustellen und aufzubauen.	Interkulturelle und interreligiöse Bezogenheit eines Menschen beachten. Das Sich-Einstellen und Einlassen auf einen Menschen mit interkultureller Herkunft. Den Menschen auf Wunsch individuell kulturbezogen gesundheitspflegerisch informieren können.

4.3 Kurzzusammenfassung

In diesem Kapitel wurde die Ortung des Gesundheitsbegriffs in der Pflegebezeichnung begründet, der Gesundheitspflegende neue und erweiternde Perspektiven eröffnen vermag. Dabei wurde auf Bekanntes geschaut und aus einem anderen Blickwinkel betrachtet, was sich für das gesundheitspflegerische Handeln als bereichernd erweisen kann.

Die Salutogense sowie das Mehrebenenmodell zur Gesundheitsförderung und die Definitionsortung Gesundheit begründen die Gesundheitspflege. Ausgehend von der Gesundheitspflege wurde eine interkulturelle und interreligiöse Kompetenzförderung in der Gesundheitspflege vorgestellt. Eine interkulturelle und interreligiöse Kompetenzförderung umfasst dabei die Lernorte Schule und Einrichtung, die die gesundheitspflegeberufliche Ausbildung gemeinsam sicherzustellen haben. Die interkulturellen und interreligiösen Kompetenzdimensionen befähigen zu Handlungen in der Gesundheitspflege. Durch die zu erwerbende berufliche

Handlungskompetenz wird eine Erweiterung der Aktionsräume und Kompetenzdimensionen angeregt, die sich in der gesundheitspflegerischen Praxis unter Beachtung interkultureller und interreligiöser Aspekte wirksam entfaltet.

5 Überlegungen und Folgerungen zur Umsetzung einer interkulturellen und interreligiösen Gesundheitspflege

5.1 Ethischer Berufskodex Gesundheitspflegender

Ärzte und Pflegende sind an eine ethische Haltung durch einen Berufskodex gebunden, der sich durch eine *innere* Haltung auszeichnet. Diese innere Haltung wird nach außen hin durch ein situatives Verhalten und Handeln wirksam. Das ärztliche Verhalten lässt sich ableiten vom Eid des Hippokrates. Pflegende haben eine bestimmte ethische Haltung, die den Berufshabitus prägt (vgl. International Council of Nurses 1973, 5 ff.; 2000, 12 ff.). Werden die ethischen Grundregeln durch unternehmerische Strukturen missachtet, haben Pflegende und Klienten Sanktionen zu erdulden. Um dieses Erdulden erst gar nicht aufkommen zu lassen, müssen Gesundheitseinrichtungen Strukturen ebnen, in denen die ethischen Grundregeln beachtet werden. Die ethischen Grundregeln (Gesundheits-)Pflegender werden beschrieben, weil sie einerseits für den Gesundheits- und Pflegelehrenden an Bedeutung gewinnen, da er in seinen Lernarrangements Lernsituationen eröffnen soll, die eine Auseinandersetzung mit dem Berufskodex für Pflegende erfordern, andererseits lassen sich aus diesen ethischen Grundregeln Überlegungen eines ethischen Handelns für Gesundheitspflegelehrende ableiten. Des Weiteren kann angenommen werden, dass eine Auseinandersetzung mit einem Berufsethos für Lehrende das Verhalten, die Haltung und die Handlung fördern.

Die ethischen Grundregeln sollen in Deutschland bei der täglichen Versorgung Beachtung finden. Sie sind als beruflicher Ethikkodex vom Berufsverband für Pflegeberufe herausgegeben worden. Der Berufsverband für Pflegeberufe Deutschland ist mit dem European Council of Nurses verbunden und Mitglied im Weltbund für Pflegeberufe, dem sogenannten International Council of Nurses. Durch den Zusammenschluss soll sichergestellt werden, dass ein internationaler Austausch der Pflegepersonen gewährleistet wird. Der Berufsverband für Pflegeberufe vertritt die Interessen der Berufsgruppen Altenpflege, Gesundheits- und Krankenpflege, Gesundheits- und Kinderkrankenpflege. Dabei hat die examinierte Pflegeperson grundlegende ethische Aufgaben:

- Gesundheit zu fördern.
- Krankheiten zu verhüten.
- Gesundheit wiederherzustellen.
- Leiden zu lindern.

- Alte Menschen zu begleiten und zu betreuen.

Gesundheit fördern

Der Gesunde braucht Förderung und Forderung in jedem Lebensabschnitt, das heißt, Hilfe in seinen Bemühungen gesund zu bleiben. Eine wesentliche Aufgabe der Pflegeperson besteht darin, präventiv tätig zu sein. Für den Klienten in einer Gesundheitseinrichtung bedeutet dies, dass die Pflegeperson den Klienten berät, ihm Möglichkeiten aufzeigt, die ein altersgerechtes Leben lebenswert erscheinen lassen, so dass dies für den Klienten auch erreichbar ist.

Krankheiten verhüten

Der Gesunde soll gesund bleiben. Deshalb übernimmt er für seine Gesundheit die volle Verantwortung. Er lässt sich beraten, nutzt Angebote von präventiven Maßnahmen. Für den Klienten bedeutet dies, dass die Pflegeperson, wenn dies erforderlich wird, ihn davor bewahrt, dass er krank wird. Sie ergreift entsprechende Vorsorgemaßnahmen.

Gesundheit wiederherstellen

Der Kranke ist nie in allen Teilen seines Körpers krank. In ihm sind immer gesunde Elemente (Ressourcen), die der Bewahrung und Bewährung bedürfen. Ressourcen zu aktiveren ist auch Gesundheitspflege.

Leiden lindern

Dem leidenden Menschen ist Hilfestellung zu gewähren, damit sein Leiden gemildert wird. Dieses Leid bezieht sich auf alle Lebenslagen. Für die Pflegeperson bedeutet dies, dass sie Empathie und Verständnis für den Klienten aufbringt und eine adäquate und angemessene Hilfestellung gewährleistet.

Alte Menschen begleiten und betreuen

Der alte Mensch ist zu begleiten und zu betreuen, soweit dies seine individuelle Situation zulässt. Für die Pflegeperson bedeutet dies, dass sie den Klienten in seinen Fähigkeiten unterstützt, damit eine Selbstständigkeit und Selbstverwirklichung so lange wie möglich erhalten bleibt.

Der Bedarf an Pflege besteht weltweit. Zur Pflege gehört die Achtung vor dem Leben, der Würde und der Grundrechte eines Menschen.

Die Pflege wird ausgeübt von Pflegenden ohne Rücksicht auf die Nationalität, die Rasse, den Glauben, die Hautfarbe, das Alter, das Geschlecht, die politische Einstellung, ohne den sozialen Rang.

Die examinierte Pflegeperson übt ihre berufliche Tätigkeit zum Wohl des einzelnen, der Familie und der Gemeinschaft aus; sie koordiniert ihre Dienstleistungen mit jenen verwandten Gruppen.

Die examinierte Pflegeperson und der Einzelne

Die vordringlichste Verantwortung der examinierten Pflegeperson gilt dem pflegebedürftigen Menschen. Die examinierte Pflegeperson sorgt bei ihrer Tätigkeit dafür, dass die Wertevorstellungen, die Sitten und Gewohnheiten sowie der Glaube des Einzelnen respektiert werden. Die examinierte Pflegeperson betrachtet jede persönliche Information als vertraulich und leitet sie mit Überlegungen weiter.

Die examinierte Pflegeperson und die Berufsausübung
Die examinierte Pflegeperson ist für die Ausübung der Pflege sowie für ihre fortlaufende Weiterbildung persönlich verantwortlich und hält die Pflege auf dem höchsten Stand, der in einer gegebenen Situation möglich ist. Sie beurteilt die Fähigkeiten der Personen, von denen sie Verantwortung übernimmt oder an die sie Verantwortung weitergibt und sollte in ihrem beruflichen Handeln jederzeit auf ein persönliches Verhalten achten, das dem Ansehen des Berufes dient.

Die examinierte Pflegeperson und die Gesellschaft
Die examinierte Pflegeperson teilt mit anderen die Verantwortung dafür, dass Maßnahmen zugunsten der gesundheitlichen und sozialen Bedürfnisse der Bevölkerung ergriffen und unterstützt werden.

Die examinierte Pflegeperson und ihre Mitarbeiter
Die examinierte Pflegeperson sorgt für eine gute Zusammenarbeit mit den Mitarbeitern auf pflegerischen und anderen Gebieten und greift zum Schutz des Klienten ein, wenn sein Wohl durch einen Mitarbeiter oder eine andere Person gefährdet ist.

Die examinierte Pflegeperson und der Beruf
Die examinierte Pflegeperson ist maßgeblich daran beteiligt, wünschenswerte Richtlinien für die Berufsausübung und Berufsausbildung festzulegen und zu verwirklichen und wirkt aktiv mit, ein Fundament an beruflichem Wissen aufzubauen. Sie setzt sich durch ihren Berufsverband für die Schaffung und Erhaltung gerechter, sozialer und wirtschaftlicher Arbeitsbedingungen in der Pflege ein (vgl. International Council of Nurses 2000, 12 ff.)

Der Berufskodex für Pflegende verdeutlicht das vielfältige Aufgabengebiet. Es lässt sich daraus ableiten, dass die examinierte Pflegeperson normalerweise ein großes Axiomfeld als eigenständigen und selbstständigen Bereich wahrzunehmen hat.

Diesem Berufsethos sind Gesundheitspflegende verpflichtet. Für Gesundheitspflegelehrende bedeutet dies, dass sie in der Lage sind, den Berufskodex Gesundheitspflegender zu beachten und in schulischen Lehrveranstaltungen dafür zu sensibilisieren und anzuregen, so dass der Verhaltenskodex sich auch im Unterricht bereits entfalten kann. Dies setzt bei Lehrenden voraus, dass sie den theoretischen und praktischen Unterricht zu verzahnen in der Lage sind. Damit könnte eine Bewusstmachung des Verhaltens sowie der Haltung angeregt und ein Beitrag zum ethischen Verhalten geleistet werden.

Durch eine *innere* ethische Haltung, die sich im Verhalten und in der Handlung zeigt, orientierend am Berufskodex Pflegender und an der Charta der Rechte hilfe- und pflegebedürftiger Menschen, wird dies unweigerlich zur Folge haben, dass ein professionelles gesundheitspflegerische Handeln nicht mehr durch Lenkung im Vordergrund steht, sondern die Unterstützung, die sich sodann im gesundheitspflegerischen Handeln förderlich zu entfalten vermag. Lenkung wirkt determinierend, während Unterstützung dort anknüpft, wo Kompetenzen, z. B. durch Hilfestellung, gefördert werden. Die Unterstützung kann einem professionellen gesundheitspflegerischen Handeln förderlich begegnen, während eine Lenkung (Steuerung) eher hemmende und demotivierende Auswirkungen hat.

Im folgenden Kapitel wird die Verortung des Berufskodex als gültige Richtschnur des Tätigkeitsbereichs Gesundheitspflegender in Gesundheitseinrichtungen diskutiert.

5.2 Verortung des ethischen Berufskodex als gültige Richtschnur zur Förderung und Umsetzung einer interkulturellen und interreligiösen Kompetenz in der Gesundheitspflege

Eine Verortung des Berufskodex als gültige Richtschnur setzt voraus, dass dieser bereits in der gesundheitspflegerischen Ausbildung geschult werden muss. Hierfür sind die Lernorte Praxis und Schule gleichermaßen gefordert. Bei Lehrenden setzt dies voraus, dass sie den Berufskodex kennen und selbst in ihren Handlungen und Aussagen umzusetzen wissen, damit Lernende über den erfahrungsbezogenen Austausch in Lehrveranstaltungen ein Gespür bekommen können, welches ihnen nicht nur die kognitive Aufnahme der Wissensbestände des Berufskodex Gesundheitspflegender ermöglicht, sondern auch die erlebbare und spürbare Ebene wahrnehmbar wird.

Abb. 19: Interkulturalität und Interreligiosität in der ethischen Bildung der Gesundheitspflege

Selbstständigkeit erhalten und fördern. Den kulturell und religiös orientierten Menschen partizipieren lassen.

Wohlbefinden führt zur Zufriedenheit und zur Erhaltung oder Steigerung des Gesundheitspotenzials. Diejenige Person fühlt sich wohl, die ihre kulturellen

Werte und Normen und ihre Religion leben bzw. ausleben darf, so dass ihr dies Kraft gibt und diese Kraft ein Sicherheitsgefühl auslösen kann.

Beziehungen mit dem kulturellen und religiösen Menschen eingehen können, so dass sich ein dynamischer Beziehungsprozess erschließt, der sich durch Harmonie und verständnisvoller Interaktion auszeichnet.
Sich auf die *Liebe als Grund vom Eigenem und Anderem* einlassen, indem ein in Beziehung-Treten und ein Verstehen der Situation des Anderen dazu anstiftet, sich immer wieder neu auf den anderen einzulassen und den Anderen anzunehmen und dies als Geschenk wahrzunehmen.

Institutionelle Rahmenbedingungen wirken auf ethisches Handeln ein, indem Arbeitszeit, Materialien, Personal und zum Teil die Arbeitsplanvorgabe durch die Einrichtung bereitgestellt bzw. vorgegeben werden. Des Weiteren sind Bestimmungen wie Hygienevorschriften (Vermeidung von Infekten, Psychohygiene), Sicherheitsvorschriften (z. B. zum Brandschutz, Datenschutz, Umweltschutz) einzuhalten, die auf den kulturell und religiös geprägten Menschen unterschiedlich wirken können. Um Verständnis der Bestimmungen zu erhalten, können Begründungen zur Einhaltung von Vorschriften Missverständnisse und Unsicherheit abbauen helfen.

Der *Internationale Berufskodex* umfasst die Aufgaben der Gesundheitspflegenden sowie die Einstellung und Haltung zum einzelnen kulturellen und religiösen Menschen, zur Berufsausübung, zur Gesellschaft, zu Mitarbeitern und zum Beruf.

Durch die Beachtung aller Komponenten kann sich eine interkulturelle und interreligiöse ethische Wirksamkeit in der Gesundheitspflege entfalten.

5.3 Interkulturelle und interreligiöser Kompetenzförderung durch einen Kompetenzorientierungsrahmen in der Gesundheitspflege

Bei der interkulturellen und interreligiösen Kompetenzförderung in der Gesundheitspflege geht es um die Entwicklung eines Kompetenzprofils, welches die „individuelle Gesundheitspflege" gewährleisten vermag, durch den Anspruch, die Vielfalt von Kulturen und Religionen im professionellen Gesundheitspflegehandeln mit zu berücksichtigen. Aus diesem Anspruch wird ein interkultureller und interreligiöser Kompetenzorientierungsrahmen entwickelt, der keine Niveaustufen aufweist. Niveaustufen mögen dort sinnvoll sein, wo Lernschritte im Lernprozess durch Abstufungen sinnvoll erscheinen, z. B. in Fächern wie Deutsch, Englisch, Französisch. In der beruflichen Bildung der Gesundheitspflege erweist sich ein Vorgehen nach Niveaustufen als unbrauchbar, weil z. B. ein Positionswechsel eines Menschen, die Gabe von Medikamenten oder die Applikation einer Injektion nicht nur ein bisschen gewusst und umgesetzt werden kann, sondern jede gesundheitspflegerische Maßnahme ist so umzusetzen, dass

dem Klienten kein Schaden zugefügt wird. Denn ein bisschen Umgang mit Medikamenten kann bei der Verabreichung von Medikamenten durch eine falsche Gabe oder falsche Menge zu erheblichen Komplikationen führen. Bei ein bisschen Umgang mit einer Injektion kann eine fehlerhafte Applikation, z. B. durch eine nicht angemessene Kanülennutzung, erhebliche Komplikationen hervorrufen. Bei ein bisschen Positionswechsel bei einem Menschen können Schmerzen, Kontrakturen, Atemprobleme die Folge von unsachgemäßem Handeln sein.
Eine Enteilung in Niveaus der zu erzielenden Kompetenzen mag sich für Fächer wie den Sprachen eignen, für die berufliche Bildung der Gesundheitspflege ist ein Ansatz einer beruflichen Handlungskompetenz anzuregen, der die umfassenden gesundheitspflegerischen Theorien, Modelle und Konzepte berücksichtigt.

Das von Schambeck (2013) entwickelte Modell der unterschiedlichen Niveaus der Aneignungsprozesse interreligiöser Kompetenz (vgl. Abb. 12) ließe sich als Deutefolie zusätzlich zu dem entwickelten interreligiösen Kompetenzorientierungsrahmen (vgl. Abb. 21) in der gesundheitspflegerischen Ausbildung als ein erweitertes Angebot mitverwerten. In gesundheitspflegerischen Lernprozessen erweisen sich somit Niveaustufen in aller Regel als hinderlich, da es in der Praxis um umfassende Handlungen geht, die nicht auf Niveaustufen gesundheitspflegerischer Aktionen zu überführen sind. In jedem Handlungsprozess geht es in der Gesundheitspflege um Situationen, die vielschichtig sein können und ein angemessenes Reagieren erfordern. Um einem umfassenden Ansatz in der Gesundheitspflege nachzukommen, ist der Kompetenzorientierungsrahmen an die vollständige Handlung angelehnt.

Zu Gunsten einer angemessenen Sprache in der Gesundheitspflege (vgl. Leufgen 2012) wird der Begriff Kompetenzraster durch den Begriff Kompetenzorientierungsrahmen (Matrix) ersetzt. Eine theoretische Anreicherung zur Bezeichnung Kompetenzraster wird hier nicht vorgenommen (nachzulesen z. B. bei Leufgen 2009, S. 201ff.). Diese Abweichung dürfte angemessener sein, weil sich die Sprache und die Ausdrucksweise in der Wirklichkeit widerspiegeln. Im Begriff Kompetenzraster birgt sich eine gewisse Starrheit und Verfestigung, die sich als bindend verstehen könnte. Der interkulturelle und interreligiöse Kompetenzorientierungsrahmen bildet einen Bezugsrahmen, aus dem sich eine interkulturelle und interreligiöse gesundheitspflegerische Haltungs- und Handlungskompetenz erschließt. Anders formuliert: Gesundheitspflegende sollen durch die Anreicherung der vollständigen Handlung befähigt werden, interkulturell und interreligiös auf Situationen eingehen zu können, um den Menschen eine angemessene Gesundheitspflege zukommen zu lassen. Dies setzt zum einen voraus, dass Gesundheitspflegende Kenntnisse, Fertigkeiten und Fähigkeiten haben, um interkulturelle und interreligiöse Befindlichkeiten und Bedürfnisse der Menschen zu erfassen und in der Haltung und Handlung zu integrieren. Zum anderen sind Gesundheitspflegenden die Aktionsräume zuzugestehen, wo ein interkulturelles und interreligiöses kompetentes Handeln erst denkbar und umsetzbar wird. In den vorzufindenden Strukturen des Gesundheitswesens ist dies gegenwärtig kein leichtes Unterfangen (vgl. Kap. II/3), weil von Gesundheitspflegenden gefordert wird, eine hohe Anzahl von Klienten innerhalb kürzester Zeit zu versorgen. Bei einem solchen Ansatz, der auf institutionellen Vorgaben basiert und wirtschaftlich bestimmt wird, dürfte eine Betreuung und Versorgung unter Beachtung interkultureller und interreligiöser Gegebenheiten erschwert werden. Gesundheitspflegende werden bei einem solchen Vorgehen gesteuert (gelenkt) bzw. bestimmt.

Zu der Schaffung von Aktionsräumen für Gesundheitspflegende können auch eine Neuortung von strukturellen Komponenten gezählt wird Eine solche strukturelle Komponente ist in der Unterstützung zu sehen, die keine Steuerung (bzw. Lenkung) bedeutet. Dies beinhaltet sowohl eine inhaltliche Umorientierung auf eine zeitgemäße Gesundheitspflege sowie einen angemessenen Personalschlüssel, der sodann einen Zeitkorridor eröffnet, bei dem es möglich wird, interkulturelle und interreligiöse Belange der Menschen aufzunehmen, indem die individuelle Kultur und Religion des zu betreuenden Menschen in die Handlungen aufgenommen wird und sich wirksam in der Gesundheitspflege zu entfalten vermag.

Zur Unterstützung eines gesundheitspflegerischen Handelns erweist sich die vollständige Handlung im Lernprozess als bedeutsame und sinnvolle Unterstützung. Die vollständige Handlung ist auf die arbeitspsychologische Interpretation der Modellstufen von Hacker zurückzuführen. Demnach lernt der Mensch, indem er sich aktiv reflektierend ein Bild von der auszuführenden Handlung macht. Dabei beobachtet er das eigene Handeln und vergleicht es mit dem inneren Abbild. Durch diesen Vergleich kann sowohl die Handlung als auch das Abbild mittels beobachtender Korrekturen verändert werden. Bei neuen Aufgaben kommt es nach Hacker darauf an, sich zunächst eine erste gedankliche Vorstellung vom Ziel und vom Gegenstand der Handlungen zu machen. Die nötigen Handlungsschritte werden dabei durch ein geistiges Probehandeln durchgespielt. Im Sinne der Gesundheitspflegeausbildung, die auf Zweck-Mittel-Handlungen basiert, ist die kognitive Repräsentation von Handlungsschritten in Kombination mit Handlungsausführungen sinnvoll (wenngleich dies im Sinne von Selbststeuerungsprozessen und Begehren bedenklich wirken kann). Die Handlungsschritte sind: informieren, planen, entscheiden, durchfüheren, kontrollieren und bewerten.

Der dieser Arbeit zugrunde liegende interkulturelle und interreligiöse Kompetenzorientierungsrahmen ist an die Kompetenz einer zeitgemäßen Gesundheitspflege (vgl. Leufgen 2012) anschlussfähig. Die Gesundheitspflege umfasst demnach die Kernkompetenzen (Leufgen 2014):

- In der Gesundheitspflege sich und andere schützen.
- Gesundheitspflegerisches ökologisches nachhaltiges Handeln.
- Theorien der Gesundheitspflege im beruflichen Handeln berücksichtigen.
- Begriffe der Gesundheitspflege und Medizin, Gerontologie anwenden.
- Gesundheitspflegerisch interkulturell, interreligiös und rechtlich verantwortlich handeln.
- Gesundheitspflegerisch prozessorientiert organisieren und handeln.

- Persönliche Aspekte im Kontext des Gesundheitswesens entwickeln.
- Die im Gesundheitswesen Anvertrauten begleiten, beraten und betreuen.
- Mit den Anvertrauten wertschätzend und empathisch umgehen.
- Bei der medizinischen Diagnostik und Therapie mitwirken.

Kernkompetenzen sind nach diesem Verständnis Kenntnisse, Fähigkeiten und Fertigkeiten, die in der Gesundheitspflege erforderlich sind, damit eine kompetente Betreuung und Versorgung der zu betreuenden Menschen verständnisvoll und empathisch gesichert werden kann.

In den nachfolgenden beiden Kapiteln werden Kompetenzorientierungsrahmen zur interkulturellen und interreligiösen Kompetenzförderung für die Gesundheitspflege entwickelt. Das Ziel der Kompetenzorientierungsrahmen ist eine ethische Haltungs- und Handlungskompetenz zu beflügeln.

5.3.1 Kompetenzorientierungsrahmen interkultureller Gesundheitspflege

Interkulturelle Gesundheitspflege hat den Anspruch, interkulturell kompetent zu werden. Dies umfasst die eigene Kultur sowie Kenntnisse und deren Verfügbarkeit über andere Kulturen, um zwischen der eigenen Kultur und der anderen Kultur, bzw. den anderen Kulturen, angemessen im Beruf der Gesundheitspflege zu reagieren und zu handeln.

Zur Orientierung und Förderung der interkulturellen Kompetenz müssen Gesundheitspflegende die eigene Kultur anerkennen, um die fremde Kultur zu verstehen und dem Menschen in seinem Genesungsprozess die Möglichkeit geben, dass er seine Kultur leben und erleben darf. Dies stellt eine Haltung Gesundheitspflegender dar, die sich zunehmend in einer interkulturellen Haltungskompetenz anbahnen lässt. Um die interkulturelle Haltungskompetenz Gesundheitspflegender zu fördern, können die nachfolgenden Prinzipien für interkulturelles Lernen helfen, interkulturell kompetent zu werden.

Von der näheren zur entfernteren Kultur im gesundheitspflegerischen Handeln hat der lernende Gesundheitspflegende die Möglichkeit, sich vordergründig mit seiner eigenen Kultur, seinen Werten und Normen zu befassen und wie er unter dieser Perspektive sich eine gesundheitspflegerische Betreuung wünscht. Die eigenen Gefühle, Einstellungen und Gedanken, die kulturabhängig sind, stehen dabei im Vordergrund. So wird die Möglichkeit eröffnet, zu einer Haltung zu gelangen, die das Nähere anerkennt und ermöglicht vom Näheren zum Entfernteren zu gelangen. Für den Gesundheitspflegenden bedeutet das Prinzip, sich vom Näheren (der eigenen Kultur) zum Entfernteren (der anderen Kultur) einzulassen, die eigene und andere Kultur zu ergründen und Zugänge zu anderen Kulturen zu finden, die sich in der Haltung zeigen. Hierzu gehören z. B. die Sprache, kulturspezifische Speisen, Getränke, Begrüßungsrituale.

Von der Unterscheidungskompetenz zur In-Beziehungssetzungskompetenz mit der Kultur des zu betreuenden Menschen und seinen Angehörigen
Interkulturelle Kompetenz wird in der Gesundheitspflege zunehmend bedeutsam, da durch die Wanderung und Zuwanderung von Migranten die Gesundheitspflege gefordert ist, diesem gesellschaftlichen Wandel gerecht zu werden, indem Gesundheitspflegende eine Unterscheidungs- und In-Beziehungssetzungskompetenz entwickeln, um die eigene Kultur und die fremde Kultur wahrzunehmen und zu verstehen. Beim Anregen und Aneignen von interkulturellen Lernprozessen gilt, Eigenes und Anderes zu unterscheiden und das Eigene mit dem Anderen in Beziehung setzen zu können. Um gesundheitspflegerische Lernprozesse zu fördern, sind Lernarrangements anzulegen, die die Verstehensweisen der Lerngruppe mit der eigenen Kultur sowie den eigenen gewonnenen praktischen Erfahrungen in der Gesundheitspflege ermöglicht. Ausgehend von der eigenen Kultur wird es möglich, Verstehensweisen anderer Kulturen aufzuzeigen, die zurück auf die eigene Kultur wirken können.

Vom Selbstverständnis der Kultur des Anderen in der Gesundheitspflege als Kriterium. Bei diesem Prinzip sollen Gesundheitspflegende einen personenbezogenen Zugang des Anderen aufspüren, indem sich Menschen anderer Kulturen in der gesundheitspflegerischen Betreuung mit der eigenen Kultur wieder finden können. Um Werte und Normen im Selbstverständnis des zu betreuenden Menschen in der gesundheitspflegerischen Versorgung zu beachten, sind Gesundheitspflegende angehalten, eine Haltung aufzubringen, die sich in der Bereitschaft und Fähigkeit zeigt, ein Bezogensein auf andere Personen herzustellen und aufzubauen.

Vom Selbstverständnis der Religion des Anderen als Kriterium beim gesundheitspflegerischen Handeln. Das Prinzip vom Selbstverständnis der Religion des Anderen in der Gesundheitspflege formuliert sich in der Gegebenheit des Aufspürens, wie sich Menschen anderer Religionen in ihnen wieder finden können, wenn sie auf Gesundheitspflege angewiesen sind. Um Regeln der einzelnen Religionen im gesundheitspflegerischen Handeln zu berücksichtigen, sind Regeln zu beachten, die dem Selbstverständnis des zu betreuenden Menschen gerecht werden.

Interkulturelle Lernprozesse zielen auf interkulturelle Kompetenz in der Gesundheitspflege. Das Befassen mit der eigenen Kultur, eine vertiefende, begründende, bewertende und reflektierte Auseinandersetzung sollen den lernenden Gesundheitspflegenden dazu befähigen, seine Position zu vertreten. Ein interkulturelles Lernen kann sich nur dann wirksam entfalten, wenn es auf die eigene kulturelle Einstellung sowie das eigene Wissen um kulturelle Werte und Normen zurückwirkt.

Zur Förderung der interkulturellen Gesundheitspflege dient der Kompetenzorientierungsrahmen mit seinen Kompetenzdimensionen, die in die vollständige Handlung münden.

Abb. 20: Kompetenzorientierungsrahmen interkultureller Gesundheitspflege

Interkulturelle Kompetenzen in der Gesundheitspflege	**Informieren**	**Planen**	**Entscheiden**	**Durchführen**	**Kontrollieren**	**Bewerten**
Interkulturelle Kontakte erleben	Ich kann Bezüge in der Gesundheitspflege im interkulturellen Kontakt beschreiben.	Ich kann interkulturelle Unterschiede der Kontaktaufnahme aufweisen und für den Bereich Gesundheitspflege herausstellen.	Ich kann interkulturelle Kontakte zu Klienten durch eine angemessene Form auswählen.	Ich kann in der Gesundheitspflege einen interkulturellen Kontakt klientenbezogen und angemessen aufbauen.	Ich kann einen interkulturellen Kontakt in der Gesundheitspflege in seiner Wirkung und Auswirkung einschätzen.	Ich kann einen interkulturellen Kontakt in der Gesundheitspflege reflektieren und situations- und klientenbezogen modifizieren.
Interkulturelle Anerkennung	Ich kann mich auf Situationen mit Anerkennung anders denkender Klienten, deren Lebenswelt, Überzeugungen, Einstellungen und Beteiligungen an gesellschaftlichen Prozessen einlassen und diese beschreiben.	Ich kann Situationen des Klienten mit Anerkennung begegnen und dessen Lebenswelt, Überzeugungen, Einstellungen und Beteiligungen an gesellschaftlichen Prozessen herausstellen.	Ich kann anhand von Kriterien entscheiden, welche Möglichkeiten für eine Anerkennung angemessen ist, bei der die Lebenswelt, Überzeugung und Einstellung des Klienten angemessen berücksichtigt werden.	Ich kann in Anerkennung die Lebenswelt, Überzeugung und Einstellung des Klienten im gesundheitspflegerischen Handeln angemessenen berücksichtigen.	Ich kann einschätzen, ob die Lebenswelt, Überzeugung und Einstellung des Klienten unter Anerkennung im gesundheitspflegerischen Handeln berücksichtigt wird.	Ich kann mein gesundheitspflegerisches Handeln im Kontext der Berücksichtigung der Lebenswelt des Klienten reflektieren und ggf. modifizieren.
Interkulturelle Offenheit zeigen	Ich kann mich über die interkulturellen Normen und Werte von Klienten in einer offenen Begegnung informieren.	Ich kann die interkulturellen Normen und Werte von Klienten in offener Begegnung wahrnehmen und deuten.	Ich kann mit Offenheit die begegneten interkulturellen Normen und Werte von Klienten zur Berücksichtigung beim gesundheitspflegerischen Handeln mit dem Klienten abstimmen.	Ich kann die interkulturellen Normen und Werte von Klienten im gesundheitspflegerischen Handeln in einer situationsbezogenen klientenzentrierten Offenheit berücksichtigen.	Ich kann die Wirksamkeit der mit Offenheit begegneten interkulturellen Normen und Werte von Klienten im gesundheitspflegerischen Handeln einschätzen.	Ich kann die mit Offenheit begegneten interkulturellen Normen und Werte von Klienten im gesundheitspflegerischen Handeln reflektieren und bin bereit, diese zu modifizieren.
Interkulturelle Wertschätzung ermöglichen	Ich kann den interkulturellen Wert von Klienten unterschiedli-	Ich kann den interkulturellen Wert von Klienten unterschiedli-	Ich kann eine interkulturelle Wertschätzung dem Klienten zum	Ich kann eine interkulturelle Wertschätzung im gesundheits-	Ich kann die Wirksamkeit der interkulturellen Wertschätzung,	Ich kann die zum Ausdruck zu bringende interkulturelle Wertschät-

	cher Gesellschaften im Kontext der Gesundheitspflege beschreiben.	cher Gesellschaften in der Gesundheitspflege wahrnehmen und deuten.	Ausdruck bringen, bei dem die Wertevorstellung des Klienten in den Fokus rückt und mit ihm die gesundheitspflegerische Therapie abgestimmt wird.	pflegerischen Handeln entfalten, die den Wertschätzungsmodus des Klienten als Ausgangspunkt erachtet.	die als Ausgangspunkt den interkulturellen Wertschätzungsmodus des Klienten erachtet, einschätzen.	zung gegenüber dem Klienten reflektieren und situationsbezogen modifizieren.
Interkulturelle Achtsamkeit wahren	Ich kann Situationen von interkultureller Achtsamkeit im gesundheitspflegerischen Handeln beschreiben.	Ich kann unterschiedliche Situationen einer interkulturellen Achtsamkeit im gesundheitspflegerischen Handeln und ihre Merkmale herausstellen.	Ich kann in unterschiedlichen Situationen die interkulturelle Achtsamkeit im gesundheitspflegerischen Handeln klientenbezogen abstimmen.	Ich kann die von mir erkannte interkulturelle Achtsamkeit im gesundheitspflegerischen Handeln anwenden.	Ich kann die angewandte interkulturelle Achtsamkeit hinsichtlich ihrer Wirksamkeit im gesundheitspflegerischen Handeln einschätzen.	Ich kann die interkulturelle Achtsamkeit hinsichtlich ihrer Wirksamkeit im gesundheitspflegerischen Handeln reflektieren und situationsbezogen modifizieren.
Interkulturelle Toleranz aufbringen	Ich kann durch eine interkulturelle Toleranz die Konvergenzen und Divergenzen sowie Überlappungen im Vergleich und Verständnis der kulturellen Kontexte der Klienten beschreiben.	Ich kann durch eine interkulturelle Toleranz Konvergenzen, Divergenzen sowie Überlappungen im Vergleich und Verständnis der kulturellen Kontexte der Klienten deuten.	Ich kann durch eine interkulturelle Toleranz anhand von Kriterien im Umgang mit Konvergenzen, Divergenzen sowie Überlappungen im Vergleich und Verständnis der kulturellen Kontexte der Klienten mein gesundheitspflegerisches Handeln begründen.	Ich kann durch eine interkulturelle Toleranz im gesundheitspflegerischen Handeln Konvergenzen, Divergenzen sowie Überlappungen im Vergleich und Verständnis der kulturellen Kontexte der Klienten anpassen und umsetzen.	Ich kann die Wirksamkeit der eigenen interkulturellen Toleranz im Kontext kultureller Konvergenzen, Divergenzen und Überlappungen im Vergleich und Verständnis in der Situation des Klienten einschätzen.	Ich kann eine interkulturelle Toleranz im gesundheitspflegerischen Handeln sowie ihre Wirksamkeit reflektieren und bin in der Lage diese zu modifizieren.
Interkulturelles Verstehen einbeziehen	Ich kann den interkulturellen Zwischenraum, in dem in der Gesundheitspflege Menschen mit unterschiedlichem kulturellem Hintergrund in Kontakt treten,	Ich kann den interkulturellen Zwischenraum zwischen Menschen mit verschiedenem kulturellem Hintergrund in der Gesundheitspflege wahrnehmen	Ich kann situationsbezogen den interkulturellen Zwischenraum zu Handlungsoptionen mit dem Klienten beratend abstimmen.	Ich kann unter Berücksichtigung eines interkulturellen Verstehens den Klienten mit seinem jeweiligen kulturellen Hintergrund angemessen gesundheits-	Ich kann den genutzten interkulturellen Zwischenraum mit dem Klienten und seinem jeweiligen kulturellen Hintergrund auf seine Wirksamkeit hin	Ich kann die im interkulturellen Zwischenraum mit dem Klienten und seinem jeweiligen Hintergrund angemessene gesundheitspflegerische Umsetzung

	beschreiben.	und deuten.		pflegerisch unterstützen.	einschätzen.	und Gestaltung auf die Wirksamkeit hin reflektieren und bin in der Lage, diese zu modifizieren.
Interkulturelles Vertrauen schaffen	Ich kann Bezüge zwischen Klienten aus interkulturellen Kulturen und dem gesundheitspflegerischen Handeln im Kontext einer interkulturellen Vertrauensbasis herausstellen.	Ich kann interkulturelles Vertrauen zu Klienten aus allen Kulturen aufgeschlossen, empathisch und sensibel wahrnehmen und deuten.	Ich kann mich zur Förderung einer interkulturellen Vertrauenskultur mit dem Klienten aufgeschlossen, empathisch und sensibel über Betreuungs- und Versorgungsaspekte der Gesundheitspflege abstimmen.	Ich kann ein interkulturelles Vertrauen durch ein situationsangemessenes förderndes, aufgeschlossenes, empathisches und sensibles Handeln in der Gesundheitspflege anbahnen und umsetzen.	Ich kann ein interkulturelles Vertrauen im Kontext meiner Aufgeschlossenheit, Empathie und Sensibilität mit dem Klienten einschätzen.	Ich kann mein aufgeschlossenes, empathisches und sensibles Handeln im Umgang mit dem Klienten im Kontext einer interkulturellen Vertrauensebene reflektieren und bei Bedarf modifizieren.
Interkulturelle Kreativität gestalten	Ich kann die Entwicklung interkultureller Handlungsmuster durch Neukombination traditioneller Denk- und Handlungsweisen und interkultureller Probleme im Kontext gesundheitspflegerischer Handlungen beschreiben.	Ich kann interkulturelle Handlungsmuster durch Neukombination traditioneller Denk- und Handlungsweisen im Kontext gesundheitspflegerischer Perspektiven herausstellen.	Ich kann interkulturelle Handlungsmuster durch Neukombination traditioneller Denk- und Handlungsweisen im Kontext gesundheitspflegerischen Handelns kreativ auswählen.	Ich kann unter Berücksichtigung der Situation in der Gesundheitspflege interkulturelle Handlungsmuster durch Neukombination der traditionellen Denk- und Handlungsweisen kreativ entfalten.	Ich kann die interkulturelle kreative Neukombination traditioneller Denk- und Handlungsweisen im Kontext der Gesundheitspflege einschätzen.	Ich kann die interkulturelle kreative Neukombination traditioneller Denk- und Handlungsweisen im Kontext der Gesundheitspflege reflektieren und modifizieren.
Interkulturelle Ethik im Handeln einbeziehen	Ich kann verantwortliches, interkulturell ethisches Handeln in der Gesundheitspflege herstellen und beschreiben.	Ich kann verantwortliches interkulturelles ethisches Handeln in der Gesundheitspflege und ihren spezifischen Merkmalen situationsbezogen wahrnehmen und deuten.	Ich kann anhand von Kriterien entscheiden, welches verantwortliche interkulturelle ethische Handeln in der Gesundheitspflege situationsbezogen angemessen ist.	Ich kann unter Berücksichtigung interkultureller, ethischer Komponenten in der Gesundheitspflege zielgerichtet angemessen handeln.	Ich kann das in der Gesundheitspflege angewandte Handeln unter interkulturell ethischen Komponenten sowie deren Auswirkungen einschätzen.	Ich kann das Handeln in der Gesundheitspflege im Kontext interkulturell ethischer Komponenten reflektieren und bin in der Lage, diese ggf. zu modifizieren.

5.3.2 Kompetenzorientierungsrahmen interreligiöser Gesundheitspflege

Interreligiöse Gesundheitspflege hat den Anspruch, religiös kompetent zu werden. Dies umfasst die eigene Religion sowie Kenntnisse und deren Verfügbarkeit über andere Religionen, um zwischen der eigenen Religion und der anderen Religion bzw. den anderen Religionen angemessen im Beruf zu reagieren und zu handeln. Zur Orientierung und Förderung der interreligiösen Kompetenz bietet sich das Differenzmodell der Liebe von Eigenem und Fremdem an. Die eigene Religion anzuerkennen, die fremde Religion zu verstehen und dem Menschen in seinem Genesungsprozess die Möglichkeit geben, dass er seine Religion leben und erleben darf, stellt eine Haltung Gesundheitspflegender dar, die sich zunehmend in einer interkulturellen Haltungskompetenz anbahnen lässt. Um die interkulturelle Haltungskompetenz Gesundheitspflegender zu fördern, können die nachfolgenden Prinzipien für interreligiöses Lernen helfen, interreligiös kompetent zu werden.

Von der näheren zur entfernteren Religion im gesundheitspflegerischen Handeln. Der lernende Gesundheitspflegende erhält bei diesem Prinzip die Möglichkeit, sich vordergründig mit seiner eigenen Lebenswelt, zu der auch die Religion gehört, auseinanderzusetzen, indem er unter der Perspektive seiner Religionszugehörigkeit erkundet, wie er sich eine gesundheitspflegerische Betreuung, Unterstützung und Begleitung wünscht. Dabei stehen die eigene Einstellung und Reaktionen, Gedanken und Gefühle im Vordergrund, um zu einer Haltung zu gelangen, die das Nähere anerkennt, die es sodann ermöglicht, vom Näheren zum Entfernteren zu gehen. Dieses Prinzip vom Näheren zum Entfernteren bedeutet für den Gesundheitspflegenden, sich stets von seiner Religion auf eine andere Religion einzulassen, diese zu ergründen und Zugänge zu anderen Religionen zu finden, die sich sodann in der Haltung beim Umgang mit dem zu betreuenden Menschen widerspiegeln. Hierzu gehören z. B. die Beachtung von Ritualen bei der Körperpflege, beim Bereitstellen oder Anreichen kulturbezogener, religiöser Speisen und Getränke, Besinnungsmöglichkeiten oder Gebete.

Von der Unterscheidungskompetenz zur In-Beziehungssetzungskompetenz in der religiösen Begegnung mit zu betreuenden Menschen und seinen Angehörigen. In der gesundheitspflegerischen Begleitung, Betreuung, Beratung und Unterstützung kommt die interreligiöse Kompetenz als Unterscheidungs- sowie In-Beziehungssetzungskompetenz zum Tragen, weil sie auf dem Eigenen und dem Anderen (dem Fremden) mündet und das Eigene und das Andere wahrnimmt sowie lernt, es zu verstehen. Dies bedeutet, dass, „was mir selbstverständlich ist, auf Anderes, eben Fremdes trifft, dieses Eigene überhaupt als Eigenes verstehbar wird“ (Schambeck 2013, S. 204). Es gilt von daher bei interreligiösen Lernprozessen, „dass die Fähigkeit, Eigenes und Anderes unterscheiden zu können, der Fähigkeit vorausgeht, Eigenes mit Anderem in Beziehung zu setzen“ (ebd.). Zur Förderung für den gesundheitspflegerischen Lernprozess bedeutet dies, dass

Lernarrangements so anzulegen sind, die Verstehensweisen der Lerngruppe mit ihren gewonnenen praktischen Erfahrungen in der Gesundheitspflege einzuholen, ausgehend von der Deutefolie, die durch die eigene Religion gekannt wird. Ausgehend von der eigenen Religion gilt es, Verstehensweisen anderer Religionen aufzuzeigen. Diese wirken dann zurück auf die eigene Religion.

Vom Selbstverständnis der Religion des Anderen als Kriterium beim gesundheitspflegerischen Handeln. Das Prinzip vom Selbstverständnis der Religion des Anderen in der Gesundheitspflege formuliert sich in der Gegebenheit des Aufspürens, wie sich Menschen anderer Religionen in ihnen wiederfinden können, wenn sie auf Gesundheitspflege angewiesen sind. Um Regeln der einzelnen Religionen im gesundheitspflegerischen Handeln zu berücksichtigen, sind Regeln zu beachten, die dem Selbstverständnis des zu betreuenden Menschen gerecht werden.

Interreligiöse Lernprozesse in der Gesundheitspflege zielen auf interreligiöse situationsangemessene Kompetenzentfaltung. Die Auseinandersetzung mit der eigenen Religion und die Vertiefung, Erweiterung, Begründung, Bewertung und Reflexion sollen dazu ermutigen, das lernende Gesundheitspflegende ihre eigene Position vertreten können. „Interreligiöses Lernen bleibt leer, solange es nicht auf ein *Learning from religion* zielt, also auf die eigene religiöse Einstellung sowie das eigene Wissen in Sachen Religion zurückwirkt" (Schambeck 2013, S. 205).

Um die Kompetenz der interreligiösen Gesundheitspflege zu fördern, dient der Kompetenzorientierungsrahmen mit seinen Kompetenzdimensionen, die in die vollständige Handlung münden.

Abb. 21: Kompetenzorientierungsrahmen interreligiöser Gesundheitspflege

Interreligiöse Kompetenzen in der Gesundheitspflege	**Informieren**	**Planen**	**Entscheiden**	**Durchführen**	**Kontrollieren**	**Bewerten**
Interreligiös Kontakt gestalten	Ich kann in der Gesundheitspflege religiöse Kontaktbezüge aufbauen und herstellen.	Ich kann interreligiöse Fragestellungen im interreligiösen Kontaktaufbau im Kontext der Gesundheitspflege herausstellen.	Ich kann interreligiöse Bezüge in der Gesundheitspflege klientenbezogen herausstellen.	Ich kann einen interreligiösen Kontakt in der Gesundheitspflege mit dem Klienten abstimmen und entfalten.	Ich kann den interreligiösen klientenbezogenen Kontaktaufbau in seiner Wirkung einschätzen.	Ich kann den interreligiösen klientenbezogenen Kontaktaufbau reflektieren und eine Modifikation vornehmen.
Interreligiöse ästhetische Kompetenz verwirklichen	Ich kann Nuancen von Unterschieden der Religionen der Klienten aufmerksam als	Ich kann Nuancen von Unterschieden der Religionen der Klienten aufmerksam als	Ich kann in bestimmten Situationen Nuancen von Unterschieden der Religionen der	Ich kann auf wahrzunehmende Nuancen von Unterschieden der Religionen der Klien-	Ich kann die aufmerksam wahrzunehmenden Nuancen von Unterschieden der Religionen	Ich kann die aufmerksam wahrzunehmenden Nuancen von Unterschieden der Reli-

	Bereicherung oder auch als Bedrohung beschreiben.	Bereicherung oder Bedrohung situationsbezogen wahrnehmen und deuten.	Klienten aufmerksam wahrnehmen und entscheiden, ob sie bereichernd oder bedrohend sind.	ten zielgerichtet, angemessen in der Gesundheitspflege handeln.	der Klienten als Bereicherung oder Bedrohung einschätzen.	gionen als Bereicherung oder Bedrohung reflektieren.
	Ich kann die Vielfalt der Religionen, denen Klienten angehören, auch in ihrer Ambivalenz beschreiben.	Ich kann die Vielfalt der Religionen, denen Klienten angehören, auch in ihrer Ambivalenz wahrnehmen und deuten.	Ich kann die Vielfalt der Religionen, denen Klienten angehören, wahrnehmen und entscheiden ob sich Ambivalenzen der Religion ergeben.	Ich kann die Vielfalt der Religionen, denen Klienten angehören, bei den gesundpflegerischen Handlungen berücksichtigen und bei Ambivalenzen angemessen reagieren.	Ich kann die Vielfalt der Religionen, denen Klienten angehören, auch in ihrer Ambivalenz, die bereichernd oder dunkele Seiten aufweisen, einschätzen.	Ich kann die Vielfalt der Religionen, denen Klienten angehören, auch in ihrer Ambivalenz reflektieren.
	Ich kann in der Gesundheitspflege Sensibilität dafür ausbilden, dass Pluralität aus einer Minderheitsperspektive anders wahrgenommen wird, als aus der Mehrheitsperspektive und kann diese beschreiben.	Ich kann in der Gesundheitspflege Sensibilität dafür ausbilden, dass Pluralität aus einer Minderheitsperspektive anders wahrgenommen wird, als aus der Mehrheitsperspektive und kann diese deuten.	Ich kann in der Gesundheitspflege durch die entwickelte Sensibilität Pluralität aus einer Minderheitsperspektive anders wahrnehmen als aus der Mehrheitsperspektive und kann mich mit dem Klienten abstimmen.	Ich kann in der Gesundheitspflege durch die entwickelte Sensibilität, die Pluralität aus einer Minderheitsperspektive anders wahrnehmen als aus der Mehrheitsperspektive und kann diese einschätzen.	Ich kann in der Gesundheitspflege durch die entwickelte Sensibilität einschätzen, dass Pluralität aus einer Minderheitsperspektive anders wahrgenommen wird, als aus der Mehrheitsperspektive sowie deren Auswirkungen.	Ich kann in der Gesundheitspflege die entwickelte Sensibilität, dass Pluralität aus einer Minderheitsperspektive anders wahrgenommen wird, als aus der Mehrheitsperspektive, reflektieren.
Interreligiöse reflexiv-kommunikative Kompetenz ermöglichen	Ich kann Traditionen der eigenen Religion im Angesicht der anderen Religionen der Menschen, die mir in der Gesundheitspflege begegnen verstehen und ausdrücken.	Ich kann Traditionen der eigenen Religion im Angesicht der anderen Religionen der Menschen, die mir in der Gesundheitspflege begegnen, verstehen und deuten.	Ich kann entscheiden, ob ich Traditionen der eigenen Religion im Angesicht der anderen Religionen der Menschen, die mir in der Gesundheitspflege begegnen, verstehe und ausdrücken kann.	Ich kann die Tradition der eigenen Religion im Angesicht der anderen Religionen der Menschen, die mir in der Gesundheitspflege begegnen, situationsbezogen berücksichtigen.	Ich kann die Tradition der eigenen Religion im Angesicht der anderen Religionen der Menschen, die mir in der Gesundheitspflege begegnen, einschätzen.	Ich kann die Tradition der eigenen Religion im Angesicht der anderen Religionen der Menschen, die mir in der Gesundheitspflege begegnen, reflektieren.
	Ich kann Hoffnungsbilder von Klienten mit anderen Religio-	Ich kann Hoffnungsbilder von Klienten mit anderen Religio-	Ich kann entscheiden, wie ich Hoffnungsbilder von Klienten	Ich kann Hoffnungsbilder von Klienten mit anderen Religio-	Ich kann Hoffnungsbilder von Klienten mit anderen Religio-	Ich kann Hoffnungsbilder von Klienten mit anderen Religio-

	nen in der eigenen Sprachwelt beschreiben.	nen in der eigenen Sprachwelt wahrnehmen und deuten.	mit anderen Religionen in der eigenen Sprachwelt angemessen umsetze.	nen in der eigenen Sprachwelt wahrnehmen und im gesundheitspflegerischen Handeln beachten.	nen in der eigenen Sprachwelt sowie deren Unabgleichbarkeit der Übersetzungen einschätzen.	nen in der eigenen Sprachwelt sowie deren Unabgleichbarkeit der Übersetzungen reflektieren.
Interreligiöse praktische Kompetenz gestalten	Ich kann mich auf den Klienten, der mir als Fremder begegnet und auf das Fremde wertschätzend und empathisch einlassen und beschreiben.	Ich kann den Klienten, der mir als Fremder begegnet und das Fremde wertschätzend und empathisch wahrnehmen und deuten.	Ich kann die von mir erkannten Möglichkeiten nutzen, um den Klienten, der mir als Fremder begegnet und das Fremde wertschätzend und empathisch situativ wahrnehmen und in den Prozess der Gesundheitspflege miteinbeziehen.	Ich kann den Klienten, der mir als Fremder begegnet und das Fremde wertschätzend und empathisch in mein gesundheitspflegerisches Verständnis einbeziehen.	Ich kann Möglichkeiten nutzen, um den Klienten, der mir als Fremder begegnet und das Fremde, wertschätzend und empathisch einschätzen.	Ich kann die wertschätzenden und empathischen Reaktionen des Klienten, der mir als Fremder begegnet, und das Fremde, reflektieren.
	Ich kann die Gaben der Klienten anerkennen und an ihnen Anteil nehmen als Grundlage für ein Miteinander und diese beschreiben.	Ich kann die Gaben der Klienten anerkennen, an ihnen Anteil nehmen als Grundlage für ein Miteinander und kann diese herausstellen.	Ich kann die Gaben der Klienten anerkennen, an ihnen Anteil nehmen als Grundlage für ein Miteinander und kann diese herausstellen.	Ich kann in der Gesundheitspflege die Gaben der Klienten anerkennen, an ihnen Anteil nehmen als Grundlage für ein Miteinander diese integrieren, so dass sie sich im Gesundheitspflegeprozess entfalten.	Ich kann die Gaben der Klienten anerkennen, an ihnen Anteil nehmen als Grundlage für ein Miteinander und kann diese wahrnehmen.	Ich kann die Gaben der Klienten anerkennen, an ihnen Anteil nehmen als Grundlage für ein Miteinander und kann diese reflektieren.
	Ich kann mein eigenes interreligiöses gesundheitspflegerisches Verhalten und Handeln beschreiben.	Ich kann mein eigenes interreligiöses gesundheitspflegerisches Verhalten und Handeln deuten.	Ich kann entscheiden, welches interreligiöse gesundheitspflegerische Verhalten und Handeln angemessen ist.	Ich kann unter Berücksichtigung meines eigenen interreligiösen gesundheitspflegerischen Verständnisses zielgerichtet und angemessen handeln.	Ich kann mein eigenes interreligiöses gesundheitspflegerische Verhalten und Handeln einschätzen.	Ich kann mein eigenes interreligiöses gesundheitspflegerische Verhalten und Handeln reflektieren.

5.3.3 Interdisziplinäre Kompetenzförderung in der Gesundheitspflege

Interdisziplinäre Kompetenzförderung in der Gesundheitspflege fordert von Gesundheitspflegenden, sich auf jeden einzelnen Menschen in seiner jeweiligen Situation einzulassen. Ein interdisziplinärer Bezugrahmen, der die Interkulturalität und Interreligiosität umfasst, ermöglicht erst eine individuelle Gesundheitspflege. Jede Handlung vollzieht sich unter Berücksichtigung soziokultureller und religiöser Bedürfnislage des zu betreuenden Menschen. Die Begegnung, das Auftreten, das Verhalten mit dem Menschen fordert in jeder Situation eine kulturell und religiös angemessene Haltung, bei der ein menschenfreundlicher Umgang zum Ausdruck gebracht wird. Mag die vordergründige Zielverfolgung bei den täglichen Routineabläufen z. B. das Anreichen von Medikamenten oder das Anreichen von Speisen sein, zeichnet sich die Begegnung mit dem Menschen durch eine kultursensible Kommunikation aus. Die kultursensible Kommunikation versteht sich als leibliche Kommunikation. Eine leibliche Kommunikation wendet sich gegen ein verstofflichendes Denken, alles festzuschreiben sowie alles feststellen zu müssen. Das Ansinnen liegt begründet in den lebendigen Momenten, den Erfahrungen und dem unmittelbaren Erleben auf die Spur zu kommen (vgl. Uzarewicz, Uzarewicz 2008).

Interdisziplinäre Kompetenz umfasst die interkulturelle und interreligiöse Kompetenz, die in den einzelnen Kompetenzdimensionen zu beachten ist und wirksam werden kann. Dazu gehören die Fachkompetenz, Sozialkompetenz, Kommunikationskompetenz, Personenkompetenz, Methodenkompetenz. Weitere Kompetenzebenen, die in der Gesundheitspflege dazugehören und die interdisziplinäre Kompetenz auszeichnen, sind: die Informationskompetenz, Planungskompetenz, Entscheidungskompetenz, Durchführungskompetenz, Bewertungskompetenz und Reflexionskompetenz. Die interkulturelle und interreligiöse Kompetenz erschließt sich als umfassendes Modell, welches die benannten Kompetenzdimensionen in sich aufnimmt und in der Gesundheitspflege in eine ethische Haltungs- und Handlungskompetenz mündet (vgl. Abb. 22).

Abb. 22: Interkulturelle und interreligiöse Kompetenz als umfassendes ethisches Kompetenzprofil Gesundheitspflegender

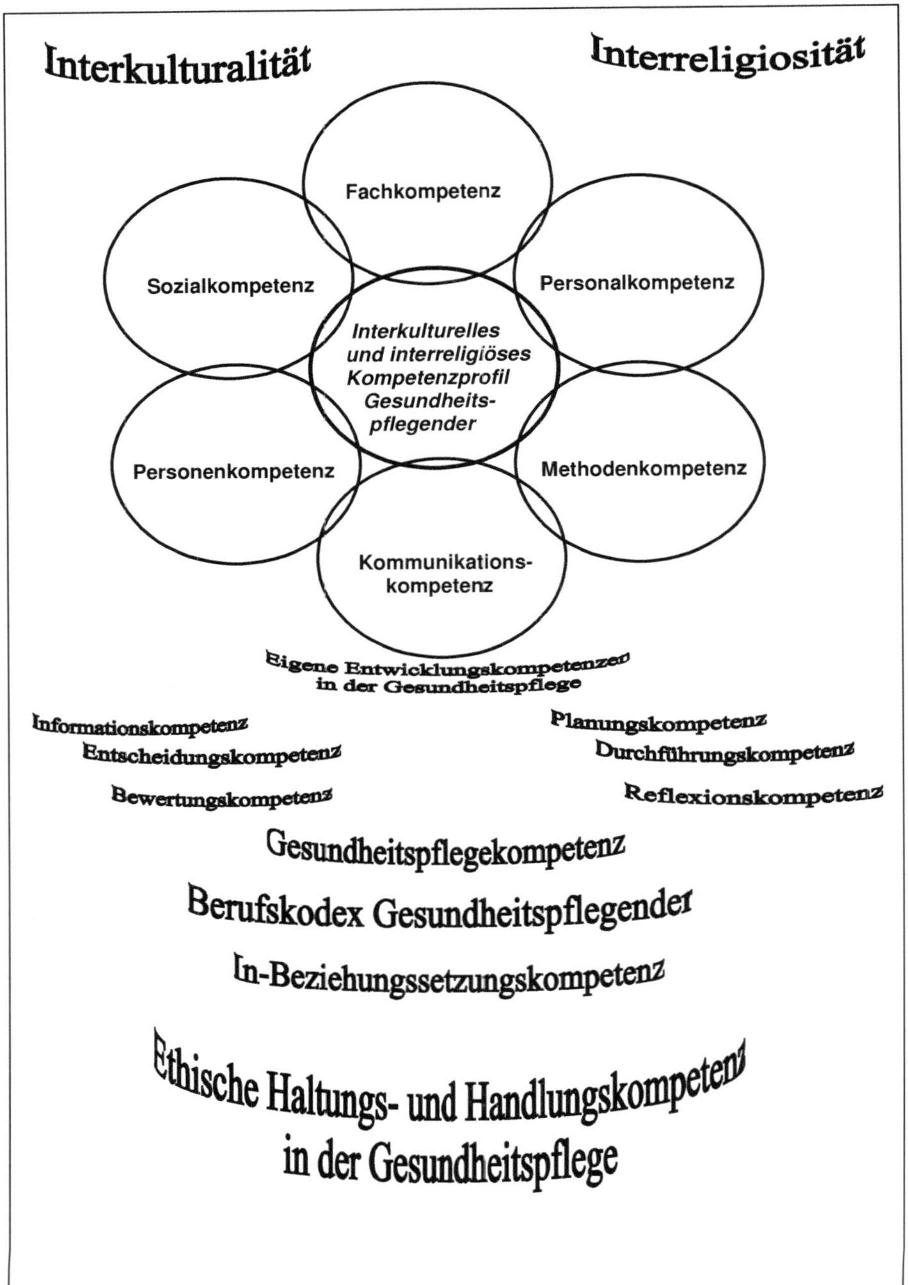

Bei der interkulturellen und interreligiösen Kompetenzförderung stehen die fachlichen, kommunikativen, personalen und methodischen Kompetenzen gleichwertig nebeneinander. Die kommunikative Kompetenz findet sich in unterschiedlicher Literatur als soziale und die personale Kompetenz als individuelle Kompetenz. Bei der Abbildung wird aufgezeigt, dass eine interkulturelle und interreligiöse Kompetenz in eine In-Beziehungssetzungskompetenz unter berufsethischer Perspektive des Berufskodex (Gesundheits-)Pflegender mündet und somit nicht beliebig ist. In den Pflegeberufen obliegt nichts einer Beliebigkeit, weil dies zum Schaden des Klienten führen würde. Insoweit verbietet es sich auch, die Pflege weiterhin in Systemen zu integrieren, in denen sie stiefmütterlich behandelt wird und sich dies auf die Ausbildung der Gesundheitspflegeberufe erdrückend und kaputtmachend durch ein nicht pflegespezifisches System wirkt (vgl. Johannson 2015, S. 8). Dises Phänomen ist nach den Angaben von Johannson in der beruflichen Altenpflegeausbildung zu bemängeln, die an öffentlichen Berufsbildenden Schulen angeschlossen sind. Dort scheinen Führungskräfte tätig zu sein, denen ein berufsbezogenes pflegeorientiertes Verständnis fehlt (vgl. ebd.).

Bei solchen Vorkommnissen und Verhaltensweisen wird Gesundheitspflegelehrenden mit einer Reflexionskompetenz bewusst, dass sie den internationalen Berufrskodex Pflegender, der durch den Weltbund (Gesundheits-)Pflegender (ICN) anerkannt ist, mehr denn je vertreten müssen, damit er die Chance erhält, den Lernenden eigen zu werden und in gesundheitspflegerischen Handlungen gelebt werden kann. Wird dies bereits in der schulischen Ausbildung nicht gewährt und in der Praxis nicht gelebt, wird sich eine ethische interkulturelle und interreligiöse Kompetenz wohlmöglich kaum entwickeln können. Durch diese Bewusstwerdung und dem Bemühen Gesundheitspflegelehrender, ein ethisches Kompetenzprofil Gesundheitspflegender fördern zu wollen, fordert nach einem öffentlichen Willesnbekenntnis in Bildungssystemenen von Gesundheitslehrenden, in denen die Pflegeausbildung angegliedert ist. Das Wollen erschließt sich aus dem gesundheitspflegerischen Willen. Ich will, dass die Gesundheitspflege sich ethisch professionell entfalten kann, indem sie die Kultur und Religion des zu betreuenden Menschen zu integrieren in der Lage ist und es versteht, entsprechend diesem Ansinnen zu handeln. Dieser Wille erschließt sich aus dem subjektiven Kriterium des Wollens und wird durch das objektive Kriterium der eigenen Kultur und Religion und der Begegnung mit der gleichen Kultur und Religion oder anderen Religionen sowie dem Fremden (dem Anderen), der anderen Kultur und der anderen Religionen in der Begegnung lebendig. In einer kompetenten Gesundheitspflege, in der Lernende in der Ausbildung weder durch berufsfremde Lehrende, die Führungsfunktionen innehaben, blockiert, irritiert, behindert noch deprofessionalisiert werden, wird es Lernenden der Gesundheitspflege möglich sein, eine interkulturelle und interreligiöse Kompetenz bereits schulisch erfahren zu dürfen, so dass diese sodann durch praktische Bildungsaufträge erkundbar wird und über beide Wege, nämlich einer schulischen Angemessenheit und praktischen Situationsbezogenheit, spürbar und ethisch vertretbar Konturen zeigt.

Zum besseren Verständnis wird dies nachfolgend an den interkulturellen und interreligiösen Kompetenzdimensionen erörtert. Gesundheitspflegelehrende und Gesundheitspflegende, die sich als solche verstehen, wissen sich einzusetzen, um die Belange der Lernenden und zu betreuenden Menschen zu vertreten. Gesundheitspflegelehrende, die den Berufskodex (Gesundheits-)Pflegender kennen und nicht ausschließlich kognitiv, sondern auch mit dem Herzen ihren Beruf als Gesundheitspflegelehrende ausüben, stets im Sinne und zum Wohl der zu betreuenden Menschen, weil sie weder berufsfremd sind noch die (gesundheits-)pflegerische Praxis aus dem Auge verloren haben, und das Kompetenzprofil Lernender der Gesundheitspflege zu fördern wissen, ohne in einer allgemeinen Pädagogisierung zu verharren werden eine berufsbezogene schulische Ausbildung im Sinne ethisch interkulturell und interreligiös vertretbarer Komponenten zu vertreten wissen. Das Kompetenzprofil Gesundheitspflegender orientiert sich in einer Gesundheitspflege, die den Anspruch stellt, die kulturellen und religiösen Ansinnen des zu betreuenden Menschen zu beachten und sich am Gesundheitspotenzial des zu betreuenden Menschen zu richten. Dies bedeutet sodann nach der in Abb. 22 skizzierten Aufzeichnung:

- In der *Fachbezogenheit* werden neben den gesundheitspflegerischen Fachbeständen, die sich zum Teil neu ordnen müssen, um einer Gesundheitspflegeorientierung gerecht zu werden, interkulturelle und interreligiöse Bezüge mit einbezogen, um eine leibliche Personenbezogenheit zum Klienten zu ermöglichen.
- In der *Personalbezogenheit* nimmt der Gesundheitspflegende das Andere (als das Fremde) wahr, welches ihm zum Bewusstsein seines Eigenen verhelfen kann, oder durch das Bewusstsein des Eigenen nimmt der Gesundheitspflegende das Andere (das Fremde) wahr. Durch die wahrnehmbaren Unterschiede sowie Gemeinsamkeiten wird es dem Gesundheitspflegenden gelingen, sich auf den Klienten in einem respektvollen und anerkennenden Umgang einzulassen. Diese Personalbezogenheit ist durch soziokulturell und religiös ausgerichtete schulische Bildungsaufträge, die praktisch zu erkunden sind, zu ermöglichen.
- In der *Methodenbezogenheit* wird der Lernende in der Gesundheitspflege sowie der examinierte Gesundheitspflegende sich auf den Klienten durch situationsorientierte angemessene Art und Weise einlassen können. Dazu können z. B. sprachliche Übersetzungstabellen (s. Kap. 7) oder Symbole gezählt werden.
- In der *Kommunikationsbezogenheit* wird es dem Lernenden sowie Gesundheitspflegenden durch einen angemessenen Zeitkorridor ermöglicht, sich auf den zu betreuenden Klienten, mit seiner soziokulturellen und religiösen Befindlichkeit, einzulassen, damit eine symmetrische Interaktion und Kommunikation überhaupt erst möglich wird und der zu betreuende Mensch die Bedeutsamkeit und Sinnhaftigkeit erfahren kann, um sein Gesundheitspotenzial zentral zu steigern.

- In der *Personalbezogenheit* nimmt der Lernende und Gesundheitspflegende sich in seiner eigenen Person wahr, erkennt seine Stärken und seine Schwächen. An den Schwächen ist der Lernende und Gesundheitspflegende bereit zu arbeiten, wenn er sich reflexiv realistisch einzuschätzen gelernt hat und bereit dazu ist.
- In der *Sozialbezogenheit* wird dem Lernenden die Möglichkeit eröffnet, unterschiedliche Kulturen und Religionen erkunden zu können, die in theoretischen Lehrveranstaltungen erschlossen werden und in der gesundheitspflegerischen Praxis erfahrbar werden. Gesundheitspflegende können sich zudem die interkulturelle und interreligiöse Kompetenz durch Fortbildungen aneignen.

Die ethische Haltungs- und Handlungskompetenz in der Gesundheitspflege erschließt sich aus der Informations-, Planungs-, Entscheidungs-, Durchführung-, Bewertungs- und Reflexionskompetenz, die sodann in die Gesundheitspflegekompetenz mündet. Die Gesundheitspflegekompetenz nimmt in sich den Berufskodex Gesundheitspflegender auf. Der Berufskodex ist in der schulischen als auch in der praktischen Ausbildung Gesundheitspflegender zu würdigen und zu beachten und nicht durch Berufsfremde zu verzerren. Die Folge bei einer Verzerrung des Berufskodex (Gesundheits-)Pflegender durch Lehrende wäre eine Deprofessionalisierung, wodurch eine ethische In-Beziehungssetzungskompetenz zum Erliegen käme. Eine ethische In-Beziehungssetzungskompetenz kann sich nur dann wirksam entwickeln und entfalten, wenn in einer aufrichtigen Haltung die Möglichkeit dazu gegeben wird, so dass sich eine ethische Handlungskompetenz in der Gesundheitspflege herausbilden kann.

In der Verwogenheit von interkultureller und interreligiöser Kompetenz wird das Bemühen darauf zu richten sein, dass eine störfreie Lehrveranstaltung und praktische Umsetzung möglich ist und nicht durch z. B. berufsfremde Lehrende, die sich in Leitungsfunktionen befinden und der Auffassung sind, dass sie die alleinige Entscheidungsgewalt als Berufsfremde haben, verhindert wird. In öffentlichen Berufsbildenden Schulen erweist sich dies als sehr schwierig, weil Schulleiter und Abteilungsleiter an Berufsbildenden Schulen nicht aufgrund ihrer berufsfachlichen Qualifikation als solche bestellt werden, sondern dies auf Beliebigkeit basiert, die sich aus der Gefügsamkeit, jedoch keineswegs der beruflich erforderlich und notwenigen Qualifikation ergibt. Dies ist ein kulturelles Merkmal deutscher Bildungspolitik, welches keineswegs weiterhin zu befürworten ist, weil sich die gesundheitspflegerische Bildung auf dieses Wagnis nicht weiterhin einlassen kann und darf, da es jeglicher gesundheitspflegeberuflicher Ethik widerspricht. Der Lernerfolg des Lernenden mag einerseits vom Lernenden abhängen, seiner Motivation, die er aufbringen mag. Der Lernerfolg ist jedoch auch abhängig von der schulischen Situation. Ist ein berufsfremder Lehrender als Schulleiter und ein berufsfremder Abteilungsleiter, ohne jegliche Berufsbezogenheiten, tätig, dann dürfte sich der Lernerfolg in der beruflichen Bildung, mit dem Anspruch, eine interkulturelle und interreligiöse Gesundheitspflege zu fördern, in der Umsetzung als problematisch erweisen. Insbesondere dann, wenn

Schulleitung und Abteilungsleitung den international anerkannten ethischen Berufskodex (Gesundheits-)Pflegender bei sachlicher Argumentation nich anerkennen und in ihrer Funktion nicht professionell gesundheitspflegerisch haltbare ausbildungsbedenkliche bzw. ausbildungsgefährdende Optionen fordern. Ein Grund eines solchen Verhaltens, Fehlentscheidungen zu treffen kann am Fehlen eines ethischen Berufsbildes Lehrender begründet liegen (vgl. Leufgen 2009). Denn wie wollen Berufsfremde, die in einer allgemeinen Pädagogisierung beheimatet sind und sich bei begründender Darlegung Gesundheitspflegender und Gesundheitspflegelehrenden, die sich am Berufskodex (Gesundheits-)Pflegender orientieren, auf ihr Dienstweisungsrecht berufen, eine interkulturelle und interreligiöse Kompetenz fördern? Wer sich als Führungskraft im Berufsbildenden Schulbereich als „Wolkenvorstufe" erachtet, indem er sich als fremder Berufsbildender als Vorstufe der Wolken identifiziert, weil dazwischen nichts mehr kommt, dürfte zu erkennen geben, dass eine solche Haltung für die Gesundheitspflegebildung, die eine grundständige ethische Haltungs- und Handlungskompetenz fordert, nicht förderlich ist und durch die Kundegebung solcher Aussagen eine Haltung der professionellen (Gesundheits-)Pflege zum Ausdruck gebracht wird, die ein Absurdum darstellt.

Die Schilderungen führen zu der Überlegung, dass der Lernerfolg einerseits von der Befähigung des Lernenden selbst ausgeht, andererseits von den Lehrenden, die in der Gesundheitspflege lehren sowie von der Leitung an Berufsbildenden Schulen, da alle Personen eine Vorbildfunktion haben. Diese kulturelle Gegebenheit wirkt sich letztendlich auf die gesundheitspflegerische Bildung aus, die sodann eigenverantwortliches Handeln in gesundheitspflegerischen Situationen hemmen kann, weil eine Umsetzung von praktischen Bildungsaufträgen durch Schulleitung und Abteilungsleiter blockiert wird. Sodann wird eine interkulturelle und interreligiöse Kompetenzförderung durch Schulleitung und Abteilungsleitung an Berufsbildenden Schulen minimiert oder verhindert.

Das ethische Kompetenzprofil Gesundheitspflegender (vgl. Abb. 22) dürfte dann erreichbar sein, wenn auch die Leitung sowie die Lehrenden, die an Berufsbildenden Schulen unterrichten, über eine (gesundheits-)pflegerische Bildung verfügen. Diese Bereitschaft muss ein Interesse daran haben, Leitungen an Berufsbildenden Schulen hervorzubringen, die den gesetzlichen Auflagen des Bundesaltenpflegegesetzes entsprechen, damit der professionellen (Gesundheits-)Pflege und sich an aktuellen gesundheitspflegerischen Diskussionen professionell durch ihre gesundheitspflegerischen Kenntnisse, Erfahrungen und ihre Gesundheitspflegepädagogik beteiligen, weil die gesundheitspflegerische Bildung ansonsten droht, in einer Einbahnsprache zu enden. Nur wenn die Einsicht und Bereitschaft gegeben ist, sich auf eine Reflexion einzulassen, indem Gesundheitspflegelehrende in einer führenden Position das Ansinnen Gesundheitspflegender ethisch ernsthaft und aufrichtig vertreten, wird es erst möglich werden, dass eine professionelle Gesundheitspflege tatsächlich möglich wird, die in sich die interkulturelle und interreligiöse Gesundheitspflege aufnimmt. Solange dies an Berufsbildenden Schulen nicht möglich ist, erweist sich die Berufsbildende

Schule nicht als geeignet für eine professionelle, zukünftige Gesundheitspflegeausbildung, weil das erforderliche Kompetenzprofil an Berufsbildenden Schulen, mit berufsfremder Leitung oder/und Abteilungsleitung zurzeit nicht erreicht werden kann, weil solchen Leitungen die erforderlichen Kompetenzen schlicht fehlen. Konkret bedeutet dies, dass ein interkulturelles und interreligiöses Kompetenzprofil Gesundheitspflegender dann zum Erfolg führen kann, wenn nicht Gesundheitspflegelehrende durch berufsfremde Schulleitung und Abteilungsleitung, die an Berufsbildenden Schulen anzutreffen sind (vgl. Leufgen 2008; Johannson 2015), das interkulturelle und interreligiöse Kompetenzprofil Gesundheitspflegender behindern oder zum Erliegen durch ihre Fixierung einer Allgemeinpädagogisierung bringen. Die Forderung, dass Gesundheitspflegelehrende und auch das Leitungspersonal, mit Ausstattung einer Berufsbezogenheit, für die gesundheitspflegerische Ausbildung zukünftig zuständig sein sollte, über grundständige Kenntnisse, Fertigkeiten und Fähigkeiten des Berufes verfügen müsste, dürfte sich von selbst erschließen. Bereits bei Krüger, Görres (1996) finden sich Konturen einer professionellen Pflegebildung, die von Pflegelehrenden bzw. Gesundheitspflegelehrenden zu inszinieren und durchzuführen ist. Um das Ansinnen einer professionellen Gesundheitspflege zu fokussieren, damit auch eine interkulturelle und interreligiöse Gesundheitspflege zu ermöglichen, ist an allen Schulorten, die sich mit Pflege bzw. Gesundheitspflege befassen, das Beachten interkultureller und interreligiöser Lebenswelten im gesundheitspflegerischen Handeln bedeutsam.

5.4 Interkulturelle und interreligiöse Lebenswelten im gesundheitspflegerischen Handeln beachten

Die Lebenswelten von Migranten können sehr unterschiedlich sein. Dies ist einerseits von dem kulturellen Werte- und Normensystem abhängig, andererseits von der stattgefundenen Prägung des Individuums, aus welchem sich die subjektive Einstellung und Bedürfnislage ergibt und eine Wahrnehmungsbeeinflussung stattgefunden hat. Die nachfolgende Übersicht ermöglicht einen Einblick (zu den Ausführungen des Kap. 1.6) in die Betreuung, Körperpflege und die Ernährung der jeweiligen Kultur und Religion, durch die der Mensch seine Werte- und Normenorientierung gefahren hat, die ihn formte und aus der sich sein Verhalten heraus begründet. Prägungen des Individuums werden bereits im Säuglingsalter erwartet, indem sie bestimmte Verhaltensregeln und -weisen erlernen und mehr und weniger übernehmen müssen. So gesehen, kann es vorkommen, dass ein Missverhältnis zwischen den Ansichten von Eltern und Kindern, Vorgesetzten und Arbeitnehmern, (Gesundheits-)Pflegenden und Klienten besteht und durch die jeweiligen Verhältnisse eine Einordnung erfolgt.

Biografien sind als Gegenstand eines jeden Gesundheitspflegeprozesses anzuerkennen und notwendig, um kulturelle, religiöse, persönliche, soziale sowie gesundheitspflegerische Belange des Menschen zu erfassen und im weiteren Prozess zu würdigen, in dem sie berücksichtigt werden. Der gesamte Gesundheitspflegeprozess nimmt als Basis die Biografie des Klienten auf, aus der sich der Gestaltungsablauf ergibt. Damit der Gesundheitspflegeprozess von Beginn an gelingt, kann die nachfolgende Abbildung zu einem besseren Verständnis gesundheitspflegerischer Handlungen führen, in dem sich Menschen anderer Kulturen und Religionen akzeptiert und wertgeschätzt fühlen, so dass sich eine vertrauliche Atmosphäre entwickeln kann.

Abb. 23: Religionen und Kulturen im gesundheitspflegerischen Handeln beachten

Religion und Kultur	**Zu beachtende Aspekte in der Gesundheitspflege**
Buddhismus	*Betreuung:* Es sollen keine Insekten in Anwesenheit von Buddhisten getötet werden (das Töten von Tieren wird abgelehnt). Als sehr positiv gilt es, Schmerzen und Leiden zu lindern. Dennoch lehnen Buddhisten Sedativa und Schmerzmittel ab, wenn sie das Bewusstsein beeinträchtigen können (wegen der spirituellen Wachheit), um das Wahrnehmungsvermögen nicht zu trüben. Das Zimmer ist nach den Wünschen des Klienten einzurichten, z. B. ein kleiner Altar zur Meditation. *Körperpflege:* Füße werden als unrein und als Gegenstück des Kopfes betrachtet. Füße sollten nicht auf eine Buddhastatue oder ein Bild Buddhas zeigen. Körperöffnungen gelten als unrein. Frauen werden von weiblichen, Männer von männlichen Gesundheitspflegenden versorgt. *Ernährung:* Aus Respekt vor allem Leben sind Buddhisten Vegetarier oder Veganer. Spezielle Wünsche und Gewohnheiten sind zu erfragen. Speisen werden in geringen Mengen zugeführt, um nicht der Gesundheit zu schaden und Trägheit auszuschließen.
Chinesische Kulturen	*Betreuung:* Traditionelle chinesische Heilmethoden sind auf Wunsch des Klienten zu beachten, z. B. Kräuterheilkunde, spezielle Ernährung, Akupunktur. Es kann sein, dass ein Klient sein Zimmer nach den Regeln des Feng Shui einrichten möchte. Dies ist zu berücksichtigen. Meditation, Qigong oder Tai Chi sollten ermöglicht werden, wenn ein Chinese dies wünscht. *Körperpflege:* Sowohl die Ernährung als auch die eigentliche Körperpflege sind für Chinesen sehr wichtig. Schnäuzen und Spucken wird häufig zur Schleimhautreinigung betrieben; bei Tisch gilt dieses Verhalten als sehr unappetitlich. *Ernährung:* Milchprodukte sollten nur nach Rücksprache serviert werden, da sie in der Ernährung kaum relevant sind, weil die meisten Chinesen eine genetisch bedingte Laktoseintoleranz aufweisen. Das Frühstück fällt üppig und warm aus, das Abendessen ist warm und eher spärlich und wird bereits am späten Nachmittag eingenommen. Reis, Nu-

	deln und Suppe sind Bestandteil fast aller chinesischen Gerichte. Tee wird vor, während und nach den Speisen getrunken und gehört zu einer gemütlichen Unterhaltung dazu.
Christentum	*Betreuung:* Die Betreuung des Christen richtet sich nach seinen individuellen Überzeugungen und Praktiken, die zu erfragen sind. Daraus erschließt sich auch die Teilnahme an einem Gottesdienst. Orthodoxen Klienten sollte es ermöglicht werden, ihre Ikonen (kirchlich geweihte Bilder) aufzustellen. *Körperpflege:* Beim Klienten besteht die Gewohnheit, Hände und Intimregion unter fließendem Wasser zu reinigen. Eine Waschschüssel sollte in Reichweite stehen. *Ernährung:* Ein Angebot von Gerichten ohne Fleisch (Fisch erlaubt) wird häufig von katholischen und orthodoxen Christen an Feiertagen gewünscht, insbesondere am Aschermittwoch und Karfreitag.
Hinduismus	*Betreuung:* Da hinduistische Alltagspraktiken und religiöse Bräuche sehr individuell sind, ist es für Gesundheitspflegende unerlässlich, nach diesen zu fragen. Hindus haben ein ausgeprägtes Schamgefühl. Es wird nicht über Beschwerden oder Schmerzen des Harntraktes, der Geschlechtsorgane und des Verdauungstraktes gesprochen. *Körperpflege:* Durch die Körperpflege wird auch die Seele gereinigt. Fließendes Wasser (nicht stehend, da dies unrein ist) wird zur Reinigung benutzt. Bei liegenden Menschen Becher mit Waschschüssel bereitstellen. Rituelle Körperreinigung erfolgt morgens, vor jedem Gebet und vor wichtigen Ereignissen. Hilfe durch gleichgeschlechtliche Gesundheitspflegende ist zu ermöglichen. Die rechte Hand (rein) wird zum Essen, die linke Hand (unrein) wird z. B. für den Toilettengang benutzt. *Ernährung:* Hindus bevorzugen vegetarische oder vegane Speisen und orientieren sich an speziellen Ernährungsregeln, die zwischen rein (z. B. gekochtes Getreide, Gemüse) und unrein (Schweinefleisch, Rindfleisch, Alkohol, Drogen, Tabak, scharfe Gewürze wie Knoblauch, Zwiebeln) unterschieden werden. Vor und nach dem Essen wird eine Mundspülung und Händereinigung durchgeführt.
Islam	*Betreuung:* Durch den Besuch der Angehörigen wird der Klient geehrt. Die Besuche gelten als „heilige Pflicht“. Meist sind viele Muslime bei dem muslimischen Klienten anzutreffen. Durch den Besuch wird dem Glauben nach eine gute Tat erbracht. Das Zusammengehörigkeitsgefühl ist groß. Im Zimmer ist für Privatsphäre und Ruhe zu sorgen, damit gläubige Muslime ihre Gebete ausführen können. Muslime erwarten klare Anweisungen von Ärzten und Gesundheitspflegenden. *Körperpflege:* Reinheit von Körper und Seele sind miteinander verbunden. Eine Reinigung des Körpers wird täglich unter fließendem Wasser durchgeführt. Die rituelle Waschung erfolgt täglich vor den fünfmaligen Pflichtgebeten sowie der Reziation des Korans. Dabei werden Gesicht, Stirn, Ohren, Hände, Arme (bis Ellbogen), Füße (bis Knöchel) gewaschen. Der Mund

	wird ausgespült und die Nase wird durch Einziehen von Wasser gereinigt. *Ernährung:* Die Hauptmahlzeit wird meist abends eingenommen. Muslime lassen sich von zu Hause Speisen mitbringen, da dies ihren Gewohnheiten entspricht. Es gibt Speisevorschriften, die im Koran und der Sunna vorgegeben werden. Die Speisen werden in erlaubte (Halal) und nicht erlaubte (Haram) Speisen unterteilt. Erlaubte Speisen: pflanzliche Produkte. Nicht erlaubte Speisen: Schweinefleisch, Blut, Fleisch, welches im Namen Gottes nicht ausgeschlachtet und ausgeblutet wurde. Die Einnahme von Medikamenten, die die Wahrnehmung trüben können, sowie Alkohol sind nicht erlaubt. Im Fastenmonat Ramadan dürfen Muslime von der Morgendämmerung bis zum Sonnenuntergang nicht essen, trinken, rauchen und keinen Sexualverkehr haben.
Judentum	*Betreuung:* Es verbietet sich jegliche Arbeit am Sabbat (Speisen zuzubereiten) und das Nutzen von Energiequellen, wie z. B. Strom. Gläubige Juden nutzen keinen Klingelruf am Sabbat. Das Judentum wird individuell gelebt. Das Zimmer ist individuell zu gestalten. Die Teilnahme an jüdischen Festen und der Besuch von Synagogen ist zu ermöglichen. *Körperpflege:* Die Körperpflege wird vom gleichen Geschlecht durchgeführt. Es liegt nur dass Körperteil offen, welches gewaschen wird, alle anderen Körperteile sind abgedeckt. Am Sabbat ist die Körperpflege untersagt. Rasur bei Männern erfolgt nur trocken. Bei liegenden Menschen ist das Händewaschen mindestens vor jeder Mahlzeit und nach dem Aufstehen anzubieten, da es eine rituelle Bedeutung hat. *Ernährung:* Die Vorschriften für koscheres Essen sind zu beachten. Als Allheilmittel gilt z. B. Hühnersuppe. Es gibt erlaubte und nicht erlaubte Speisen. Erlaubt sind: Pflanzliche Nahrungsprodukte, Fleisch von Wiederkäuern, Paarhufern, Geflügel, Meerestiere mit Schuppen und Flossen, Eier, Milch von koscheren Tieren. Nicht erlaubt sind: Gelatine und Produkte, die Gelatine enthalten, (z. B. Joghurt, Gummibärchen), Fette (wie Schmalz und Nierenfette), Blut, Schweinefleisch, Meeresfrüchte, Schalentiere, Tintenfisch, Muscheln).
Mormonen	*Betreuung:* Der Sonntag ist heilig. Der Tag beginnt mit Gottesverehrung. Gottesdienste in der Gemeinde sollten ermöglicht werden. Besuch ist zu ermöglichen, da sich Mormonen am Sonntag besuchen. *Körperpflege:* Der Körper ist für Mormonen ein Geschenk Gottes. Der Körper benötigt Ruhe, um gesund zu bleiben bzw. zu werden. *Ernährung:* Mormonen bevorzugen Kräuter- und Früchtetees sowie Malzkaffee. Sie meiden schwarzen Tee, Alkohol, Tabak. Manche Mormonen nehmen auch keine heißen Getränke zu sich. Fleisch wird in geringen Mengen verzehrt. An einem Sonntag im Monat wird gefastet. Das Gesparte an Essen wird Armen gespendet.
Neu- apostoli-	*Betreuung:* Ein neuapostolischer Christ wird von einem Seelsorger der Glaubensgemeinschaft während einem Krankenhausaufenthalt besucht.

sche Kirche	*Körperpflege:* Es bestehen keine Rituale bei der Körperpflege. Individuelle Wünsche sind zu erfragen. *Ernährung:* Es sind keine Rituale bei der Ernährung zu beachten. Speisenwünsche sind zu erfragen.
Quäker	*Betreuung:* Quäker praktizieren eine schlichte Lebensführung, indem sie auf Luxus im Lebensstil verzichten (z. B. modische Kleidung). Sie bevorzugen heute Kunst und Kultur. *Körperpflege:* Keine Rituale bei der Körperpflege. Eine individuelle Betreuung ist zu ermöglichen. *Ernährung:* Quäker bevorzugen vegetarische Kost.
Rastafari	*Betreuung:* Durch die Ablehnung des Wertessystems der westlichen Welt lehnen sie die medizinische Therapie ab und ziehen Alternativtherapien vor, z. B. Akupunktur, Heilkräuter, Homöopathie. Auch chirurgische Eingriffe lehnen die meisten Rastafaris ab, da lt. Bibel das eigene Fleisch nicht ‚einzuschneiden' ist. Jeder Rastafari wird im Einzelfall entscheiden, ob er sich operativen Eingriffen unterzieht. Sie mögen Musik, besonders Reggae, die ihnen beim Defizit des Gesundheitspotenzials zu Kraft verhilft. Das Musikhören sollte deshalb erlaubt sein. *Körperpflege:* Rastafaris haben eine Haartracht, die durch Dreadlock erkennbar ist. Die Haartracht ist ein Symbol ihres Glaubens. Die Haarpflege, z. B. das Kämmen der Haare, ist bei pflegebedürftigen Menschen zu erfragen, da sich die meisten Rastafaris die Haare nicht kämmen lassen. *Ernährung:* Rastafari bevorzugen vegetarische Speisen, wobei individuelle Gewohnheiten erfragt werden sollten, da es auch Nicht-Vegetarier gibt, die dann kein Schweinefleisch essen. Rastafaris ernähren sich von ‚reiner' Kost. Gesunde Ernährung sind für sie natürliche Speisen, die naturbelassen sind, z. B. Gemüse, Obst und Lebensmittel, die wenig bearbeitet sind. Beim Besuch von Angehörigen kann es vorkommen, dass sie selbst zubereitete Speisen mitbringen. Dies sollte akzeptiert werden. Rastafari lehnen Alkohol und alkoholhaltige Medikamente ab.
Russlanddeutsche/ Spätaussiedler	*Betreuung:* Familienangehörige möchten bei einem Aufenthalt des Angehörigen in einer Pflegeeinrichtung 24 Stunden anwesend sein, um eine fürsorgliche Betreuung zu sichern. Dies sollte von Gesundheitspflegenden ermöglicht werden. Die Betroffenen selbst wenden sich nicht an andere, wenn sie Hilfe benötigen; sie wird ihm unaufgefordert von den Familienmitgliedern zugesichert. *Körperpflege:* Das Erscheinungsbild, die körperliche Hygiene und Sauberkeit ist Russlanddeutschen ein grundlegendes Bedürfnis. *Ernährung:* Das Horten von Nahrungsmitteln ist aufgrund erlebter Traumata der Vergangenheit (Zeiten, wo Speisen gering vorhanden waren) zu beobachten. Der Verzehr großer Essensportionen ist wahrnehmbar, wobei gerne fettreiche Speisen bevorzugt werden.
Siebenten-Tags-Adventisten	*Betreuung:* Adventisten feiern den Sabbat wie die Juden; Beginn ist freitags mit dem Sonnenuntergang und Ende samstags bei Sonnenuntergang. *Körper:* Eine sorgfältige Körperpflege ist wichtig, da Adventisten sehr großen Wert auf Körperpflege legen. Die Gesundheit zu erhalten durch Vor-

	beugung ist ihnen sehr wichtig. Eine individuelle Betreuung unter Berücksichtigung religiöser Aspekte ist zu ermöglichen. *Ernährung:* Eine gesunde und ausgewogene Ernährung ist Adventisten wichtig. Speisen sind vegetarisch. Es wird zwischen „reinen" und „unreinen" Speisen unterschieden. Zu den reinen Speisen gehören: Fisch, Geflügel, Hirsch, Reh, Rind, Schaf, Ziege. Unreine Speisen sind: Hasen, Kaninchen, Meeresfrüchte, Schweinefleisch. Selten oder gar keine Einnahmen von koffeinhaltigen Getränken wie Cola, Kaffee oder Tee, da diese schädlich sind. Rauchen, Alkoholkonsum sowie Aufnahmen sonstiger Drogen sind tabu.
Sinti und Roma	*Betreuung:* Der familiäre Zusammenhalt ist ausgeprägt groß. Dies kann sich bei Besuchen von Angehörigen zeigen (sehr viele Besucher). Sie schätzen sich sehr und umsorgen die älteren Familienmitglieder. Durch den Holocaust sind nicht nur Opfer geprägt, sondern auch die nachfolgenden Generationen. Ein behutsamer Umgang in der gesundheitspflegerischen Betreuung ist im Besonderen zu beachten. *Körperpflege:* Es gelten Reinigungsgebote, die ihren Ursprung aus dem Mittelalter haben, dabei wird zwischen „rein" und „unrein" unterschieden. Rein ist der Kopf, unrein sind die Füße, da sie mit der Erde in Kontakt kommen. Die Genitalien der Frauen gelten auch als unrein. *Ernährung:* Bei muslimischen Sinti und Roma ist die Ernährung wie beim Islam zu beachten.
Jehovas Zeugen	*Betreuung:* Jehovas Zeugen lehnen fremdes Blut strikt ab, so auch Bluttransfusionen und Blutplasma, weil in der Bibel steht, dass man sich des Blutes zu enthalten hat (Bibel, 1. Buch Mose (Genesis). *Körperpflege:* Auf Körperpflege und Sauberkeit wird großen Wert gelegt, da sie sich in einer Vorbildfunktion sehen. *Ernährung:* Es darf nur ausgeblutete/s Fleisch und Wurst gegessen werden. Speisen mit Blut sind untersagt. Genussmittel wie Rauchen werden abgelehnt, da dies „zerstörerische Gewohnheiten" sind. Wird eine dieser Regeln missachtet, kann dies zum Ausschluss aus der Gemeinschaft führen.

(vgl. Becker et al. 2006; Urban 2011; Leufgen 2012)

Aus der Abbildung 23 ist zu entnehmen, dass verschiedene Religionen und Kulturen den Menschen spezifisch kulturell durch Werte und Normen prägen. Die Bedürfnisse, Lebenseinstellung und Lebenshaltung haben Einfluss auf die Betreuung, die Körperpflege und die Ernährung, die im gesundheitspflegerischen Handeln zu erfragen und beachten sind. Die aufgeführten Aspekte verstehen sich als Beispiele. Sie erheben keinen Anspruch auf Vollständigkeit, da stets die individuelle Einstellung des Klienten (als Individuum) zu erkunden ist.

Der Überblick der einzelnen Religionen und Kulturen soll Gesundheitspflegenden helfen, einerseits die jeweilige Kultur und Religion des Klienten zu berücksichtigen, damit sie in den gesundheitspflegerischen Handlungen wirksam werden. Das Wirksamwerden geschieht durch die Hilfsfrage sowie die Teilhabe des Klienten in jedem weiteren Prozessschritt, die sich im Gesundheitspflegeprozess ergeben. Dem Klienten wird so ermöglicht, sich aktiv zu beteiligen und zu partizipieren. Dadurch wird nicht mehr „über" oder „für" den Klienten etwas (fremdbestimmt) geplant und durchgeführt, sondern mit „ihm" wird der Gesundheitspflegeprozess erkundet, abgestimmt, durchgeführt und evaluiert. Andererseits bedeutet es aber auch, dass Gesundheitspflegende sich auf eine transkulturelle leibliche Kommunikation einlassen können (vgl. Uzarewicz, Uzarewicz 2001). Eine transkulturelle Kommunikation wendet sich gegen ein „verstofflichendes Denken", alles festzuschreiben sowie alles feststellen zu müssen. Vielmehr liegt das Ansinnen darin begründet, den lebendigen Momenten, den Erfahrungen und dem unmittelbaren Erleben auf die Spur zu kommen (vgl. ebd.). Denn eine gesundheitspflegerische Therapie wird nur dann erfolgversprechend sein, wenn der Klient berührt wird. Diese Berührung umfasst körperlichen Kontakt, atmosphärisches Gestalten und affektives Betroffensein (vgl. ebd.). „Wenn man einen Menschen berührt, berührt man immer gleichzeitig etwas in ihm" (Uzarewicz, Uzarewicz 2005, S. 152). Eine unverstellte Kommunikation ist das Ziel einer leiblichen Kommunikation, in der sich keiner Kategorisierung bedient wird, die sich auch noch als „Handwerkszeug" versteht, sondern der Mensch wird mit seiner Eigenart und Einzigartigkeit, mit seinen vielfältigen individuellen (kulturellen, religiösen und sozialen) Ansichten wahr- und ernstgenommen. Durch ein solches Vorgehen Gesundheitspflegender wird es dann zur Selbstverständlichkeit werden, die kulturelle Dimension des Klienten zu berücksichtigen, da diese sich im Gesundheitspflegeprozess auf die Überlegungen, Planungen und durchzuführenden Maßnahmen auswirken, weil nicht mehr über oder für einen Menschen etwas geplant und durchgeführt wird, sondern mit ihm, indem durch die leibliche Kommunikation die kulturellen Werte, Normen, religiösen Wünsche und Bedürfnisse des Klienten ihre Beachtung in einer angemessen Gesundheitspflege finden.

5.5 Interkulturalität und Interreligiosität in der Organisation der Gesundheitspflege im wechselseitigen Diskurs: Die „Kunst der Achtsamkeit“ und des „Gewahrseins“ als Grundsatz für eine interkulturelle und interreligiöse Kompetenzförderung in der Gesundheitspflege

Von besonderer Relevanz in einer interkulturellen und interreligiösen Gesundheitspflege ist einerseits ein Kompetenzprofil, welches Gesundheitspflegende benötigen, um situativ angemessen auf die Bedürfnisse der zu betreuenden Menschen zu reagieren, andererseits sind Gesundheitspflegenden Aktionsräume zu gewähren, die eine Umsetzung des Kompetenzprofils auch möglich werden lassen. Dies setzt eine Organisation voraus, in der Gesundheitspflegende ihren Arbeitsalltag selbstbestimmend und nicht durch Vorgaben von (häufig fremdbestimmten) Dienstanweisungen, dienstverpflichtenden Einladungen gehemmt, blockiert oder ethisch interkulturell und interreligiös unausführbaren, damit unvertretbaren geleiteten Bestimmungen verpflichtet werden. Denn ein gesundheitspflegerisches Handeln, im Sinne einer individuellen Gesundheitspflege, die interkulturelle und interreligiöse Bezüge durch Ansichten und Absichten in der alltäglichen Betreuung der zu betreuenden Menschen durch die Einstellung jedes einzelnen Gesundheitspflegenden zu berücksichtigen versteht, ist nicht erzwingbar durch vorgegebene Standards, Strukturen, Befehle oder Lenkungen. Sie wurzelt auf der Achtsamkeit des Gesetzgebers, des Dienstgebers und des Gesundheitspflegenden. Dies bedarf einer Erläuterung: (1) Der Gesetzgeber hat nicht nur angemessene Rahmenbedingungen durch Gesetze für die theoretische und prakische Ausbildung zu erlassen, sondern muss diese auch auf die Umsetzbarkeit hin überprüfen. Finden die Gesetze keine Umsetzung, sind diese zu sanktionieren, indem Auflagen mit Geldbußen nicht nur angedroht, sondern auch verwirklicht werden. (2) Der Dienstgeber hat Rahmenbedingungen zu schaffen, in denen Gesundheitspflegende die Aktionen mit dem Menschen nach dessen kulturellen Werten und Normen und religiöser Auffassung verwirklichen können. Dienstanweisungen sind eher als kontraproduktiv zu werten. (3) Pflegende müssen lernen, sich als Gesundheitspflegende zu verstehen, weil in diesem Verständnis nicht mehr ausschließlich Pflege und Krankheit, sondern auch die Gesundheit des Menschen gesehen werden. (4) In der schulischen Ausbildung ist sicherzustellen, dass die Ausbildung nach bundeseinheitlichen Regeln erfolgt, die sich auf Landesebene in der Umsetzung wieder finden und eingehalten werden. Werte-, Normen- und Religionsbeachtung des Menschen können sein Kohärenzgefühl stärken oder aufrechterhalten, was zur Förderung des Gesundheitspotenzials beiträgt. Das Gelingen einer interkulturellen und interreligiösen Kompetenzförderung Gesundheitspflegender und Gesundheitspflegelernender dürfte wesentlich von den benannten Aspekten abhängen.

Lernenden in der Gesundheitspflege ist in der schulischen und praktischen Ausbildung eine Auseinandersetzung interkultureller und interreligiöser Bezüge zu garantieren, damit das Erworbene interkulturelle und interreligiöse Gesundheitspflegewissen, welches in der schulischen Ausbildung erworben wird, auch in der praktischen Umsetzung eingeübt werden kann. Ein Verhindern durch berufsfremde Führungskräfte am Ort Berufsbildende Schule muss ausgeschlossen bleiben. Hierfür müssen Verwaltungsvorschriften der einzelnen Bundesländer unmittelbar geändert werden. Damit wird es dann erst möglich, dass Gesundheitspflegelehrende nicht weiterhin durch etwaige „erdrückende und kaputtmachende Systeme“ (Johannson 2015, S. 8) eine ethisch interkulturelle und interreligiöse schulische Bildung mit Lerngruppen gestalten können. Sodann achten nicht nur Gesundheitspflegelehrende auf die Vernetzung zwischen Theorie und Praxis, sondern die Einrichtungen haben sie sicherzustellen. Damit kommt der Praxisanleitung eine besondere Aufgabe zu. Sie hat dafür Sorge zu tragen, dass die theoretisch erworbenen Kenntnisse in Form von praktischem Einüben gefördert werden, so dass die erworbenen Kenntnisse, Erfahrungen und Fähigkeiten voll ausgeschöpft werden dürfen. Jede andere Art und Weise verbietet sich.

Praxisanleitungen begleiten den Lernenden während seiner Ausbildungszeit. Die schulischen berufsbezogenen praktischen Bildungsaufträge sind in der gesundheitspflegerischen Praxis auszuführen. Dabei wird der Lernende von der Praxisanleitung unterstützt. Bei einem praktischen zu erfüllenden Bildungsauftrag zur Förderung der interkulturellen und interreligiösen Kompetenz bedeutet dies, dass die Praxisanleitung den Lernenden in kulturellen und religiösen aufkommenden Fragen, die für eine angemessene Gesundheitspflege kompetenzfördernd sind, unterstützt. Die Unterstützung muss es dem Lernenden ermöglichen, seinen Lernprozess selbstbestimmend zu durchlaufen. Dies bedeutet, dass die Praxisanleitung das Steuern-Wollen oder Lenken-Wollen des Lernenden unterlässt und ein Verständnis entwickelt, in dem ein Unterstützen-dürfen sich herausentwickelt und annehmbar ist.

Lernenden wird es durch die kompetenzfördernde Unterstützung ermöglicht, eine interkulturelle und interreligiöse Haltung einzunehmen, so dass diese in der Gesundheitspflege wirksam werden kann. In den Anleitungssituationen, an denen der Lernende, die Praxisanleitung und der Gesundheitspflegende teilnehmen, kann ein Erfahrungsaustausch angeboten werden. Die Begleitersituation wird durch die „Kunst der Begleitung“ (vgl. Heinel 1995, 10) geprägt. Begleiten meint in diesem Kontext die Unterstützung des selbsterschließenden Lernens und Arbeitens durch Selbstlenkung und Selbststeuerung. Dabei geht es um die Fremdauflösung sozialer Beziehungen zugunsten echter demokratischer Umgangsformen und Verabredungen von Lernprozessen, Lernabläufen und Arbeitsabläufen, damit über diesen Weg interkulturell und interreligiös eine symmetrische In-Beziehungssetzungskompetenz und das Differenzdenken der Liebe als Grund von Eigenem und Fremdem überhaupt greifen können.

Damit eine Begleitung im Lernprozess einer interkulturellen und interreligiösen Kompetenzförderung in der Gesundheitspflege im Sinne eines selbsterschließenden Lernens erst möglich wird, ist Achtsamkeit und Gewahrsein von besonderer Bedeutung. Die Kunst der Achtsamkeit und des Gewahrseins versteht sich nicht als Methode. Sie stellt eine innere Haltung dar, so dass sie von der dialogischen Prozessgestaltung lebt. Dieser Prozess vollzieht sich auf der Wahrnehmungsebene. Dabei findet ein wachsamer Kontakt zwischen Individuum und der interkulturellen und interreligiösen Umwelt statt bei vollständiger emotionaler, energetischer, sensomotorischer und kognitiver Unterstützung. „Mit Achtsamkeit ist das In-Berührung sein mit dem Prozess (...) gemeint, es ist das unmittelbare Wahrnehmen und Erkennen im Augenblick. (...) Gewahrsein ist aktivierendes Wissen und Zusammenkommen, es schließt Vergangenes und Zukünftiges ein. (...) Gewahrsein ist (...) Analyse und Zusammenschau im stetigen Wechselspiel einschließlich aller Widersprüche, Ambivalenzen und Verwirrungen, die dabei ans Tageslicht gelangen. Gewahrsein entspricht einer distanzierten Haltung gegenüber Ereignissen" (Fuhr, Gremmeler-Fuhr 2002, S. 157). Um dieses prozesshafte Geschehen auf die interkulturelle und interreligiöse Kompetenzförderung in der gesundheitspflegerischen Bildung zu aktivieren und zu unterstützen ist es erforderlich anzuerkennen, dass die Verantwortung von Lehr-Lernprozessen einerseits bei dem einzelnen Lehrenden, der einen Bezug als (Gesundheits-)Pflegelehrender nachweisen müsste, um eine interkulturelle und interreligiöse Kompetenz Lernender in der Gesundheitspflege fördern zu wollen, aufzuweisen hat, zumindest einen affinen Berufsbezug duch Ausbildung und/oder Studium herstellen kann. Andererseits sind praktische Rahmenbedingungen in eine Form zu bringen, dass ein prozesshaftes Geschehen möglich wird, in welchem sich interkulturelle und interreligiöse Kompetenzen entwickeln und entfalten können. Ein Gesundheitspflegelehrender wird durch die eigene erlebte Erfahrung ein Gespür dafür entwickelt haben, während ein Lehrender, wie sie an Berufsbildenden Schulen in der professionellen Gesundheitspflege unterrichten, oftmals keinerlei Gespür für das professionelle gesundheitspflegerische Ansinnen aufzubringen wissen. Der Fokus liegt bewusst bei dieser Formulierung auf „Wissen". Häufig fehlt nicht nur das Wahrnehmen-Können der Situation, sondern sogar das Wissen, welches sich durch Lehrbücher angelesen wird, jedoch nicht wirklich zur kognitiven professionellen gesundheitspflegerischen Kompetenzförderung der professionellen (Gesundheits-)Pflege einen Beitrag leistet. Der Gesundheitspflegelehrende, der eine angemessene Berufsbezogenheit aufweisen kann, die Praxisanleitung (die eine Berufsbezogenheit aufweisen muss) werden durch ihre Wissens- und Erfahrungskontexte den Lernenden auf seinem Weg der professionellen Ausbildung zur Gesundheitspflegerin, zum Gesundheitspfleger angemessen zu begleiten wissen, so dass jeder der Beteiligten mit seinen kulturellen und religiösen Wissenskontexten und den ganz eigenen Empfindungen, Gefühlen, Gedanken, Vorstellungen in das Geschehen involviert ist.

5.6 Kurzusammenfassung

In diesem Kapitel wurde ein Anforderungsprofil interkultureller und interreligiöser Kompetenzen in der Gesundheitspflege begründet, um kulturelle und religiöse Belange des zu betreuenden Menschen in der Versorgung zu bedenken und angemessen zu beachten. Dieses Anforderungsprofil erschließt sich

- aus einem ethischen Berufskodex Gesundheitspflegender, der als gültige Richtschnur einer interkulturellen und interreligiösen Gesundheitspflege zur Förderung und Umsetzung einer interkulturellen und interreligiösen Kompetenz in der Gesundheitspflege zu verorten ist,
- aus einer interkulturellen und interreligiösen Kompetenzförderung durch einen interkulturellen und einen interreligiösen Kompetenzorientierungsrahmen in der Gesundheitspflege,
- aus dem Integrieren der interkulturellen und interreligiösen Lebenswelten der Menschen im gesundheitspflegerischen Handeln.

Durch das zu integrierende Anforderungsprofil mit Besinnung auf einen Berufshabitus dürfte eine Haltung zum Tragen kommen, die einen gewissen Verbindlichkeitscharakter zeigt, zu dem sich Lehrende dann bekennen und den sie in ihrem Tun und Handeln dann wirksam werden lassen. Des Weiteren kann ein Berufshabitus einen wesentlichen Beitrag zum Professionalisierungsprozess des Gesundheitspflegenden leisten, weil durch Prinzipien, Regeln und Hinweise dies ermöglicht wird. Dabei können die Berufsnormen mit allgemeinen gesellschaftlichen Normen, „die an die Erfüllung einer professionellen Rolle gekoppelt werden, (...) nur durch ihre fördernde oder erhaltende Wirkung auf für die Gesellschaft erstrebenswerte Weise gerechtfertigt werden" (Arend, Gastmans 1996, S. 59).

Dem Gesundheitspflegenden ist zu ermöglichen, berufsbezogene Kenntnisse und Fertigkeiten in konkrete Handlungssituationen umzusetzen. Dies kann jedoch nur dort gelingen, wo eine direkte Partizipation zulässig ist. Dabei geht es dann einerseits um Erprobung und Vertiefung der Kenntnisse, Fähigkeiten und Fertigkeiten, andererseits um Handlungssicherheit im gesundheitspflegeberuflichen Alltag, um diese erfahrbar werden zu lassen. Des Weiteren wird von dem Lernenden eine gewisse Anpassung hinsichtlich beruflicher und gesellschaftlicher Anforderungen gefordert. Dabei lässt sich ein emanzipatorisches Verhalten nicht auf Neigung der Ansprüche der Alltagswelt begründen, sondern letztendlich nur auf der Grundlage interkultureller und interreligiöser Perspektiven der zu betreuenden Menschen, weil sie in der Bedeutsamkeit bzw. Sinnhaftigkeit des Menschen ihren Ursprung haben.

Die Anforderungen sind offen zu legen, damit die geforderten Anpassungsprozesse im Sinne einer direkten Partizipation aushandelbar werden. Dies meint, sie sind in einem kommunikativen Dialog zu gestalten. Denn zwischen den eigenen, den institutionellen und gesetzlichen Anforderungen kann es vorkommen, dass ein Spannungsverhältnis besteht, das z. B. der Arbeitgeber Maßnahmen fordert, die einem gesundheitspflegerischen Verständnis zuwiderlaufen.

Die Folge wird sein, das Verknüpfungen von ethisch interkulturellen und interreligiösen theoretischen Aneignungsprozessen in der gesundheitspflegerischen Praxis erprobt, reflektiert und korrigiert werden und zu erweiterten Erfahrungen im Umgang mit Menschen führen. Diese können dazu beitragen, den Gesundheitspflegenden zu aktivieren, den Lernenden umfassend, das meint situativ angemessen unter Berücksichtigung einer gesundheitspflegerischen Haltung, zu integrieren. Denn durch eine fundierte Ausbildung, die vielfältige Aktionsfelder eröffnet, kann der lernende Gesundheitspflegende sich nicht nur Kenntnisse aneignen, sondern Fertigkeiten und Fähigkeiten kontinuierlich erproben, so dass er diese internalisieren kann. Durch eine solche Vorgehensweise erfährt der lernende Gesundheitspflegende im Umgang mit vielfältigen Religionen und Kulturen Stärkung in seinem Tun und Handeln. Er wird erlernen, dass es für den einzelnen Menschen möglich wird, eine individuelle Betreuung zu erfahren.
Des Weiteren ist der Beziehung zwischen Gesundheitspflegendem und Klienten in einer kultur- und religionsorientierten Gesundheitspflege besondere Bedeutung beizumessen. Überall dort, wo Menschen in Kontakt miteinander treten, ist die kommunikativ interaktive Beziehung, die sich durch verbale und non-verbale Zeichen erkennbar macht, wichtig. Eine gute Beziehungspflege zwischen Gesundheitspflegendem und dem zu betreuenden Menschen lässt eine angenehme und vertrauensvolle Atmosphäre entstehen, bei der eine Fehlerkultur, eine Offenheit und ein wertschätzender Umgang selbstverständlich sind.

Zur Förderung der interkulturellen und interreligiösen Kompetenz ist eine Theorie-Praxis-Vernetzung zu gewährleisten. Denn durch eine Theorie-Praxis-Verzahnung können Unzufriedenheiten und Frustrationen entgegengewirkt und vielleicht vermieden und eine größere Berufszufriedenheit bei Lernenden erreicht werden, die auch für die Nachhaltigkeit förderlich erscheint. Dies bedeutet, im Unterricht und in der Praxis entstehende Diskrepanzen auszugleichen, die Problematik mit den Lernenden gemeinsam aufzuzeigen, zu besprechen und ggf. Lösungsmöglichkeiten zu finden. Gleichzeitig bedeutet dies Theorien in Lehrbüchern kritisch zu hinterfragen, da sie sich teilweise in der Praxis als fehlerhaft erweisen können. Durch diese Herangehensweise kann sich die Lücke zwischen Theorie und Praxis schließen. Dem traditionellen Motto „Das haben wir immer schon so gemacht und dies ist auch weiterhin so zu machen" kann argumentativ begegnet werden. Letztendlich werden durch ein solches Vorgehen die interkulturelle und interreligiöse Kompetenzförderung in der Gesundheitspflege zu einer ethisch beruflichen Haltungs- und Handlungskompetenz sich herausbilden, so dass die interkulturellen und interreligiösen Befindlichkeiten und Bedürfnisse in der gesundheitspflegerischen Betreuung aufgehen, die eine individuelle Gesundheitspflege auszeichnen.

Im folgenden Kapitel werden Konsequenzen für die Ausbildung einer interkulturellen und interreligiösen Kompetenzförderung beschrieben.

6 Konsequenzen für die Ausbildung einer interkulturellen und interreligiösen Kompetenzförderung in der Gesundheitspflege

Auf der Basis der vorstehend entwickelten Kompetenzorientierungsrahmen interkultureller und interreligiöser Gesundheitspflege werden im Folgenden die Konsequenzen für die theoretische und praktische Ausbildung skizziert.

6.1 Konsequenzen für die theoretische Ausbildung

Um interkulturelle und interreligiöse Kompetenzen bei Lernenden in theoretischen Lehrveranstaltungen zu fördern, bedarf es einer erheblichen Reformarbeit, die sicherstellen muss, dass der Erwerb von ethisch interkulturellen und interreligiösen Kompetenzen an allen Schulorten ermöglicht wird, so dass die theoretisch erworbenen Kenntnisse auch praktisch eingeübt werden können. Eine wesentliche Voraussetzung dafür ist, das Lehrende selbst in der Gesundheitspflege praxisrelevante interkulturelle und interreligiöse Lernprozesse durchlaufen haben, damit sie Einsichten zu interkulturellen und interreligiösen Belangen der zu betreuenden Menschen erhalten und in der Lage sind eine gewisse Sensibilität aufbringen zu können. Nur wer selbst die theoretischen interkulturellen und interreligiösen Erkenntnisse erwerben und praktisch einüben konnte, hat einen Erfahrungszugewinn, der sich aus keinem Lehrbuch erschließen lässt. Dies bedeutet umgekehrt, dass die Praxisanleiter an interkulturelle und interreligiöse gesundheitspflegerelevante Theorien durch Fortbildungen herangeführt werden, damit die am Lernort Schule gewonnenen Lerninhalte und eingeübten Methoden in der gesundheitspflegerischen Praxis für Lernende und Praxisanleitung relevant werden. Somit kommt der interkulturellen und interreligiösen Lernprozessförderung sowohl am Lernort Schule als auch am Lernort der gesundheitspflegerischen Praxis eine hohe Bedeutung zu. Eine enge Kooperation zwischen Schule und Einrichtung ist erforderlich, damit die interkulturelle und interreligiöse Kompetenz gefördert und in gesundheitspflegerischen Handlungen berücksichtigt wird.

Die Kooperation versteht unter gesundheitspflegepädagogischer Perspektive, dass die interkulturelle und interreligiöse Kompetenzförderung an den Lernorten in einen systematisch begründeten Zusammenhang gebracht wird, so dass das theoretisch Erlernte in der Praxis auch umgesetzt werden kann.

Um diesem Anspruch gerecht zu werden, müssen sich Gesundheitspflegelehrende und Praxisbegleitung als Prozessbegleiter der Lernenden verstehen lernen. Für die Lehrenden der Gesundheitspflege bedeutet dies, dass sie entweder ein gesundheitspflegerisches Studium nachweisen können oder eine grundständige Ausbildung in der Gesundheitspflege und ein bezugswissenschaftliches Studium absolviert haben, um praktische interkulturelle und interreligiöse Bezüge herstel-

len zu können, um dem Lernenden als Prozessbegleiter unterstützend zur Seite zu stehen.
Interkulturelle und interreligiöse Gesundheitspflege kann nur dann den Klienten erreichen, wenn die theoretische und praktische Ausbildung nicht nebeneinander herlaufen, sondern sich ergänzen.

6.2 Konsequenzen für die praktische Ausbildung

Um das Erlernte der interkulturellen und interreligiösen Theorien im Kontext der Gesundheitspflege in Verwogenheit lebendig werden zu lassen, muss der Lernende die Möglichkeit erhalten, dies in der gesundheitspflegerischen Praxis einzuüben, zu evaluieren, zu reflektieren und, wenn erforderlich, zu vertiefen. Dazu gehören, gesundheitliche Aspekte bei dem Menschen zu erkunden, zu erkennen und zu fördern, die im Einklang mit seiner Kultur und seiner Religion zur Erhaltung seines eigenen Gesundheitspotenzials beitragen. Besonders gelingen dürfte der Transfer zwischen der schulischen (theoretischen) Lernsituation und der praktischen realen Situation, wenn die zwei verschiedenen Situationen möglichst viele ähnliche Aspekte aufweisen. Dies bedeutet, dass die inhaltliche und methodische interkulturelle und interreligiöse Gestaltung in den schulischen und praktischen Lernprozessen möglichst nah an dem gesundheitspflegerischen Alltag sowie den Fragen der Lernenden ausgerichtet ist. Interkulturelles und interreligiöses Lernen in der Gesundheitspflege hat den Anspruch, komplexe Pflegesituationen zu erfassen, die als schulische Bildungsaufträge in der Praxis zu bearbeiten sind. Für die gesundheitspflegerische Praxis bedeutet dies, dass sie die theoretisch geleitete interkulturellen und interreligiösen Bildungsaufträge, die stets im Kontext einer gesundheitspflegerischen Situation zu bearbeiten sind, in die alltäglichen Situationen zu integrieren verstehen, um eine interkulturelle und interreligiöse Handlungsbefähigung zu erzielen. Zur eigenen Überprüfung der Handlungskomptenz dienen der interkulturelle und interreligiöse Kompetenzorientierungsrahem (Abb. 20; 21), die Lernenden als Selbsterschließungs- und Selbstüberprüfungsinstrumentarium zur Verfügung stehen. Der Lernende kann so sein gesundheitspflegerisches Handeln unter Beachtung interkultureller und interreligiöser Kompetenzen durch gezieltes Überprüfen und Reflektieren eigenständig weiterentwickeln. Enge Absprachen zwischen der zuständigen Praxisanleitung, dem Lernenden und dem Gesundheitspflegelehrenden sind wünschenswert, weil die theoretischen interkulturellen und interreligiösen Lerninhalte in der gesundheitspflegerischen Praxis eingeübt werden müssen. Ein Klient mit islamischer Kultur und islamischem Glauben wird sich eine seiner Kultur und Religion angemessene gesundheitspflegerische Versorgung wünschen, die anders ist, als bei einem Klienten mit jüdischer Kultur und jüdischem Glauben. Lernende sind an Lernsituationen heranzuführen, die den Anspruch realer gesundheitspflegerischer interkultureller und interreligiöser Handlungssituationen erfassen. Ein wesentliches Gelingen interkultureller und interreligiöser Lernsituationen ist gegeben, wenn eine gemeinsame Aufgabenstellung auf den interkulturellen und interreligiösen Lernprozess ausgestattet ist.

Der interkulturelle und interreligiöse Kompetenzorientierungsrahmen dient dem Lernenden zur Kompetenzförderung, wodurch die Handlungsbefähigung gestärkt werden kann. Das eigene Vorgehen, das eigene Handeln, die Reaktionen der Mitmenschen auf das eigene Handeln, im interkulturellen und interreligiösen Kontext, möge zu nachhaltigen Einsichten und zu nachhaltigem angemessenen Handeln führen.

Interkulturelle und interreligiöse Kompetenz kann nur dann förderlich wirken, wenn interkulturelle und interreligiöse Lerninhalte mit der gesundheitspflegerischen Praxis zusammengeführt werden und die Lernenden in der Praxis eine kontinuierliche Begleitung haben. Um eine praktische Begleitung zu unterstützen, sind im Nachfolgenden sechzehn ausgewählte Sprachen übersetzt wurden. Zu einer interkulturellen und interreligiösen Kompetenzförderung gehört es auch Gesundheitspflegende sprachlich zu unterstützen.

7 Ausgewählte sprachliche Übersetzungen für die gesundheitspflegerische Praxis

Die in diesem Kapitel aufgeführten Wörtertafeln in unterschiedlichen Sprachen mögen Gesundheitspflegende sensibilisieren, sich mit Sprachen zu befassen, um den Klienten ein Gefühl des Verstehens zu vermitteln, indem eine kommunikative Verbindung beim In-Beziehungssetzen und Beziehungsaufbau zwischen Klienten und Gesundheitspflegenden gefördert wird.

7.1 Wörtertafel und unterstützende Sätze in Bulgarisch

7.1.1 Wörtertafel Bulgarisch

Deutsch	**Bulgarisch**	**Bulgarische Aussprache**
Begrüßung und Wörter	**Поздрави и думи**	**Pozdravi i dumi**
Kommunikation	**Комуникация**	**Komunikatsia**
Guten Morgen, Tag, Gute(n) Abend/Nacht	Добро Утро, Ден, Добър вечер/Лека нощ	Dobro utro, Den Dobar vetscher
gestern	Вчера	Vtschera
heute	Днес	Dnes
morgen	Утре	Utre
Wie geht es Ihnen?	Как сте?	Kak ste?

Verstehen Sie mich? gut schlecht danke, bitte ja nein langsam schnell	Разбирате ли ме? Добре Зле Благодаря, Моля Да Не Бавно Бързо	Razbirate li me? Dobre Zle Blagodaria, Molia Da Ne Bavno Barzo
Ausscheidung	**Отделяне**	
Abführmittel Durchfall Erbrechen Toilette Stuhlgang Urin Urinflasche Verstopfung	Разхлабително Разстройство Повръщане Тоалетна Дефекция Урина Бутилка за урина запек	Razhlabitelno Razstroistvo Povrastane Toaletna Dekektsia Urina Butilka za urina Zapek
Behandlung	**Лечение**	**Letschenie**
Blutdruck messen Temperatur messen Infusion Tropfen Medikamente Schmerzmittel Verband wiegen	Измерване на кръвното налягане Измерване на температурата Инфузия/Вливане на течност Капки Медикаменти Болкоуспокояващи Превръзка претеглям	Izmervane na kravnoto naliagane Izmervane na temperatu-rata Infuzia/vlivane na tech-nost Kapki Medikamenti Bolkouspokoiavasti Prevrazka Pretegliam
Bewegung	**Движение**	**Dvizhenie**
Am Tisch Bett höher stellen Bett niedriger stellen gehen, laufen liegen Liegen Sie gut? sitzen stehen	На масата Повдигам леглото Снижавам леглото Вървя, бягам Лежа Добре ли лежите? Седя Стоя изправен	Na masata Povdigam legloto Snizhavam legloto Varvia, biagam Lezha Dobe li lezhite? Sedia Stoia izpraven
Empfindungen	**Усещания**	**Usestania**
ängstlich Atemnot Durstig	Плашлив Задух/Задушаване Жаден	Plaschliv Zaduh/zaduschavane Zhaden

hungrig einsam erfreut kalt, warm traurig Schmerzen Übelkeit	Гладен Самотен Радостен/ щастлив Студено/топло Тъжен Болки Гадене	Gladen Samoten Radosten/Schtastliv Studeno/toplo Tazhen Bolki Gadene
Ernährung	**Хранене**	**Hranene**
Frühstück Mittagessen Abendessen Getränk: Kaffee, Kakao, Milch, Tee, Wasser, Fruchtsaft mehr essen weniger essen mehr trinken weniger trinken Gabel Löffel klein Löffel groß Messer Tasse Teller	Закуска Обяд Вечеря Напитка: Кафе, Какао Мляко, чай, вода Плодов сок Повече ядене По-малко ядене Повече пиене По-малко пиене Вилица Малка лъжица Голяма лъжица Нож Чаша Чиния	Zakuska Obiad Vetscheria Napitka: Kafe, Kakao Mliako, tchai, voda Plodov sok Poveche iadene Po-malko iadene Poveche piene Po-malko piene Vilitsa Malka lajitsa Goliama lajitsa Nozh Tschasha Tschinia
Familie	**Фамилия**	**Familia**
Mutter Vater Tochter Sohn Enkelkind Schwester Bruder Angehörige Freund	Майка Баща Дъщеря Син Внук Сестра Брат Роднина Приятел	Maika Basta Dasterya Sin Vnuk Sestra Brat Rodnina priyatel
Körperpflege	**Грижа за тялото**	**Grizha za tyaloto**
ankleiden auskleiden, ausziehen duschen eincremen rasieren waschen rasieren	Обличам Събличам Къпя намазвам се с крем бръсна мия бръсна	Oblitscham Sablitscham Kapya Namazvam se s krem Brasna Kapya Brasna

ruhen - schlafen Bürste, Kamm Zahnbürste	почивам спя четка за коса, гребен четка за зъби	Potschivam Spya Tschetka za kosa, greben Tschetka za zabi
Körperteile	**Части на тялото**	**Tsahcasti za tyaloto**
Arm Bauch Bein Kopf Mund Nase Rachen Rücken Zähne Zahnersatz	Ръка Корем Крак Глава Уста Нос Фаринкс Гръб Зъби Дентура	Raka Korem Krak Glava Usta Nos Farinks Grab Zabi Dentura
Messgrößen	**Мерни единици**	**Merni edinitsi**
Minute Sekunde Stunde Liter Gramm Kilogramm	Минута Секунда Час Литър Грам Килограм	Minuta Sekunda Tscahs Litar Gram Kilogram
Personal	**Персонал**	**Personal**
Ärztin, Arzt Gesundheitspflegerin, Gesundheitspfleger Hausmeister Hauswirtschaftlerin Koch, Köchin Reinigungskraft Pflegedienstleitung Therapieteam Bestatter	Лекарка, лекар Санитарка санитар Домоуправител Иконом Готвач, Готвачка Почистващ персонал Санитарни грижи Екип за терапия Погребален агент	Lekarka, lekar Sanitarka Sanitar Domoupravitel Ikonom Gotvatsch Potschistvast personal Sanitarni grizhi Ekip za terapia Pogrebalen agent
Schmerzen	**Болки**	**Bolki**
Keine Schmerzen Leichte Schmerzen Starke Schmerzen Bauchschmerzen Brustschmerzen Gelenkschmerzen Herzschmerzen Knochenschmerzen	Без болки Леки болки Силни болки Коремни болки Гръдни болки Ставни болки Сърдечни болки Костни болки	Bez bolki Leki bolki Silni bolki Koremni bolki Gradni bolki Stavni bolki Sardetschni bolki Kostni bolki

Kopfschmerzen? Wo verspüren Sie Schmerzen? An welcher Körperstelle schmerzt es genau?	Главоболие Къде чувствате болки? Къде Ви боли точно?	Glavobolie Kade tschuvstvate bolki? Kade Vi boli totschno?
Seelsorge	**Религиозна утеха**	**Religiozna uteha**
beten Pfarrer Seelsorger sterben Tod	Моля се Свещеник пастор Умирам Смърт	Molya se Svestenik Naktop Umiram Smŭrt
Wochentage	**Дни от седмицата**	**Dni ot sedmitsata**
Montag Dienstag Mittwoch Donnerstag Freitag Samstag Sonntag	Понеделник Вторник Сряда Четвъртък Петък Събота Неделя	Ponedelnik Vtornik Sryada Tschetvartak Petak Sabota Nedelya

7.1.2 Unterstützende Sätze auf Bulgarisch

Deutsch	**Bulgarisch**	**Bulgarische Aussprache**
Für den Klient	За клиента/пациента	**Za klientite**
Ich liege nicht bequem. Ich sitze nicht gut. Ich möchte aufstehen. Ich möchte ins Bett. Ich möchte auf dem Stuhl sitzen. Ich habe Durst. Ich habe Hunger. Ich muss zur Toilette. Ich muss Wasser (Urin) lassen. Ich muss Stuhlgang. Ich habe Schmerzen. + brennende Schmerzen. + stechende Schmerzen.	Не лежа удобно. Аз не съм седнал. Искам да се изправи. Искам да си лягам. Искам да седне на стола. Жаден съм. Гладен съм. Трябва да отида до тоалетната. Аз трябва да уринира. Имам движение на червата. Имам болки. Имам пареща болка. Имам болки снимане.	Ne lezha udbno. Az ne sŭm sednal dobre. Iskam da se izpravi. Iskam da si lyagam. Iskam da sedne na stola. Zhaden sŭm. Gladen sŭm. Tryabva da otida do toa-letnata. Az tryabva da urinira. Imam dvizhenie na cher-vata. Imam bolki. Imam pareshta bolka. Imam bolki snimane.

+ sehr starke Schmerzen.	Имам много силна болка.	Imam mnogo silna bolka.
+ kolikartige Schmerzen.	Имам колики – болка.	Imam koliki – bolka.
+ leichte Schmerzen.	Имам лека болка.	Imam leka bolka.
Ich brauche Ruhe.	Имам нужда от тишина.	Imam nuzhda ot tishina.
Ich möchte schlafen.	Искам да спя.	Iskam da spya.
Ich kann nicht schlafen.	Не мога да спя.	Ne moga da spya.
Wann kommt der Arzt?	Кога ще доктора?	Koga shte doktora?
Wie viel Uhr ist es?	Колко часовник е това?	Kolko chasovnik e tova?
Ich möchte mich waschen.	Искам да се измия.	Iskam da se izmiya.
Mir ist warm.	Чувствам топло.	Chuvstvam toplo.
Ich friere.	Аз съм замразяване.	Az sŭm zamrazyavane.
Bitte schließen Sie das Fenster!	Моля, затворете прозореца!	Molya, zatvorete prozoretsa!
Bitte öffnen Sie das Fenster!	Моля, отворете прозореца!	Molya, otvorete prozoretsa!
Ich habe Angst!	Страхувам се!	Strakhuvam se!
Bitte rufen Sie meine Frau an!	Моля, обадете се на жена ми!	Molya, obadete se na zhena mi!
Bitte rufen Sie meinen Ehemann an!	Моля, обадете се на съпруга ми!	Molya, obadete se na sŭpruga mi!

Deutsch	**Bulgarisch**	**Bulgarische Aussprache**
Gesundheitspflegende	**Медицински персонал**	**Meditsinski personal**
Guten Morgen!	Добро Утро!	Dobro Utro!
Guten Tag!	Добър ден!	Dobar Den!
Guten Abend!/Gute Nacht!	Добър Вечер! Лека нощ!	Dobar vectscher! Leka nost
Wie geht es Ihnen?	Как сте?	Kak ste?
Was möchten Sie essen?	Какво бихте искали да се яде?	Kakvo bikhte iskali da se yade?
Was möchten Sie trinken?	Какво бихте искали да се пие?	Kakvo bikhte iskali da se pie?
Kann ich Ihnen helfen?	Мога ли да ти помогна?	Moga li da ti pomogna?
Liegen Sie gut?	Легнете добре?	Legnete dobre?
Sitzen Sie gut?	Възможно ли е да	Vŭzmozhno li e da sed-

Das sind ihre Medikamente.	седна? Това са техните лекарства.	na? Tova sa tekhnite lekarstva.

„V“ oder „W“, macht keinen Unterschied auf Bulgarisch.
Nomen werden nicht mit großem Buchstabe am Anfang geschrieben, außer am Anfang eines Satzes.

7.2 Wörtertafel und unterstützende Sätze auf Chinesisch

7.2.1 Wörtertafel Chinesisch

Deutsch	Chinesisch	Chinesische Aussprache
Begrüßung und Wörter	**问候和词zhōngwén**	**中国讨论 zhōngguóde yǔyīn**
Kommunikation	**通信**	**tōngxìn**
Guten Morgen, Tag, Gute(n) Abend/Nacht!	早晨好! 你好! 晚上好!	Zǎochénhǎo! Nǐhǎo! Wǎnshanghǎo!
gestern	昨天	zuótiān
heute	今天	jīntiān
morgen	明天	míngtiān
Wie geht es Ihnen?	你好吗?	nín hǎo ma
Verstehen Sie mich?	您是否很好明白我?	Nín shìfǒu hěnhǎo míng bai wǒ ?
gut	优良	yōuliáng
schlecht	坏的	huài de
danke, bitte	谢谢, 请求	xièxie, qǐngqiú
ja	是	shì
nein	否	fǒu
langsam	慢 oder 慢慢	màn, mànmàn
schnell	快 oder 快速	kuài, kuàisù
Ausscheidung	**排除**	**páichú**
Abführmittel	泻药	xièyào
Durchfall haben	跑肚	pǎodù
Erbrechen	反胃	fǎnwèi
Toilette, WC	洗手间	xǐshǒujiān
Stuhlgang haben	排便	páibiàn
Urin	尿	suī
Urinflasche	尿壶	niàohú
Verstopfung	便秘	zǔzhǐ biànbì

Behandlung	**疗法**	**liáofǎ**
Blutdruck messen Temperatur messen Infusion Tropfen Medikamente Schmerzmittel Verband wiegen	血压措施 试表 oder 試表 输液 点 葯 镇痛药 绷带 秤	xuèyā cuòshī shìbiǎo shūyè diǎn yào zhèntòngyào bēngdài chēng
Bewegung	**运动**	**yùndòng**
Am Tisch Bett höher stellen Bett niedriger stellen gehen, laufen liegen Liegen Sie gut? Sitzen stehen	贴近桌 床伪装更高 床伪装深沉 竞走, 移动 平卧 oder 躺 您是否很好说谎？ 坐 竖立	tiējìn zhuō chuáng wěizhuāng gāoděng chuáng wěizhuāng shēnchén jìngzǒu, yídòng píngwò, tǎng nín shìfǒu hěnhǎo tǎng? zuò shùlì
Empfindungen	**感觉**	**gǎnshòu**
ängstlich Atemnot durstig hungrig einsam erfreut kalt, warm traurig Schmerzen Übelkeit	焦虑 痔 渴着 馁 孤寂 乐意 寒, 热 悲戚 疼 恶心	jiāolǜ xiāo kězhuó něi gūjì lèyì hán, rè bēiqī téng ěxin
Ernährung	**营养学**	**yíngyǎngxué**
Frühstück Mittagessen Abendessen Getränk: Kaffee, Kakao, Milch, Tee, Wasser, Fruchtsaft mehr essen	早餐 午餐 晚饭 饮料: 咖啡, 可可, 牛奶, 茶, 水, 果汁 甚 吃饭	zǎocān wǔcān wǎnfàn yǐnliào: kāfēi, kěkě, niúnǎi, chá, shuǐ, guǒzhī, shèn chīfàn

weniger essen	更少 吃饭	gèngshǎo chīfàn
mehr trinken	甚喝	shèn hē
weniger trinken	更少喝	gèngshǎo hē
Gabel	叉	chà
Löffel klein	小勺	sháozi xiǎo
Löffel groß	勺子大小	cháozi dàxiǎo
Messer	餐刀	cāndāo
Tasse	杯	bēi
Teller	碟子	diézi
Familie	**家里**	**jiālǐ**
Mutter	妈 oder 媽	mā
Vater	父, 严 (historisch)	fù, yán
Vater und Mutter	爹娘	diēniáng
Tochter	女儿	nǚ'ér
Sohn	儿子	érzi
Enkelkind	外孙 (Sohn der Tochter)	wàisūn
	孙女 (Tochter des Sohnes)	sūnnǚ
Schwester	姐 (ältere Schwester)	jiě
	妹妹 (jüngere Schwester)	mèimei
Bruder	同胞	tóngbāo
Angehörige	家属	jiāshǔ
Freund	朋友	péngyou
Körperpflege	**个人卫生**	**gèrénwèishēng**
ankleiden	梳妆	shūzhuāng
auskleiden, ausziehen	衲, 脱衣服	nà, tuōyīfú
duschen	淋浴	línyù
eincremen	擦药	cāyào
rasieren	剃胡子	tìhúzi
waschen	涤	dí
ruhen	安歇	ānxiē
schlafen	睡觉	shuìjiào
Bürste, Kamm	毛刷, 梳子	máoshuà, shūzi
Zahnbürste	牙刷	yáshuā
Körperteile	**身体部分**	**shēntǐbùfen**
Arm	手臂	Shǒubì
Bauch	肚子	dùzi
Bein	腿	tuǐ
Kopf	头部, 头	tóubù, tóu
Mund	口	kǒu
Nase	鼻子	bízǐ
Rachen		yì, yāntóu

Rücken	嗌 oder 咽头	bèi
Zähne	背	yá
Sich die Zähne putzen	牙	shuāyá
Zahnersatz	刷牙	jiǎyá
	假牙	
Messgrößen	**被测量的可变物**	**Bèicèliángdekěbiànwù**
Minute	分钟	Fēnzhōng
Sekunde	秒	miǎo
Stunde	点 [點]	diǎn
Liter	公升	gōngshēng
Gramm	克	kè
Kilogramm	千克	qiānkè
Personal	**职员**	**zhíyuán**
Ärztin, Arzt	女医生, 医生	Nǚyīshēng, Yīshēng
Gesundheitspflegerin/ Gesundheitspfleger	护士 [護士]	hùshi
Hausmeister	物业管理人员	wùyèguǎnlǐrényuán
Hauswirtschaft	家政学	jiāzhèngxué
Koch, Köchin	大司务, 家伙	dàsīwù, jiāhuo
Reinigungskraft	清洁力	qīngjiélì
Pflegedienstleitung	护理领导	hùlǐlǐngdǎo
Therapieteam	疗法团队	liáofǎtuánduì
Bestattungsinstitut	殡仪馆	bìnyíguǎn
Schmerzen	**痛苦**	**tòngkǔ**
Keine Schmerzen	无疼	wú téng
Leichte Schmerzen	小疼	xiǎo téng
Starke Schmerzen	重疼	zhòng téng
Bauchschmerzen	肚子疼	dùziténg
Brustschmerzen	胸痛	xiōngtòng
Gelenkschmerzen	关节痛	guānjiétòng
Herzschmerz	心脏痛苦	xīnzàng tòngkǔ
Knochenschmerzen	骨疼痛	gǔ téngtòng
Kopfschmerzen	头痛	tóutòng
Wo verspüren Sie Schmerzen?	您在哪里感觉痛苦？	nín zài nǎli gǎnjué tòngkǔ？
An welcher Körperstelle schmerzt es genau?	在哪个身体地方它是否正确地伤害？	zài nǎge shēntǐ dìfang tā shìfǒu zhèngquède shānghài?
Seelsorge	**牧师的忠告**	**mùshīdezhōnggào**
beten	拜	bài
Pfarrer, Priester	牧师	mùshī

Buddhistischer Priester sterben Tod	僧人 死 死亡 oder 歿	sēngrén sǐ sǐwáng, xī
Wochentage	**周**	**zhōu**
Montag Dienstag Mittwoch Donnerstag Freitag Samstag Sonntag	星期一 oder 礼拜一 星期二 oder 礼拜二 星期三 oder 礼拜三 星期四 oder 礼拜四 星期五 oder 礼拜五 星期六 oder 礼拜六 星期天 oder 礼拜天	Xīngqīyī, lǐbàiyī Xīngqī'èr, lǐbài'èr Xīngqīsān, lǐbàisān Xīngqīsì, lǐbàisì Xīngqīwǔ, lǐbàiwǔ Xīngqīliù, lǐbàiliù Xīngqītiān, lǐbàitiān

7.2.2 Unterstützende Sätze auf Chinesisch

Deutsch	**Chinesisch**	**Chinesische Aussprache**
Für den Klient	**为了 当事人 wèile dāngshìrén**	**中国的 语音 zhōngguóde yǔyīn**
Ich liege nicht bequem.	我不便躺.	Wǒ bù biàn tǎng.
Ich sitze nicht gut.	我不很好坐.	Wǒ bù hěnhǎo zuò.
Ich möchte aufstehen.	我希望起来。	Wǒ xīwàng qǐlái.
Ich möchte ins Bett.	我在床上会想要。	Wǒ zàichuángshàng huì xiǎngyào.
Ich möchte auf dem Stuhl sitzen.	我希望坐椅子。	Wǒ xīwàng zuò yǐzi.
Ich habe Durst.	我有干渴。	Wǒ yǒu gān kě.
Ich habe Hunger.	我有饥饿。	Wǒ yǒujīè。
Ich muss zur Toilette.	我必须对洗手间.	Wǒ bìxū duì xǐshǒujiān.
Ich muss Wasser (Urin) lassen.	我必须留下水(尿)。	Wǒ bìxū liúxia shuǐ.
Ich muss Stuhlgang.	我必须排便。	Wǒ bìxū páibiàn.
Ich habe Schmerzen.	我有痛苦。	Wǒ yǒu tòngkǔ.
+ brennende Schmerzen.	我有灼烧的痛苦	Wǒ yǒu zhuóshāo de tòngkǔ.
+ stechende Schmerzen.	我有刺痛的痛苦。	Wǒ yǒu cìtòng de tòng-kǔ.
+ sehr starke Schmerzen.	我有剧痛。	Wǒ yǒu jù tòngkǔ.
+ kolikartige Schmer-zen.	我有震动性痛苦。	Wǒ yǒu zhèndòng xìng tòngkǔ。

+ leichte Schmerzen.	我有容易的痛苦。	Wǒ yǒu róngy de tòngkǔ.
Ich brauche Ruhe.	我需要和平。	Wǒ xūyào hépíng.
Ich möchte schlafen.	希望睡觉。	Wǒ xīwàng shuìjiào.
Ich kann nicht schlafen.	我不可能睡觉。	Wǒ bùkěnéng shuìjiào.
Wann kommt der Arzt?	医师什么时候来?	Yī shī shén me shí hou lái?
Wie viel Uhr ist es?	怎么是时钟它？	Zěnme shì shízhōng tā.
Ich möchte mich waschen.	我希望涤。	Wǒ xīwàng dí.
Ich möchte aufstehen.	我希望起来。	Wǒ xīwàng qǐlái.
Mir ist warm.	我是温暖的。	Wǒshì wēnnuǎn de.
Ich friere.	我结冰。	Wǒ jiébīng.
Bitte schließen Sie das Fenster.	请关上窗口。	Qǐng guānshàng chuāngkǒu.
Bitte öffnen Sie das Fenster.	请打开窗口。	Qǐng dǎkāi chuāngkǒu.
Ich habe Angst.	我有恐惧。	Wǒyǒu kǒngjù.
Bitte rufen Sie meine Frau an.	请打电话与我的妻子。	Qǐng dǎdiànhuà wǒde qīzǐ.
Bitte rufen Sie meinen Ehemann an.	请打电话与我的丈夫。	Qǐng dǎdiànhuà yǔ wǒde zhàngfū.

Deutsch	**Chinesisch**	**Chinesische Aussprache**
Gesundheitspflegende	**健康维护**	**中国的 语音 zhōngguóde yǔyīn**
Guten Morgen!	早晨好!	Zǎochénhǎo!
Guten Tag!	你好!	Nǐhǎo!
Guten Abend!/Gute Nacht!	晚上好!/ 晚安!	Wǎnshanghǎo!/wǎn'ān!
Wie geht es Ihnen?	你好吗?	Nǐhǎoma me?
Was möchten Sie essen?	您要吃什么?	Nín yào chī shénme？
Was möchten Sie trinken?	您要喝什么?	Nín yào hē shénme？
Kann ich Ihnen helfen?	我可以帮助您？	Wǒ kěyǐ bāngzhùnín？
Liegen Sie gut?	您是否很好躺?	Nín shìfǒu hěnhǎo tǎng?
Sitzen Sie gut?	您是否很好坐？	Nín shìfǒu hěnhǎo zuò？
Das ist ihre Medizin (Medikamente).	那些是他们的医学。	Nà xiē shì tāmende yīxué.

7.3 Wörtertafel und unterstützende Sätze auf Dänisch und Englisch

7.3.1 Wörtertafel Dänisch und Englisch

Deutsch	**Dänisch (Danks)**	**Englisch**
Begrüßung und Wörter	**Hilsner og ord**	**Greeting and Words**
Kommunikation	**Meddelelse**	**communication**
Guten Morgen, Tag, Gute(n) Abend/Nacht	God morgen! Goddag! God aften! God nat!	Good morning, afternoon, evening/night
gestern	I går	yesterday
heute	I dag	today
morgen	I morgen	tomorrow
Wie geht es Ihnen?	Hvor er du?	How are you?
Verstehen Sie mich?	Vil du forstå mig?	Do you understand me?
gut	gode	good
schlecht	dårlig	bad
danke, bitte	tak, spørg	Thank you, you're welcome
ja	ja	yes
nein	nej	no
langsam	langsom, langsomt	slow
schnell	hurtig	quick
Ausscheidung	**Ekskrementer**	**excretion, removal**
Abführmittel	Afførende	laxative
Durchfall	Diarré	diarrhea
Erbrechen	Opkast	vormiting
Toilette	Toilet	restroom
Stuhlgang	Tarm bevægelse	stools
Urin	Urin	urine
Urinflasche	Urin flaske	urinal
Verstopfung	Blokering	constipation
Behandlung	**Behandling**	**therapy**
Blutdruck messen	Blodtryk måling	to measure the blood pressure
Temperatur messen	Temperatur måling	to take the temperature
Infusion	Infusion	infusion
Tropfen	drop af	drops
Medikamente	lægemidler	medicine
Schmerzmittel	pain killer	pain medicine
Verband	føderation	wound dressing
wiegen	veje	to weigh

Bewegung	Bevægelse	moving
Am Tisch	I tabel	at the table
Bett höher stellen	Bed flere meget plads	to put the bed higher
Bett niedriger stellen	Bed nederste sted	to put the bed lower
gehen, laufen	gå, kør	to walk
liegen	løgn	to lie
Liegen Sie gut?	vil du ligge godt?	Are you lying comforta-bly?
sitzen	sid	to sit
stehen	stativ	to stand
Empfindungen	**Følelser**	**sentiments**
ängstlich	strejfer bange rundt	scared
Atemnot	Åndenød	dyspnoe
durstig	thirstily	thirsty
hungrig	sultne	hungry
einsam	lonely	lonely
erfreut	glad	happy
kalt, warm	koldt, varmt	cold, warm
traurig	desværre	sad
Schmerzen	Pain	pain
Übelkeit	Kvalme	nausea
Ernährung	**Ernæring**	**alimentation, feeding**
Frühstück	Morgenmad	breakfast
Mittagessen	Frokosten	lunch
Abendessen	Aftensmad	dinner
Getränk: Kaffee, Kakao, Milch, Tee, Wasser, Fruchtsaft	Drik: Kaffe, Kakao, Mælk, Te, Vand, Frugt-saft	drinking: coffee, cacao, milk, water, tea, fruit juice
mehr essen	flere spiser	to eat more
weniger essen	spise mindre	to eat less
mehr trinken	mere drikke	to drink more
weniger trinken	drik mindre	to drink less
Gabel	Skiftegaffel	fork
Löffel klein	Ske lille	teaspoon
Löffel groß	Ske primært	tablespoon
Messer	Kniv	knife
Tasse	kop	cup
Teller	plader	plate
Familie	**Familie**	**family**
Mutter	mor	mother
Vater	far	father

Tochter Sohn Enkelkind Schwester Bruder Angehörige Freund	datter søn børnebørn søster bror Tilhørsforhold ven	daughter son grandchild sister brother relative friend
Körperpflege	**Kropspleje**	**personal hygiene**
Ankleiden, anziehen auskleiden, ausziehen duschen eincremen rasieren waschen ruhen schlafen Bürste, Kamm Zahnbürste	klæd, spænd linje, tag brusebad eincremen barbering vask resten dvaletilstand Børste, Kam Tandbørste	to dress to undress to take a shower to cream to shave to wash to rest to sleep brush, comb toothnrush
Körperteile	**Dele af kroppen**	**body parts**
Arm, Arme Bauch Bein, Beine Kopf, Gesicht Mund Nase Rachen Rücken Zähne Zahnersatz	gren bug ben hoved, ansigt mund nåse Fødetragt ryg Tænder Denture	arm abdomen, belly leg head, face mouth nose throat back teeth tooth prothesis
Messgrößen	**Målte variabler**	**measurement**
Minute Sekunde Stunde Liter Gramm Kilogramm	Minut Undet Time Liter Gram Kg	minute second hour liter gram kilogramme
Personal	**Personale**	**employees, staffing**
Ärztin, Arzt Gesundheitspflegerin, Gesundheitspfleger Hausmeister Hauswirtschafterin	Lady Læge, Læge Sundhed sygeplejerske Sundhed mandlig syge- plejerske Viceværten	physician, doctor healthy nurse male healthy nurse caretaker kitchen staff

Koch, Köchin Reinigungskraft Pflegedienstleitung Therapieteam Bestatter	House manager Kog, Kog Rengøring styrke Hospitalsservice linje Terapiteam Bedemand	chef, cook cleaning staff head nurse therapists undertaker
Schmerzen	**Pain**	**Pains, aches**
Keine Schmerzen Leichte Schmerzen Starke Schmerzen Bauchschmerzen Brustschmerzen Gelenkschmerzen Herzschmerzen Knochenschmerzen Kopfschmerzen Wo verspüren Sie Schmerzen? An welcher Körperstelle schmerzt es genau?	Ingen smerte Let smerte Stærk smerte Mavesmerter Brystsmerter Fælles smerte Hjerte smerte Knogle smerter Hovedpine Hvor du føler smerte? I hvilket organ sted gør det ondt?	none pain, without pain light pain strong pain abdominal pain chest pain arthralgia, pain in a joint heart pain bones pain head pain Where do you have pain? In which body part does it hurt exactly?
Seelsorge	**Pastoral care**	**cure of souls**
beten Pfarrer Seelsorger sterben Tod	pray minister Dommens præmisser die død	to pray minister priest to die death
Wochentage	**Hverdage**	**weekdays**
Montag Dienstag Mittwoch Donnerstag Freitag Samstag Sonntag	mandag tirsdag onsdag torsdag fredag lørdag søndag	Monday Tuesday Wednesday Thursday Friday Saturday Sunday

7.3.2 Unterstützende Sätze auf Dänisch und Englisch

Deutsch	Dänisch	Englisch
Für den Klient	**For klienten**	**For the client**
Ich liege nicht bequem.	Jeg kan ikke ligge komfortabelt.	I'm not lying comfortably.
Ich sitze nicht gut.	Jeg vil ikke sidde godt.	I'm not sitting comfortably.
Ich möchte aufstehen.	Jeg vil gerne tage.	I would like to get up.
Ich möchte ins Bett.	Jeg vil gerne i seng.	I would like to go to bed.
Ich möchte auf dem Stuhl sitzen.	Jeg vil gerne sidde på en stol.	I would like to sit on the chair.
Ich habe Durst.	Jeg har trang.	I'm thirsty.
Ich habe Hunger.	Jeg er sulten.	I'm hungry.
Ich muss zur Toilette.	Jeg skal på toilettet.	I need to use the toilet.
Ich muss Wasser (Urin) lassen.	Jeg skal lade vandet.	I need to urinate.
Ich muss Stuhlgang.	Jeg skal tarm bevægelse.	I need to empty my bowels.
Ich habe Schmerzen.	Jeg har smerter.	
+ brennende Schmerzen.	Jeg har brændende smerte.	I'm in pain. I have a burning pain.
+ stechende Schmerzen.	Jeg har sviende smerte.	I have a piercing pain.
+ sehr starke Schmerzen.	Jeg har meget stærk smerte.	I have considerable pain.
+ kolikartige Schmerzen.	Jeg har kollikartige smerte.	I have a colicky pain.
+ leichte Schmerzen.	Jeg har let smerte.	I have a light pain.
Ich brauche Ruhe.	Jeg har brug for fred.	I need rest.
Ich möchte schlafen.	Jeg vil gerne sove.	I would like to sleep.
Ich kann nicht schlafen.	Jeg kan ikke sove.	I can't sleep.
Wann kommt der Arzt?	Hvornår lægen kommer?	When is the doctor coming?
Wie viel Uhr ist es?	Hvordan er meget ur?	What time is it?
Ich möchte mich waschen.	Jeg vil vaske mig.	I would like to wash myself.
Ich möchte aufstehen.	Jeg vil gerne tage.	I would like to stand up.
Mir ist warm.	Jeg er varm.	I'm warm.
Ich friere.	Jeg fryser.	I'm cold.
Bitte schließen Sie das Fenster.	Bemærk luk vinduet.	Please close the window.
Bitte öffnen Sie das Fenster.	Bemærk Åbn vinduet.	Please open the window.

Ich habe Angst. Bitte rufen Sie meine Frau an. Bitte rufen Sie meinen Ehemann an.	Jeg har angst. Bemærk telefon med min kone. Bemærk telefon med min mand.	I'm scared. Please call my wife. Please call my husband.

Deutsch	**Dänisch**	**Englisch**
Gesundheitspflegende	**Sundheds-vedligeholdelse**	**Nurse**
Guten Morgen! Guten Tag! Guten Abend!/Gute Nacht!	God morgen! Goddag! God aften! God nat!	Good morning! Good afternoon! Good evening!/Good night!
Wie geht es Ihnen?	Hvor er du?	How are you?
Was möchten Sie essen?	Hvad ønsker du at spise?	What would you like to eat?
Was möchten Sie trinken?	Hvad ønsker du at drikke?	What would you like to drink?
Kann ich Ihnen helfen?	Kan jeg hjælpe dig?	Can I help you?
Liegen Sie gut?	Vil du ligge godt?	Are you lying comfortably?
Sitzen Sie gut?	Vil du sidde?	Are you sitting comfortably?
Das sind ihre Medikamente.	Det er deres medicin.	This is your medicine.

7.4 Wörtertafel und unterstützende Sätze auf Finnisch und Flämisch

7.4.1 Wörtertafel Finnisch und Flämisch

Deutsch	**Finnisch**	**Flämisch**
Begrüßung und Wörter	**Tervetuloa ja sanoja**	**Welkom en woorden**
Kommunikation	**Viestintä**	**Mededeling**
Guten Morgen, Tag, Gute(n) Abend/Nacht	Hyvää huomenta! Hyvää päivää! Hyvää iltaa! Hyvää yötä!	Goede morgen! Goede dag! Goede avond! Goede nacht!
gestern	eilen	gisteren
heute	tänään	vandaag
morgen	aamu	morgen
Wie geht es Ihnen?	Mitenkäs olet pärjäillyt?	Hoe gaat het met u?
Verstehen Sie mich?	Ymmärrätkö minua?	Verstaat u mij?

gut schlecht danke, bitte ja nein langsam schnell	hyvä huono kiitos, ole hyvä killa, juu, joo ei hidas nopea	goed slecht dank u, alstublieft ja neen langzaam snel
Ausscheidung	**Uloste**	**uitscheiding**
Abführmittel Durchfall Erbrechen Toilette Stuhlgang Urin Urinflasche Verstopfung	Laksatiivinen Ripuli Oksentelu WC Suolen Virtsa Virtsa pullo Ummetus	Laxeermiddel Diaree Braken WC Stoelgang Urine Urinefles Constipatie
Behandlung	**Terapia**	**behandeling**
Blutdruck messen Temperatur messen Infusion Tropfen Medikamente Schmerzmittel Wundverband wiegen	Mitata verenpaine Toimenpiteen lämpötila Infuusio Drops Lääkkeet Kipulääkkeiden Haavan päälle Punnitaan	Boeddruk meten Temperatuur opnemen Infusie Druppel Geneesmiddel Pijnstiller Verband wegen
Bewegung	**Liike**	**beweging**
Am Tisch Bett höher stellen Bett niedriger stellen gehen, laufen liegen Liegen Sie gut? sitzen stehen	Pöydässä Esille bed Pienempi paikka bed go, suorita valhe Oletko hyvin? sit stand	Aan tafel Bed hoger zetten Bed lager zetten gaan, lopen liggen Ligt u goed? zitten staan
Empfindungen	**Tuntemuksia**	**gevoelens**
ängstlich Atemnot durstig hungrig einsam erfreut kalt, warm	ahdistunut hengenahdistus janoinen nälkäinen yksinäinen iloinen kylmä, lämmin	angstig Ademnood dorstig hongerig eenzaam vrolijk koud, warm

traurig Schmerzen Übelkeit	surullinen Kipu Pahoinvointi	treurig Pijn Misselijk
Ernährung	**Ravitsemus**	**voeding**
Frühstück Mittagessen Abendessen Getränk: Kaffee, Kakao, Milch, Tee, Wasser, Fruchtsaft mehr essen weniger essen mehr trinken weniger trinken Gabel Löffel klein Löffel groß Messer Tasse Teller	Aamiainen Lounas Illallinen Juo: Kahvi, kaakao, maito, Kahvin, vesi, hedelmämehu syödä enemmän syö vähemmän juoda enemmän juo vähemmän Haarukka Pieni lusikka Iso lusikka Veitsi Cup Levy	Ontbijt Middageten Avondeten Drank: Koffie, Cacao Melk, Thee, Water Fruitsap meer eten minder eten meer drinken minder drinken vork Koffielepel Soeplepel Mes Kop (=holländisch), Tas(= flämisch) Bord
Familie	**Perhe**	**familie**
Mutter Vater Tochter Sohn Enkelkind Schwester Bruder Angehörige Freund	Äiti Isä Tytär Poika Lapsenlapsi Sisko Veli Kansalaisten Ystävä	Moeder Vader Dochter Zoon Kleinkind Zuster Broer Familielid Vriend
Körperpflege	**Ruumiinosat**	**lichaamsverzorging**
ankleiden auskleiden, ausziehen duschen eincremen rasieren waschen ruhen schlafen Bürste, Kamm Zahnbürste	pukeutua revet, riisua ota Suihku kerma ajella pese loput sleep Harjata, Kammata Hammasharja	aankleden uitkleden, uittrekken douchen insmeren scheren wassen rusten slapen Borstel, Kam Tandenborstel

Körperteile	Ruumiinosat	Lichaamsdelen
Arm	Aseide	Arm
Bauch	Vatsa	Buik
Bein	Jalka	Been
Kopf, Gesicht	Pä, Kasvot	Hoofd
Mund	Suun	Mond
Nase	Nenä	Neus
Rachen	Kurkun	Keel
Rücken	Takaisin	Rug
Zähne	Hampaat	Tanden
Zahnersatz	Hampaiden korvaaminen	Tandarts
Messgrößen	**Mittarit**	**maten**
Minute	Minuutti	Minuut
Sekunde	Toinen	Seconde
Stunde	Fi	Uur
Liter	Litran	Liter
Gramm	Grammaa	Gram
Kilogramm	Kg	Kilogram
Personal	**Henkilökunta**	**personeel**
Ärztin, Arzt	Lääkäri	Dokter, dokteres
Gesundheitspflegerin,	Terveyden hoitaja	Verpleegster
Gesundheitspfleger	Terveyden hoitaja	Verpleger
Hausmeister	Talonmies	Concierge
Hauswirtschaftlerin	Taloudenhoitaja	Huishoudster
Koch, Köchin	Ruoanlaitto, kokki	Kok, Kokin
Reinigungskraft	Puhdistusteho	Reinigingskracht
Pflegedienstleitung	Hoitotyön hallinta	Zogservicelijn
Therapieteam	Therapyn henkilökunnan	Therapieteam
Bestatter	Therapyn henkilökunnan	Begrafenisondernemer
Schmerzen	**Kipu**	**pijn**
Keine Schmerzen	ei kipua	Weinig pijn
Leichte Schmerzen	Lievää kipua	Lichte pijn
Starke Schmerzen	Starke Schmerzen	Felle pijn
Bauchschmerzen	Vatsakipu	Buikpijn
Brustschmerzen	Rintakipu	Borstpijn
Gelenkschmerzen	Nivelkipu	gewrichtspijn
Herzschmerzen	Sydän tuskaa	Nekpijn
Knochenschmerzen	Luukipu	Pijn in de beenderen
Kopfschmerzen	Pää kipu	Hoofdpijn
Wo verspüren Sie Schmerzen?	Jos tunnet kipua?	Waar heeft u pijn?
An welcher Körperstelle	On kehon kumpi	In welk lichaamsdeel

schmerzt es genau?	Sattuuko se tarkalleen?	doet het precies pijn?
Seelsorge	**Sielunhoito**	**Geestelijk welzijn**
beten Pfarrer, Seelsorger sterben Tod	rukoilla Pastori, Pappien die Kuolema	Bidden Pastoor, Priester sterven Dood
Wochentage	**Viikonpäivät**	**Dagen van de week**
Montag Dienstag Mittwoch Donnerstag Freitag Samstag Sonntag	Maanantai Tiistai keskiviikko torstai perjantai lauantai sunnuntai	Maandag Dinsdag Woensdag Donderdag Vrijdag Zaterdag Zondag

7.4.2 Unterstützende Sätze auf Finnisch und Flämisch

Deutsch	Finnisch	Flämisch
Für den Klient	**Asiakkaan**	**Voor de klant**
Ich liege nicht bequem.	En ole mukava.	Ik lig niet goed.
Ich sitze nicht gut.	En ole hyvä.	Ik zit niet goed.
Ich möchte aufstehen.	Haluaisin puolustaa.	Ik wil opstaan.
Ich möchte ins Bett.	Haluaisin mennä nukkumaan.	Ik wil naar bed.
Ich möchte auf dem Stuhl sitzen.	Haluaisin istumaan tuolille.	Ik wil op de stoel zitten.
Ich habe Durst.	Olen jano.	Ik heb dorst.
Ich habe Hunger.	Olen nälkäinen.	Ik heb honger.
Ich muss zur Toilette.	Minun täytyy saada WC.	Ik moet naar de WC.
Ich muss Wasser (Urin) lassen.	On oltava vesi.	Ik moet plassen.
Ich muss Stuhlgang.	Minulla on suolen.	Ik moet stoelgang maken.
Ich habe Schmerzen.	Minuun sattuu.	Ik heb pijn.
+ brennende Schmerzen.	Minulla on polttava kipu.	Ik heb brandende pijn.
+ stechende Schmerzen.	Minulla on pistävää kipua.	Ik heb stekende pijn.
+ sehr starke Schmerzen.	Minulla on paljon tuskaa.	Ik heb felle pijn.
+ kolikartige Schmerzen.	Minulla on koliikkia kivut.	Ik heb krampen.
+ leichte Schmerzen.	Minulla on lievää kipua.	Ik heb lichte pijn.

Ich brauche Ruhe. Ich möchte schlafen. Ich kann nicht schlafen. Wann kommt der Arzt? Wie viel Uhr ist es? Ich möchte mich waschen. Ich möchte aufstehen. Mir ist warm. Ich friere. Bitte schließen Sie das Fenster. Bitte öffnen Sie das Fenster. Ich habe Angst. Bitte rufen Sie meine Frau an. Bitte rufen Sie meinen Ehemann an.	Tarvitsevat lepoa. Minä haluan nukkua. En voi nukkua. Kun lääkäri tulevat? Paljonko kello on? Haluan Pese minut. Haluaisin puolustaa. On kuuma minulle. Olen jäädyttäminen. Sulje ikkuna. Ole hyvä ja avaa ikkunan. Pelkäänpä. Puhua puhelimessa vaimoni kanssa. Ole hyvä ja kysy puhelimitse mieheni kanssa.	Ik moet rusten. Ik wil slapen. Ik kan niet slapen. wanneer komt de dokter? Hoe laat is het? Ik wil me wassen. Ik wil opstaan. Ik heb het warm. Ik heb het ijskoud. Wil u alstublieft het venster sluiten? Wil u alstublieft het venster openen? Ik heb angst (schrik) kunt u alstublieft mijn vrouw bellen? Kunt u alstublieft mijn man bellen?

Deutsch	**Finnisch**	**Flämisch**
Gesundheitspflegende	**Terveydenhuollon**	**gezondheidszorg**
Guten Morgen! Guten Tag! Guten Abend!/Gute Nacht! Wie geht es Ihnen? Was möchten Sie essen? Was möchten Sie trinken? Kann ich Ihnen helfen? Liegen Sie gut? Sitzen Sie gut? Das sind ihre Medikamente.	Hyvää huomenta! Hyvää päivää! Hyvää iltaa! Hyvää yötä! Mitenkäs olet pärjäillyt? Mitä syöt? Mitä haluaisit juoda? Voinko auttaa? Hän hyvä valhe? Hän hyvä sit? Nämä ovat lääkkeet.	Goede morgen! goede dag! Goede avond!/Goede nacht! Hoe gaat het met u? Wat wilt u eten? Wat wil u drinken? Kan ik u helpen? Ligt u goed? Zit u goed? Dit zijn uw medicijnen

7.5 Wörtertafel und unterstützende Sätze auf Französisch und Italienisch

7.5.1 Wörtertafel Französisch und Italienisch

Deutsch	Französisch	Italienisch
Begrüßung und Wörter	**souhaits de bienvenue et mots**	**Benvenuti e parole**
Kommunikation	**Communication**	**Comunicazione**
Guten Morgen, Tag, Gute(n) Abend/Nacht!	Bonjour! Bonsoir! Bonne nuit!	Buongiorno! Buona giornata! Buonasera! Buonanotte!
gestern	hier, passi	ieri
heute	Aujourd´hui	oggi
morgen	demain	domani
Wie geht es Ihnen?	Comment allezvous?	Come sta?
Verstehen Sie mich?	Me comprenez-vous?	Mi capisci?
gut	Vous m´avez compris?	buono
schlecht	mauvais	cattivo
danke, bitte	merci, s´il vou plait	grazie, per favore per piacere, prego (als Antwort auf danke)
ja	oui	sì
nein	non	no
langsam	lentement	lento, lentamente, a poco a poco
schnell	vite	veloce, rapido
Ausscheidung	**Excréments**	**Eliminazione,Escrezione**
Abführmittel	le Laxitif	Lassativo
Durchfall	le Diarrhée	Diarrea
Erbrechen	le Vomissement	Vomito
Toilette	la Toilette	Toilette
Stuhlgang	les Selles	Defecazione
Urin	les Urines	Orina
Urinflasche	le récipient aux urines	Bottiglia di urina
Verstopfung	la Constipation	Stitichezza, Costipazione
Behandlung	**Consultation**	**Terapia**
Blutdruck messen	Prendre la Tension	Misurare la pressione
Temperatur messen	Prendre la Température	Misurare la temperatura
Infusion	les Perfusions	la fleboclisi
Tropfen	les Gouttes	la goccia
Medikamente	les Médicaments	Medicine

Schmerzmittel Verband wiegen	un calmant le pansement peser	L´analgesico Medicazione di ferte pesare
Bewegung	**Mouvement**	**Movimento**
Am Tisch Bett höher stellen Bett niedriger stellen gehen, laufen liegen Liegen Sie gut? sitzen stehen	à Table monter la tête du lit descendre la tête du lit marcher être couché Etes-vou bien allongé ? être assis être debout	a Tavola Alzare il letto Abbassare il letto camminare giacere E´comodo? sedere stare in piedi
Empfindungen	**Des sensations**	**Sensazioni**
ängstlich Atemnot durstig hungrig einsam erfreut kalt, warm traurig Schmerzen Übelkeit	avoir peur les Êtouffements avoir soif avoir faim solitaire content(e) froid, chaud triste les Maux la Nausée	spaventato L´insufficienza assetato affamato solo freddo, caldo triste dolore nausea
Ernährung	**Des sensations**	**Alimentazione, Mantenimento**
Frühstück Mittagessen Abendessen Getränk: Kaffee, Kakao, Milch, Tee, Wasser, Fruchtsaft mehr essen weniger essen mehr trinken weniger trinken Gabel Löffel klein Löffel groß Messer Tasse Teller	le petit Déjeuner le Déjeuner le Dînner des Boissons :le Café, le Cacao, le Lait, le Thé, L´eau, le Jus de fruits manger en plus manger moins boire en plus boire moins la fourchette la petite cuillère la cuillère a soupe le Couteau la Tasse L´assiette	Colazione Pranzo Cena Bevanda: caffè, cacao (Cioccolata, calda), Latte, Tè, Acqua, succo di frutta più mangiare meno cibo più bere meno bere Forchetta Cucchiaio piccolo Grande cucchiaio Coltello Tazza Piatto

Familie	Famille	Famiglia
Mutter	la Mère	Madre
Vater	le Père	Padre
Großmutter	la Grand-mère	nonna
Großvater	le Grand-père	nonno
Tochter	la Fille	Figlia
Sohn	le Fils	Figlio
Enkelkind	petite-fille (w)	Nipote
Schwester	petit-fils (m)	Sorelle
Bruder	le Frère	Fratello
Angehörige	Famille	Parente
Freundin, Freund	l´amie, l´ami	Amica, Amico
Körperpflege	**Hygiène corporelle**	**Cura del corpo**
ankleiden	s´habiller	vestrie
auskleiden, ausziehen	recouvrir, dévêtir, désha-biller	ricoprire, estarre
duschen	prendre une douche	fare la doccia
eincremen	frictionner	mettere la crema
rasieren	se raser	far la barba
waschen	se laver	lavare
ruhen	se reposer	riposo
schlafen	dormir	dormire
Bürste, Kamm	le Peigne, la Brosse	la spozolla, il pettine
Zahnbürste	la Brosse à dents	spozzolino da denti
Körperteile	**Des parties du corps**	**Parti del corpo**
Arm	le Bras	Braccio
Bauch	le Ventre	Ventre
Bein	la Jambe	Gamba
Kopf, Gesicht	la Tête, la Face	Testa, Viso
Mund	la Bouche	Bocca
Nase	le Nez	Naso
Rachen	la Gorge	Faringe
Rücken	le Dos	Schiena
Zähne	les Dents	I denti
Zahnersatz	les fausses Dents	La protesi dentaria
Messgrößen	**Des grandeurs mesurées**	**Metriche**
Sekunde	Seconde	Secondo
Minute	Minute	Minuto
Stunde	Heure	Ora
Liter	Litre	Litro
Gramm	Gramme	Gramo

Kilogramm	Kilogramme	Kilogramo
Personal	**Personnel**	**Personale**
Ärztin, Arzt Gesundheitspflegerin, Gesundheitspfleger Hausmeister Hauswirtschaftlerin Koch, Köchin Reinigungskraft Pflegedienstleitung Therapieteam Bestatter	la Doctuer, le Docteur L´infirmière de santé L´infirmier de santé la concierge (stets w) la cuisinière le Cuisinier, la Cuisinière la force de nettoyage la Conduite de service de soins les pompes Funèbres	Dottoressa, Dottore Infermiera di salute Infermiera di salute Bidello Governante Cucina, Cucinare Potere di pulizia Gestione del servizio infermieristico Squadra di terapia
Schmerzen	**Faire mal**	**Dolere**
Keine Schmerzen Leichte Schmerzen Starke Schmerzen Bauchschmerzen Brustschmerzen Gelenkschmerzen Herzschmerzen Knochenschmerzen Kopfschmerzen Wo verspüren Sie Schmerzen? An welcher Körperstelle schmerzt es genau?	Pas de douleurs De légères douleurs De vives douleurs Des douleurs de ventre Des douleurs de poitrine Des douleurs d'articulation Des douleurs de cœur Des douleurs d'os Des maux de tête Où éprouvez-vous des douleurs ? A quelle place de corps fait-il mal exactement ?	Nessun dolore Dolore lieve Dolore severo Dolori di stomaco Dolore toracico Dolori articolari Dolore di cuore Dolore osseo Dolore di testa Dove ti senti dolore? Al che uno del corpo fa male esattamente?
Seelsorge	**De conscience**	**Cura d'anime**
beten Pfarrer Seelsorger sterben Tod	Prier Curé (kath.), Pasteur (evang.) pastorale mourir Mort	rezar I pastore I pastore morire morte
Wochentage	**Jours ouvrables**	**Giorni della settimana**
Montag Dienstag Mittwoch Donnerstag Freitag Samstag Sonntag	Lundi Mardi Mercredi Jeudi Vendredi Samedi Dimanche	Lunedì Martedì Mercoledì Giovedì Venerdì Sabato Domenica

7.5.2 Unterstützende Sätze auf Französisch und Italienisch

Deutsch	Französisch	Italienisch
Für den Klient	**Pour le client**	**Per il cliente**
Ich liege nicht bequem.	Je ne suis pas allongé confortablement.	Non sono comodo.
Ich sitze nicht gut.	Je ne suis pas assis bien.	Non sono seduto bene.
Ich möchte aufstehen.	Je voudrais me lever.	Vorrei alzarmi.
Ich möchte ins Bett.	Je voudrais dans le lit.	Vorrei andare a letto.
Ich möchte auf dem Stuhl sitzen.	Je voudrais être assis sur la chaise.	Vorrei sedermi sulla sedia.
Ich habe Durst.	J'ai soif.	Ho sete.
Ich habe Hunger.	J'ai faim.	Ho fame.
Ich muss zur Toilette.	Je dois aller aux toilettes.	Devo andare in bagno.
Ich muss Wasser (Urin) lassen.	Je dois laisser de l'eau. Je dois laisser de l'urine.	Devo acqua. Devo urinare.
Ich muss Stuhlgang.	Je dois démarche de chaise.	Devo andara di corpo.
Ich habe Schmerzen.	J'ai douleurs.	Ho dolori.
+ brennende Schmerzen.	J'ai douleurs cuisantes.	Ho dolori pungenti.
+ stechende Schmerzen.	J'ai douleurs lancinantes.	Ho dolori lancinant.
+ sehr starke Schmerzen.	J'ai très vives douleurs.	Ho dolori molto forti.
+ kolikartige Schmerzen.	J'ai douleurs de convulsif.	Ho dolori tipo colica.
+ leichte Schmerzen.	J'ai légères douleurs.	Ho dolori leggeri.
Ich brauche Ruhe.	J'ai besoin de calme.	Ho bisogno di riposo.
Ich möchte schlafen.	J'aimerais dormir.	Vorrei dormire.
Ich kann nicht schlafen.	Je ne peux pas dormir.	Ho bisogno di riposo.
Wann kommt der Arzt?	Quand le médecin vient-il ?	Quando passa il medico?
Wie viel Uhr ist es?	Quelle heure est-il ?	Che ore sono?
Ich möchte mich waschen.	J'aimerais me laver.	Vorrei lavarmi.
Ich möchte aufstehen.	Je voudrais me lever.	Vorrei alzarmi.
Mir ist warm.	J'ai chaud.	Ho caldo.
Ich friere.	J'ai froid.	Ho freddo.
Bitte schließen Sie das Fenster.	Veuillez fermer la fenêtre.	Per favore chiuda la finestra.
Bitte öffnen Sie das Fenster.	Veuillez ouvrir la fenêtre.	Per favore apra la finestra.
Ich habe Angst.	J'ai peur.	Ho paura.

Bitte rufen Sie meine Frau an. Bitte rufen Sie meinen Ehemann an.	Veuillez appeler ma femme. Veuillez appeler mon mari.	Si prega di chiudere la finestra. Si prega di aprire la finestra.

Deutsch	Französisch	Italienisch
Gesundheitspflegende	**Soignant la santé**	**Sanità**
Guten Morgen! Guten Tag! Guten Abend!/Gute Nacht!	Bonjour! Bonjour! Bonsoir ! Bonne nuit!	Buongiorno! Buona giornata! Buonasera! Buonanotte!
Wie geht es Ihnen?	Comment allez-vous?	Come sta?
Was möchten Sie essen?	Que voudriez-vous manger?	Ciò che si mangia?
Was möchten Sie trinken?	Que voudriez-vous boire?	Cosa vorresti da bere?
Kann ich Ihnen helfen?	Puis-je vous aider?	Posso aiutarti?
Liegen Sie gut?	Etes-vous allongés bien?	Stai bene?
Sitzen Sie gut?	Etes-vous assis bien ?	Stai bene?
Das sind ihre Medikamente.	Ce sont ses médicaments.	Queste sono le vostre medicine.

7.6 Wörtertafel und unterstützende Sätze auf Niederländisch und Norwegisch

7.6.1 Wörtertafel Niederländisch und Norwegisch

Deutsch	Niederländisch	Norwegisch
Begrüßung und Wörter	**Welkom en Woorden**	**Velkommen og ord**
Kommunikation	**Samenhang**	**Uttrykk**
Guten Morgen, Tag, Gute(n) Abend/Nacht!	Goedemorgen! Goede dag! Dag! Goedenavond! Goedenacht!	God morgen! God dag! God aften! God kveld! God natt!
gestern	gisteren	i går
heute	vandaag	i dag
morgen	morgen	i morgen
Wie geht es Ihnen?	Hoe gaat het?	Hvordan har du det?
Verstehen Sie mich?	Begrijp je me?	Forstår du meg?
gut	goed	God, bra
schlecht	slechte	dårlig
danke, bitte	bedankt, verzoek	take, bønn

ja nein langsam schnell	ja no langzaam snell	si nei langsom rask
Ausscheidung	**Excretie**	**Exkretion**
Abführmittel Durchfall Erbrechen Toilette Stuhlgang Urin Urinflasche Verstopfung	Laxerend Diarree Braken WC krukken urine urine fles constipatie	Avføringsmiddel Diaré Oppkast Toalett Avføring Urin Urin flaske Forstoppelse
Behandlung	**behandeling [bəˈhandəlɪŋ]**	**Terapi/Behandling**
Blutdruck messen Temperatur messen Infusion Tropfen Medikamente Schmerzmittel Verband Wiegen	Maatregel bloeddruk Maatregel temperatuur Infusie druppels Geneesmiddelen Pijn relievers Verband wegen	Måle blodtrykket temperatur veier infusjon drops medisiner smerte relievers Foreningen veie
Bewegung	**Verkeer**	**Bevegelse**
Am Tisch Bett höher stellen Bett niedriger stellen gehen, laufen liegen Liegen Sie gut? sitzen stehen	aan de tafel Verhogen bed Lagere plaats bed gaan, lopen liggen Bent u goed? zitten staan	ved bordet lavere heve sengen lavere å gjøre sengen gå, kjøre løgn Er du godt? sitte stå
Empfindungen	**Sensaties**	**Følelser**
ängstlich Atemnot durstig hungrig einsam erfreut kalt, warm traurig Schmerzen	angstig Kortademigheid dorstig hongerig eenzame blij koude, warme verdrietig pijn doen	engstelig Kortpustethet tørst sulten ensom glad kulde, varme være trist Smerte

Übelkeit	misselijkheid	Kvalme
Ernährung	**Voeding**	**Ernæring**
Frühstück Mittagessen Abendessen Getränk: Kaffee, Kakao, Milch, Tee, Wasser, Fruchtsaft mehr essen weniger essen mehr trinken weniger trinken Gabel Löffel klein Löffel groß Messer Tasse Teller	Ontbijt Middagmaaltijd avondmaaltijd drankje: Koffie, cacao, melk, thee, water, vruchtensap meer eten minder voedsel meer drinken minder drankje Vork lepel kleine lepel groot mes Cup Plaat	Frokost Lunsj Kveldsmat Drikk: Kaffe, kakao, melk, te, vann, juice mer spise mindre mat mer drikke mindre drikke Gaffel Skjeen små Skjeen stor Kniv Cup Plate
Familie	**Familie**	**Familie**
Mutter, Mütter Vater, Väter Großmutter Großvater Tochter Sohn Enkelkind Schwester/Schwestern Bruder Angehörige Freundin, Freund	Moe, Moeën Vader, Vaderen Grootvader grootmoeder Dochter Zoon Kleinkind Zus/Zussen Broeder/Broeders Onderdanen Vriend, Vriendin	Mor, Mødre Far, Fedre Bestemor Bestefar Datter Sønn Barnebarn Søster, Søstre Bror, Brødre den Bekjente Venninne, Venn
Körperpflege	**Lichaamsverzorging**	**Kroppspleie**
ankleiden auskleiden, ausziehen duschen eincremen rasieren waschen ruhen schlafen Bürste, Kamm Zahnbürste	aankleden revet, uitkleden douche crème scheren wassen rest slaap Borstel, Kam tandenborstel	kle se kle ta en dusj krem barbering vask resten søvn Børste, Kam Tannbørste

Körperteile	**Delen van het lichaam**	**Deler av kroppen**
Arm	Arm	Arm, Fattig
Bauch	buik	Mage
Bein	been	Bein
Kopf, Gesicht	hoofd, Gelaat	Hode, Ansikt
Mund	mond	Munnen
Nase	neus	Nese-
Rachen	keel	Svelg
Rücken	achterste	Rygg
Zähne	kiezen tand	Tenner
Zahnersatz	vervanging	Tann erstatning
Messgrößen	**Statistieken**	**Mål / Beregninger**
Sekunde	Tweede	Andre
Minute	Minuut	Minutt
Stunde	Uur	Time
Liter	Liter	Liter
Gramm	Gram	Gram
Kilogramm	Kilogram	Kilo
Personal	**personeel**	**Personalia oder Ansatte**
Ärztin, Arzt	Dokteres, Arts	Lege
Gesundheitspflegerin, Gesundheitspfleger	Verpleegster	Sykepleier
Hausmeister	havenmeester	Vaktmester
Hauswirtschaftlerin	housekeeper	Huset bibliotek
Koch, Köchin	Kok, Kokkin	Matlaging
Reinigungskraft	Stomerijkracht	Renholdspersonalet
Pflegedienstleitung	Directeur van Verpleegs-ter	Sykepleie servicestyring
Therapieteam	Therapieteam	Terapi team
Bestatter	Besturen	Undertaker
Schmerzen	**pijn doen**	**Smerte**
Keine Schmerzen	Geen pijn	Ingen smerte
Leichte Schmerzen	Licht pijn	Mild smerte
Starke Schmerzen	Sterke pijn	Sterke smerte
Bauchschmerzen	Buikpijn	Magesmerter
Brustschmerzen	borst pijn	bryst smerter
Gelenkschmerzen	pijn in de gewrichten	leddsmerter
Herzschmerzen	hart pijn	hjerte smerter
Knochenschmerzen	bot pijn	bein smerte
Kopfschmerzen	hoofdpijn	hodepine
Wo verspüren Sie Schmerzen?	Waar voel je pijn?	Hvor føler du smerter?

An welcher Körperstelle schmerzt es genau?	Bij welke één van het lichaam doet het pijn precies?	Som en av kroppen gjør det vondt akkurat?
Seelsorge	**Pastorale zorg**	**Sjelesorg**
beten	bidden	be [be:] ‹ba, bedt›
Pfarrer	Pastor	Pastor
Seelsorger	Aalmoezeniers	Kapellaner
sterben	sterven	dør
Tod	Dood	Død
Wochentage	**Dagen van de week**	**Ukedager**
Montag	Maandag	Mandag
Dienstag	Dinsdag	tirsdag
Mittwoch	Woensdag	onsdag
Donnerstag	Donderdag	torsdag
Freitag	Vrijdag	fredag
Samstag	Zaterdag	lørdag
Sonntag	Zondag	søndag

7.6.2 Unterstützende Sätze auf Niederländisch und Norwegisch

Deutsch	**Niederländisch**	**Norwegisch**
Für den Klient	**Voor de Klanten**	**For klienten**
Ich liege nicht bequem.	Ik ben niet comfortabel.	Jeg er ikke komfortabel.
Ich sitze nicht gut.	Ik ben niet goed.	Jeg er ikke bra.
Ich möchte aufstehen.	Ik zou willen opstaan.	Jeg ønsker å stå opp.
Ich möchte ins Bett.	Ik wil naar bed te gaan.	Jeg ønsker å gå til sengs.
Ich möchte auf dem Stuhl sitzen.	Ik zou graag eens op de stoel zitten.	Jeg ønsker å sitte på stolen.
Ich habe Durst.	Ik ben dorst.	Jeg er tørst.
Ich habe Hunger.	Ik heb honger.	jeg er sulten.
Ich muss zur Toilette.	Ik heb naar het toilet.	Jeg fikk på toalettet.
Ich muss Wasser (Urin)	Ik moet water hebben.	Jeg må ha vann.
lassen.	Ik heb de urine.	Jeg har urin.
Ich muss Stuhlgang.	Ik heb de stoelgang.	Jeg har avføring.
Ich habe Schmerzen.	Ik ben in pijn.	Jeg er i smerte.
+ brennende Schmerzen.	Ik heb brandende pijn.	Jeg har brennende smerter.
+ stechende Schmerzen.	Stekende pijn heb.	Jeg har knivstikking smerter.
+ sehr starke Schmerzen.	Ik heb zeer veel pijn.	Jeg har veldig sterke smerter.

+ kolikartige Schmerzen.	Ik heb kramp pijn.	Jeg har krampelignende smerter.
+ leichte Schmerzen.	Ik heb lichte pijn.	Jeg har litt smerter.
Ich brauche Ruhe.	Ik nodig rust.	Jeg trenger resten.
Ich möchte schlafen.	Ik wil slapen.	Jeg vil sove.
Ich kann nicht schlafen.	Ik kan niet slapen.	Jeg kan ikke sove.
Wann kommt der Arzt?	Wanneer komt de dokter?	Når kommer legen?
Wie viel Uhr ist es?	Hoeveel tijd is het?	Hvor mye er klokka?
Ich möchte mich waschen.	Ik wil me wassen.	Jeg ønsker å vaske meg.
Ich möchte aufstehen.	Ik zou willen opstaan.	Jeg ønsker å stå opp.
Mir ist warm.	Het is warm.	Det er varmt.
Ich friere.	Ik ben bevriezen.	Jeg fryser.
Bitte schließen Sie das Fenster.	Sluit het venster.	Lukk vinduet.
Bitte öffnen Sie das Fenster.	Open het venster.	Åpne vinduet.
Ich habe Angst.	Ik ben bang.	Jeg er redd.
Bitte rufen Sie meine Frau an.	Neem contact op met mijn vrouw.	Ring min kone.
Bitte rufen Sie meinen Ehemann an.	Neem contact op met mijn echtgenoot.	Ring min mann.

Deutsch	**Niederländisch**	**Norwegisch**
Gesundheitspflegende	**Gesundhetispflegende**	**Sykepleier**
Guten Morgen! Guten Tag! Guten Abend!/Gute Nacht!	Goede morgen! Goedendag! (Dag!) Goeden avond! Goede nacht!	God morgen! God dag! God kveld! God natt!
Wie geht es Ihnen?	Hoe gaat het?	Hvordan har du det?
Was möchten Sie essen?	Wat zou je eet?	Hva vil du spise?
Was möchten Sie trinken?	Wat zou u willen drinken?	Hva vil du drikke?
Kann ich Ihnen helfen?	Kan ik je ergens mee helpen?	Kan jeg hjelpe deg?
Liegen Sie gut?	Bent u goed?	Er du godt?
Sitzen Sie gut?	Bent u goed?	Er du godt?
Das sind ihre Medikamente.	Dit zijn uw medicijnen.	Dette er din medisiner.

7.7 Wörtertafel und unterstützende Sätze auf Polnisch

7.7.1 Wörtertafel Polnisch

Deutsch	**Polnisch**	**Polnische Aussprache**
Begrüßung und Wörter	**Powitanie i Slowas**	**Powitanie i Stowa**
Kommunikation	**Komunikacjcz**	**Komunikatzja**
Guten Morgen, Tag, Gute(n) Abend/Nacht!	Dzień Dobry! (Vormittag und Nachmittag) Dobry wieczór! Dobra Noc!	Dschien dobrie! Dobri wietschur! Dobra noz!
gestern	wczoraj	wtschoraj
heute	dzisaj	dschisial
morgen	jutro	jutro
Wie geht es Ihnen?	Jak Panu? Pani leci?	Jak panu letschi?
Verstehen Sie mich?	Rozumie mnie pani?	Rosumje mnje pani?
gut	dobrze	dobsche
schlecht	źle,	zschle
danke, bitte	dziekuje, proszę	dschieku, proschen
ja	tak	tak
nein	nie	nje
langsam	powoline (pomatu)	powolnje
schnell	szybko	schibko
Ausscheidung	**Ekskrementy**	**Ekskremente**
Abführmittel	Śroi Przeczyszczajace	Schrodek do pschetschischtschenia
Durchfall	Bozwolnienie	Bjegunka
Erbrechen	Wymioty	Wimioti
Toilette	Toaleta	Ubikazja
Stuhlgang	Kau (Kupa)	Stolez
Urin	Mocz	Motsch
Urinflasche	Butelka na Moczu	Butelka do motschu
Verstopfung	Zatwardzenie	Satwartsenje
Behandlung	**Terapia**	**Terapia**
Blutdruck messen	Mierzyć ciśnienie krwi	Mieschitsch tschischnjenje
Temperatur messen	Mierzyć gorączkę	Mietschitsch gorontschke
Infusion	Infuzja	Infusia
Tropfen	Krople	Krole
Medikamente	Tabletki, Leki	Tabletki, Leki
Schmerzmittel	Stodek przeciwbólowy	Schrodek pschetschiwbulowy
Verband	Opatrunek, Bandaż	Opatrunek, Bandasch

wiegen	zważyc	swaschytsch
Bewegung	**Ruch**	**Ruch**
Am Tisch Bett höher stellen Bett niedriger stellen gehen, laufen liegen Liegen Sie gut? sitzen stehen	Przy stole Łożko zrobić wyżej Łożko zrobić niżej iść leżeć, bieganie leżeć Leży pan drobreze? Leży pani drobreze? siedzieć stać	Pschi stole Luschko zrobitsch wi-schey Luschko zrobitsch ni-schej Lschtsch, bieganie leschetsch Leschip pan dobsche? Letschi Pani dobsche? schidizjetsch statsch
Empfindungen	**Odczucie**	**Oduksia**
ängstlich Atemnot durstig hungrig einsam erfreut kalt, warm traurig Schmerzen Übelkeit	strach Duszność spragniony głodny samotny cieszyć zimno, cieplo smutny bóle mdłości	lenkliwi duschnoschcz Spragnoni glodni samotni tscheschik simno, tscheplo smutno bule Mdloschtschi
Ernährung	**Odżywianie**	**Odzwenia**
Frühstück Mittagessen Abendessen Getränk: Kaffee, Kakao, Milch, Tee, Wasser, Fruchtsaft mehr essen weniger essen mehr trinken weniger trinken Gabel Löffel klein Löffel groß Messer Tasse Teller	Śniadanie Opbiad Kolacja Picie: Kawa, Kakao (Czarne albo Kaba), Mleko, Herbata, Woda, Sok wiecej jedzenia mniej jedzenia wiecej pić mniej pić Widelec Mała łyźka Duża łyźka nóż Kubek Talerz	sniadanje Objad Kolazja Kawa, Kakao, Mleko, Cherbata, Woda, Sok wjenzej jeschcz mnjej jesczcz wienzej pitsch mnjej pitsch Widelez Mala lischka Duscha lischka Nusch Kubek Talesch

Familie	**Rodzina**	**Rodschina**
Mutter	Matka, Mama	Matka
Vater	Ojciec	Ojtzjez
Großmutter, Oma	Babka, Babcia	Babka, Babzel
Großvater	Dziadek	Tscheidek
Tochter	córka	curka
Sohn	Syn	Sin
Enkelkind	Wnuczek; Wnuk	Wnuschek, Wnuk
Schwester	Siostra	siostra
Bruder	Brat	Brat
Angehörige	Krewny(-a)	Krewni (-a)
Freund	Pryzyjaciel	Pschijacjel
Körperpflege	**Pielęgnacja**	**Pielngnazia**
ankleiden	ubierać sie	ubjeratsch schien
auskleiden, ausziehen	rozebrac	rozebraz
duschen	wziąć prysznic	wschonschtsch prischniz
eincremen	nacierać	natschjeracz
rasieren	golic się	golisch schien
waschen	myc się	mitsch schien
ruhen	cisza	citscha
schlafen	spać	spatsch
Bürste, Kamm	Szczotka,	Gschiebjen, schtschotka
Zahnbürste	Szczotka do zębów	Schtschotka do zembuw
Körperteile	**Części Ciala**	**Stezi Cila**
Arm	Ramiono	Ramjomo
Bauch	Brzuch	Bschuch
Bein	Noga	Noga
Kopf. Gesicht	Glowa, Bozia	Glowa, Bozia
Mund	Buzia	Usta
Nase	Nos	Nos
Rachen	Gardło	Gardlo
Rücken	Plecy	Plezy
Zähne	zęby	sembi
Zahnersatz	proteza zębów	Protesa sembua
Messgrößen	**Pomiary**	**Pomiare**
Minute	Minuta	Minuta
Sekunde	Sekunda	Sekunda
Stunde	Godzina	Godsina
Liter	Litr	Ltr
Gramm	GrammOpiekunka	Gramm
Kilogramm	Kilogram	Kilogram
Personal	**Osoby**	**Osobe**

Ärztin, Arzt	Lekarka, Lekarz	Lekarka, Lekasch
Gesundheitspflegerin,	Pielęgniarka	Opiekunka Meditschna
Gesundheitspfleger	Pielęgniarka	Opiekun Meditschnni
Hausmeister	Dozorca	Dosorza
Hauswirtschaft(lerin)	Gospodarstwo	Gospodarstow
Koch, Köchin	Kucharka, Kucharz	Kucharka, Kuchars
Reinigungskraft	Sprątaczka	Spaschontatschka
Pflegedienstleitung	Kierownik pielęgniarstwa	Kjerownik pjelegnjarstwa
Therapieteam	Tim Terapeutyczny	Tim Terapeutischni
Bestatter	Zaklad Pogrzebowy	Saklad pogschebowy
Schmerzen	**Ból**	**Bul**
Keine Schmerzen	bez Bóle	bes Bulu
Leichte Schmerzen	male Bóle	male Bule
Starke Schmerzen	wielke Bóle	wjelke Bule
Bauchschmerzen	Bóle brzucha	Bule bschucha
Brustschmerzen	Bóle piersi	Bule pierschi
Gelenkschmerzen	Bóle stawów	Bule stawowe
Herzschmerzen	Bóle serca	Bule serza
Knochenschmerzen	Ból kości	Bule
Kopfschmerzen	Bóle glowy	Bule glowi
Wo verspüren Sie Schmerzen?	Gdy czujesz ból?	Gedy tschujesch bule?
An welcher Körperstelle schmerzt es genau?	Ciało w którym dokładnie miejscu to boli?	Cewoskorym dokwadnje miejscu to bule ?
Seelsorge	**Duszpasterstwo**	**Duschposztersfor**
beten	Modlić się	motlitsch schien
Pfarrer	ksiądz	Kschiontz
Seelsorger	Ksiadz	Ksiads
sterben	umierać	umjeratsch
Tod	smierć	schmiertcsch
Wochentage	**Dni Tygodnia**	**Din Tyodnia**
Montag	Ponedzialek	Ponjedzjalek
Dienstag	Wtorek	Wtorek
Mittwoch	Środa	Schroda
Donnerstag	Czwartek	Tschwartek
Freitag	Piątek	Piontek
Samstag	Sobota	Sobota
Sonntag	Niedziela	Njedtzela

7.7.2 Unterstützende Sätze auf Polnisch

Deutsch	**Polnisch**	**Polnische Aussprache**
Für den Klient	**Dla Klijenta**	**Dla Kliienta**
Ich liege nicht bequem.	Leżę nie wygodnie.	Leschen nje wigodnje.
Ich sitze nicht gut.	Nie siedzę dobrze.	Nje siedzen dobsche.
Ich möchte aufstehen.	Chcę wstać.	Hcen wstatsch.
Ich möchte ins Bett.	Chcę iść do łozka.	Hcen ischcz do luschka.
Ich möchte auf dem Stuhl sitzen.	Chcę siedziec na krześle.	Hcen siedtschecz.
Ich habe Durst.	Chce pić.	Hze pic.
Ich habe Hunger.	Jestem głodny.	Jestern guodni.
Ich muss zur Toilette.	Muszę iść do toalety.	Musche ischc do toalety.
Ich muss Wasser (Urin) lassen.	Muszę iść do toalety.	Musche ischc do toalety.
Ich muss Stuhlgang.	Muszę iść do toalety.	Musche ischc do toalety.
Ich habe Schmerzen.	Mam bóle.	Mam bule.
+ brennende Schmerzen.	Mam piekący bóle.	Mam piekontzy bul.
+ stechende Schmerzen.	Mam kujący bóle.	Mam kujoncy bul.
+ sehr starke Schmerzen.	Mam bardzo silne bóle.	Mam barzo silne bule.
+ kolikartige Schmerzen.	Mam koliki.	Mam koliki.
+ leichte Schmerzen.	Mam lekkie bóle.	Mam lekkie bule.
Ich brauche Ruhe.	Potrzebuję spokój.	Potschebujen spokuj.
Ich möchte schlafen.	Chcę spać.	Hce spacz.
Ich kann nicht schlafen.	Nie mogę spać.	Nie mogen spacz.
Wann kommt der Arzt?	Kiedy przyjdzie doktor?	Kiedy pschijdzie doktor.
Wie viel Uhr ist es?	Która godzina?	
Ich möchte mich waschen.	Chcę się myć.	Ktura goschina.
Ich möchte aufstehen.	Chcę wstać.	Hcen wstatsch.
Mir ist warm.	Jest mi ciepło.	Jest mi tscheplo.
Ich friere.	Jest mi zimno.	Jest mi simno.
Bitte schließen Sie das Fenster.	Proszę zamknąć okno.	Prosche zamknontc okno.
Bitte öffnen Sie das Fenster.	Proszę otworzyc okno.	Prosche otwoschycz okno.
Ich habe Angst.	Boję się.	Boje schie.
Bitte rufen Sie meine Frau an.	Proszę zawołac moją żone.	Prosache sawolacmojon zone.
Bitte rufen Sie meinen	Proszę zawołac mojego	Prosche sawolac mojego

Ehemann an.	męża.	menscha.

Deutsch	**Polnisch**	**Polnische Aussprache**
Gesundheitspflegende	**Personel pielęgniarski**	**Personel pielengniarski**
Guten Morgen! Guten Tag! Guten Abend!/Gute Nacht!	Dzien Dobry! (Vormittag und Nachmittag) Dobry wieczor! Dobra Noc!	Dschien dobrie! Dobri wietschur! Dobra noz!
Wie geht es Ihnen?	Jak panu leci?/ Pani leci?	Jak pani leci? Jakpanu letsji.
Was möchten Sie essen?	Co chcę pan jeść?	Co hce pan jeschc.
Was möchten Sie trinken?	Co chcę pan pić?	Co hce pan pic.
Kann ich Ihnen helfen?	Czy mogę pomóc?	Tschi mogen pomuc.
Liegen Sie gut?	Leży pani dobrze.	Leschy pani dobsche.
Sitzen Sie gut?	Czy odpowiadałoby?	Tschi odpowiada
Das sind ihre Medikamente.	To są pana leki.	To son pana leki.

Anmerkungen zur polnischen Aussprache:

ą
c
ċ
cz
dż
ę
ch
ł
ń
ó
sz
y
ż
ź
z

7.8 Wörtertafel und unterstützende Sätze auf Portugiesisch und Ungarisch

7.8.1 Wörtertafel Portugiesisch und Ungarisch

Deutsch	Portugiesisch (português)	Ungarisch
Begrüßung und Wörter	**saudação e palavras**	**Üdvözöljük és szavak**
Kommunikation	**comunicação**	**Kommunikáció**
Guten Morgen! Guten Tag! Guten Abend! Gute Nacht!	Bom dia! Bom dia! Boa noite! Boa noite!	jó reggelt! jó napot! jó estét! jó éjszakát!
gestern	ontem	tegnap
heute	hoje	ma
morgen	amanhã	holnap
Wie geht es Ihnen?	Como você está?	hogy vagy?
Verstehen Sie mich?	Você consegue me entender?	Hallasz engem?
gut	bom	jó adj., jól adv.
schlecht	mau, má,	rossz adj., rosszul adv.
danke, bitte	Obrigado, se	köszönöm, kérés
ja	sim	igen
nein	não	nem
langsam	lento, lentamente	lassú adj., lassan adv.
schnell	rápido, ligeiro	gyors adj., gyorsan adv.
Ausscheidung	**Excrementos**	**Kiválasztás**
Abführmittel	purgante, laxante	hashajtó
Durchfall	Diarréia	hasmenés
Erbrechen	vômitos	Hányás
Toilette	casa de banho	vécé / toalett
Stuhlgang	evacuação	széklet
Urin	Urina	vizelet
Urinflasche	Frasco de urina	Vizeletgyűjtő palack
Verstopfung	obturação, entupimento	szorulás
Behandlung	**Tratamento**	**Kezelés**
Blutdruck messen	Medir pressão de sangue	Vérnyomás mérés
Temperatur messen	Meça a temperatura	Hőmérséklet mérése
Infusion	infusão	Infúziós
Tropfen	gota, Pinga, Pingo	cseppek
Medikamente	Medicamentos	Gyógyszerek
Schmerzmittel	analgésicos	fájdalomcsillapító
Verband	ligadura	kötés

Wiegen	pesar, embalar	megmér
Bewegung	**Movimento**	**Mozgás**
Am Tisch	à mesa	A táblázat
Bett höher stellen	Levantar a cama	Több helyen erősen ágy
Bett niedriger stellen	Cama de lugar inferior	Több helyen mély ágy
gehen, laufen	andar, correr (und andar)	megy, fut
liegen	deitar	fekszik
Liegen Sie gut?	Você está bem?	Nem hazudsz?
sitzen	sentado	ül
stehen	estar	áll
Empfindungen	**Sensações**	**Érzés**
ängstlich	ansioso	félénk
Atemnot	falta de ar	Légszomj
durstig	sedento	szomjas
hungrig	com fome, faminto	éhes
einsam	só, sozinho, desolado	magányos
erfreut	contente	örül (nak / nek)
kalt, warm	fria, frio, quente, com calor	hideg, meleg
traurig	triste, tristes	szomorú
Schmerzen	Dores	fáj
Übelkeit	agonia, enjoo	hányinger
Ernährung	**alimentação**	**Táplálkozás**
Frühstück	pequeno-almoço, café-da-manhã	Reggeli
Mittagessen	almoço	ebéd
Abendessen	jantar	vacsora
Getränk: Kaffee, Kakao, Milch, Tee, Wasser, Fruchtsaft	bebida: Café, cacau, leite, chá, água, suco	ital: kávé, Kakaó, tej, tea víz, gyümölcslé
mehr essen	comer mais	többet eszik
weniger essen	comer menos	Egyél kevesebbet
mehr trinken	beber mais	többet isznak
weniger trinken	beber menos	kevesebbet iszom
Gabel	Garfo	villa
Löffel klein	Colher pequena	Kis kanál
Löffel groß	Colher grande	Nagy kanállal
Messer	faca	kés
Tasse	copo	csésze
Teller	prato	tányér

Familie	família	család
Mutter	Mãe	Anya
Vater	pai	apa
Großmutter	avó	nagymama
Großvater	avô	nagypapa
Tochter	filha	lánya
Sohn	filho	fia
Enkelkind	netos	unoka
Schwester	irmã	húga
Bruder	irmão	bátyja
Angehörige	pessoa de família	hozzátartozó
Freundin, Freund	Namorada, Amigo	barátnő, barát
Körperpflege	**higiene do corpo**	**Testápolás**
ankleiden, anziehen	vestir, atrair, calçar	felöltözik
auskleiden, ausziehen	despir, revestir de	revet, levetkőzik
duschen	tomar banho	hogy egy zuhany
eincremen	pôr creme em	krém
rasieren	barbear	borotválkozás
waschen	lavagem	mos
ruhen	descansar	többi
schlafen	dormir	alszik
Bürste, Kamm	escova, Crista	kefe, fésű
Zahnbürste	escova de dentes	fogkefe
Körperteile	**Parte do corpo**	**Testrészek**
Arm, Arme	Braço, Braços	Kar, Karok
Bauch	barriga	has
Bein, Beine	Perna, Pernas	láb, Lábak
Finger	Dedo, dedos	ujj
Haar, Haare	Pelo, Cabelo	Haj, Hajam
Kopf, Gesicht	Cabeça, rosto	fej, arc
Auge, Augen	Oolho	szem, Szemét
Mund, Lippe, Lippen	boca, lábio, lábios	száj
Nase	nariz	orr
Ohr, Ohren	orelha, Orelhas	fül, füle
Rachen	Garganta	torok
Rücken	Dorso	hát
Zähne	Dentes	fogak
Zahnersatz	dentadura postiça	fog
Zunge	língua	Fogpótlás
Messgrößen	**Métricas**	**Metrikák**
Sekunde	segunda	Második
Minute	Minuto	perces

Stunde Liter Gramm Kilogramm	hora litros gramas quilogramas	óra liter gramms Kilogramms
Personal	**Pessoal**	**Személyzet**
Ärztin, Arzt Gesundheitspflegerin, Gesundheitspfleger Hausmeister Hauswirtschaftlerin Koch, Köchin Reinigungskraft Pflegedienstleitung Therapieteam Bestatter	médica, médico Enfermeira de saúde Enfermeira de saúde porteiro Dona de casa cozinheiro, cozinheira Poder de limpeza Gerenciamento de servi- ços de enfermagem Equipe de terapia Agente funerário	orvos nővér betegápoló Gondnok Ház igazgatója Házve- zetőnő Szakács Tisztítási teljesítmény Ápolói szolgáltatás- menedzsment Terápia-csapat Vállalkozó
Schmerzen	**Doer**	Fáj
Keine Schmerzen Leichte Schmerzen Starke Schmerzen Bauchschmerzen Brustschmerzen Gelenkschmerzen Herzschmerzen Knochenschmerzen Kopfschmerzen Wo verspüren Sie Schmerzen? An welcher Körperstelle schmerzt es genau?	Sem dor Dor leve Dor severa dores de barriga Dor no peito dor nas articulações dor no coração dores nos ossos dores de cabeça Onde você sente dor? Em qual do corpo dói exatamente?	Nincs fájdalom Enyhe fájdalom Súlyos fájdalom Hasi fájdalom Mellkasi fájdalom Ízületi fájdalom Szív-fájdalom Csontfájdalom fejfájás Ha úgy érzi, fájdalom? Mely a szervezet egyik fáj pontosan?
Seelsorge	**Cuidado pastoral**	**Lelkészek**
beten Pfarrer Seelsorger sterben Tod	rezar padre, sacerdotisa (w), sacerdote (m) Capelães morrer, falecer morte	imádkozik Lelkész Lelkészek meghal halál
Wochentage	**Semena**	**A hét napjai**
Montag Dienstag Mittwoch	Segunda terça quarta	Hétfő kedd szerda

Donnerstag Freitag Samstag Sonntag	quinta sexta sábado domingo	csütörtök péntek szombat vasárnap

7.8.2 Unterstützende Sätze auf Portugiesisch und Ungarisch

Deutsch	**Portugiesisch**	**Ungarisch**
Für den Klient	**Para os clientes**	**Az ügyfél**
Ich liege nicht bequem.	Não estou confortável.	Im ' nem kényelmes.
Ich sitze nicht gut.	Eu não sou bom.	Én nem vagyok jó.
Ich möchte aufstehen.	Eu gostaria de levantar.	Azt szeretném, hogy áll-jon fel.
Ich möchte ins Bett.	Eu gostaria de ir para a cama.	Szeretnék lefeküdni.
Ich möchte auf dem Stuhl sitzen.	Eu gostaria de sentar na cadeira.	Szeretnék ülni a széken.
Ich habe Durst.	Estou com sede.	Nem vagyok szomjas.
Ich habe Hunger.	Estou com fome.	éhes vagyok.
Ich muss zur Toilette.	Tenho a casa de banho.	Van a toalett.
Ich muss Wasser (Urin) lassen.	Tenho urina.	Azt kell, hogy vizet.
Ich muss Stuhlgang.	Tenho movimento inte-stinal.	Nekem van a székletürítés.
Ich habe Schmerzen.	Não tenho dor.	Én vagyok a fájdalom.
+ brennende Schmerzen.	Eu tenho dor em quei-mação.	Nekem van, égő fájda-lom.
+ stechende Schmerzen.	Tenho dor pungente.	Nekem van szúró fájda-lom.
+ sehr starke Schmerzen.	Eu tenho muito muita dor.	Van nagyon sok fájdal-mat.
+ kolikartige Schmer-zen.	Eu tenho dor convulsiva.	Kollikartige fáj.
+ leichte Schmerzen.	Tenho uma ligeira dor.	Enyhe fájdalom van.
Ich brauche Ruhe.	Eu preciso de descanso.	Szükségem van a többi.
Ich möchte schlafen.	Eu quero dormir.	Azt szeretném, hogy aludni.
Ich kann nicht schlafen.	Eu não consigo dormir.	Nem tud aludni.
Wann kommt der Arzt?	Quando vem o médico?	Mikor jön az orvos?
Wie viel Uhr ist es?	Quanto tempo é?	Mennyi idő ez?
Ich möchte mich wa-	Eu gostaria de lavar-me.	Azt akarom, hogy mossa

schen. Ich möchte aufstehen.	Eu gostaria de subir.	meg. Azt szeretném, hogy áll-jon fel.
Mir ist warm.	Está quente.	Nekem meleg.
Ich friere.	Eu estou congelando.	Nem fagy.
Bitte schließen Sie das Fenster.	Por favor, feche a janela.	Zárja be az ablakot.
Bitte öffnen Sie das Fenster.	Por favor, abra a janela.	Kérjük, nyissa meg a ablakot.
Ich habe Angst.	Estou com medo.	Én félek.
Bitte rufen Sie meine Frau an.	Por favor liga para minha esposa.	Kérjük, hívja fel a feleségemet.
Bitte rufen Sie meinen Ehemann an.	Por favor, ligue para meu marido.	Kérjük, hívja a férjem.

Deutsch	**Portugiesisch**	**Ungarisch**
Gesundheitspflegende	**Cuidados de saúde**	**Egészség megőrzése**
Guten Morgen! Guten Tag! Guten Abend! Gute Nacht!	Bom dia! Bom dia! Boa noite! Boa noite!	jó reggelt! jó napot! jó estét! jó éjszakát!
Wie geht es Ihnen?	Como você está?	Hogy vagy?
Was möchten Sie essen?	O que você comeria?	Mit kíván enni?/ Mit sze-retnél enni?
Was möchten Sie trin-ken?	O que você gostaria de beber?	Mit szeretne inni?
Kann ich Ihnen helfen?	posso ajudá-lo?	Segíthetek?
Liegen Sie gut?	Você está bem?	Nem hazudsz?
Sitzen Sie gut?	Você se sente bem?	Ne ülj?
Das sind ihre Medika-mente.	Estes são os medicamen-tos.	Ezeket a gyógyszereket.

7.9 Wörtertafel und unterstützende Sätze auf Russisch

7.9.1 Wörtertafel Russisch

Deutsch	Russisch	Russische Aussprache
Begrüßung und Wörter	**Добро пожаловать и слова**	**Dobro pozhalovat' i slova**
Kommunikation	**связи**	**Svyazi**
Guten Morgen! Guten Tag, Guten Abend! Gute Nacht!	Доброе утро! Добрый день! Добрый вечер! Спокойной ночи!	Dobryi den! Dobryi denj! Dobryi wetscher! Spokojnoj notschi!
gestern	вчера	wtschera
heute	сегодня	sewodnja
morgen	завтра	sawtra
Wie geht es Ihnen?	как ваши дела?	Kak waschi dela?
Verstehen Sie mich?	Вы понимаете меня?	Wy ponimajete menja!
gut	хорошо	horoscho
schlecht	плохо	da
danke, bitte	спасибо, пожалуйста	spasibo, poshalusta
ja	да,	da
nein	нет	net
langsam	медленно,	medleno
schnell	быстро	bystro
Ausscheidung	**выделение**	**Vydeleniye**
Abführmittel	Слабительное средство,	slabiteljnoje
Durchfall	Провал,	ponos
Erbrechen	Вскрывают,	rwoto
Toilette	Туалет,	tualet
Stuhlgang	сгуп,	stul
Urin	Моча,	motscha
Urinflasche	Мочеприемник,	motscheprijomnik
Verstopfung	Засорение	sapor
Behandlung	**лечение**	**Lecheniye**
Blutdruck messen	Кровяное давление измеряют,	Imserjatj krowjanoje
Temperatur messen	Температуру измеряют,	Ismerjatj temperaturu
Infusion	Вливание,	wliwanije
Tropfen	Капают,	kapli
Medikamente	Медикаменты,	lekarstwo/medikamenty
Schmerzmittel	Болеутоляющее	boleutolyayushcheje
wiegen	Весить	vesit'

Bewegung	**Движение**	**Dvizheniye**
Am Tisch Bett höher stellen Bett niedriger stellen gehen, laufen liegen Liegen Sie gut? sitzen stehen	За столом. Кровать ставят выше. Кровать ставят ниже. идут, бегут, лежат, Вы удо́бно Лежите? сидят, стоять	Sa stolom Podnjatj krowatj wysche Opustitj krowatj nishe begatj leshatj Wy udobno leshite? sidetj stojatj
Empfindungen	**чувства**	**Chuvstva**
ängstlich Atemnot durstig hungrig einsam kalt, warm traurig Schmerzen Übelkeit	Боязливо, уду́шье, жа́ждущий, голо́дный, одино́кий, холодно, тепло, гру́стный, Болят, Тошнота	bojasliwyl uduschje shashduschtschij golodnyj odinokij holodno, teplo grusnyl boli toschnota
Ernährung	**питание**	**Pitaniye**
Frühstück Mittagessen Abendessen Getränk: Kaffee, Kakao, Milch, Tee, Wasser mehr essen weniger essen mehr trinken weniger trinken Gabel Löffel klein Löffel groß Messer Tasse Teller	Завтрак, обе́д, Ужин напиток: Кофе, какао, молоко, чай, вода, фруктовый сок больше едят, меньше едят, больше пьют, Вилка, маленькая ложка большая ложка, Нож, Чашка, Тарелка	sawtrak obed ushin Kafe, Kakao, moloka, Tschaj, wda bolschje jestj menjsche jestj bolschje pitj menjsche pitj wilka boljschaja loshka malenjkaja loshka nosh tschaschka tarelka
Familie	**семья**	**Sem'ya**
Mutter Vater Großmutter Großvater Tochter Sohn	Мать, Отец, Бабушка, Дедушка, Дочь, Сын,	matj otez babuschka dirbuschka dotsch syn

Enkelkind	Внук,	wnuk
Schwester	Сестра,	sestra
Bruder	Брат	brat
Angehörige	семья	semja
Freundin, Freund	приятельница, приятель	drug, podruga
Körperpflege	**Тоалетни принадлежности**	**Toaletni prinadlezhnosti**
Ankleiden, anziehen	одевать, приманить	Ubjeratsch schien
Duschen	принимать душ	Wschonschtsch prischnitz
eincremen	нама́зывать кре́мом	natschjeracz
rasieren	бритье	golitsch schien
waschen	мытье	mitsch schien
ruhen	покоиться, отлеживаться,	nakotsbar
schlafen	спать	spatsch
Bürste, Kamm	щетка, гребенка	Schtschotka, Gschiebjen
Zahnbürste	зубная щетка	Schtschotka do zembuw
Zunge	язык	sjuzik
Körperteile	**части На Тялото**	**chasti Na Tyaloto**
Arm	рука	ruka
Bauch	живот	shiwot
Bein	нога́, Ноги	noga
Finger	палец	palets
Haar, Haare	волосы	volosy
Kopf	глава	glava
Auge	глаз	glaz
Mund, Lippe	рот, губа́	rot, dypa
Nase	нос	nos
Ohr, Ohren	ухо, ушной	uschmoj
Rachen	зев	gorlo
Rücken	спина	spina
Zähne	зубы	suby
Zahnersatz	зубной проте́з	Subnoj protes
Zunge	язык	sjuzik
Messgrößen	**метрика**	**Metrika**
Sekunde	Секунда	Sekunda
Minute	Минута	Minuta
Stunde	Час	tschas
Liter	Литр	litr
Gramm	Грамм	gramm

Kilogramm	Килограмм	kilorgramm
Personal	**сотрудники**	**Sotrudniki**
Ärztin, Arzt	врач, медик	wratsch
Gesundheitspflegerin,	санитарка, санита́р	sanitarka, Sanitar
Gesundheitspfleger		
Hausmeister	смотритель	smotritelj
Reinigungskraft	очиститель	Ochistitelj
Pflegedienstleitung	убеорщица	uborschtschiza
Therapeut/in	слу́жба	slushby
Bestatter	терапе́вт	zterepirft
	бюро	bjuro
Schmerzen	**боль**	**Bol'**
Keine Schmerzen	Легкие болей	Neboljscha
Leichte Schmerzen	Никаких боли	Nikakja bolj
Starke Schmerzen	Сильные боли	Siljnaja
Bauchschmerzen	Боли в животе,	Bolj w shiwote
Brustschmerzen	Боли в груди,	Bolj w grudi
Gelenkschmerzen	Боли сочленения,	Bolj kanitschizdrj
Herzschmerzen	Сердечные боли,	Serdetschnaja bolj
Kopfschmerzen	Головные боли	Golownaja bolj
Wo verspüren Sie Schmerzen?	Где вы чувствуете боль?	Gde vy chuvstvuyete bol'?
An welcher Körperstelle schmerzt es genau?	В какой части тела она болит именно?	V kakoy chasti tela ona bolit imenno?
Seelsorge	**Духовное благополучие**	**Dukhovnoye blagopo-luchiye**
beten	молятся	molitjsja
Pfarrer	Священник	pastryr
Seelsorger	Духовная помощь	swjaschtschennik
sterben	умирают	umiratj
Tod	Смерть	smertj
Wochentage	**будни**	**Budni**
Montag	Понедельник	ponedeljnik
Dienstag	Вторник	wtornik
Mittwoch	Среда	sreda
Donnerstag	Четверг	tschtwerg
Freitag	Пятница	pjatniza
Samstag	Суббота	subbota
Sonntag	Воскресенье	woskresenje

7.9.2 Unterstützende Sätze auf Russisch

Deutsch	**Russisch**	**Russische Aussprache**
Für den Klient	**Для клиента**	**Dlya kliyentov**
Ich liege nicht bequem.	Я не комфортно.	YA ne komfortno.
Ich sitze nicht gut.	Я не сидит хорошо.	YA ne sidit khorosho.
Ich möchte aufstehen.	Я хочу, чтобы встать.	YA khochu, chtoby vstat'.
Ich möchte ins Bett.	Я хочу, чтобы лечь в постель.	YA khochu, chtoby lech' v postel'.
Ich möchte auf dem Stuhl sitzen.	Я хочу, чтобы сидеть на стуле.	YA khochu, chtoby sidet' na stule.
Ich habe Durst.	Я хочу пить.	YA khochu pit'.
Ich habe Hunger.	Я голоден.	YA goloden.
Ich muss zur Toilette.	Я должен идти в туалет.	YA dolzhen idti v tualet. YA dolzhen mochit'sya.
Ich muss Wasser (Urin) lassen.	Я должен мочиться.	
Ich muss Stuhlgang.	У меня есть движение кишечника.	U menya yest' dvizheniye kishechnika.
Ich habe Schmerzen.	У меня есть боль.	U menya yest' bol'.
+ brennende Schmerzen.	Я жгучая боль.	YA zhguchaya bol'.
+ stechende Schmerzen.	У меня стреляющие боли.	U menya strelyayushchiye boli.
+ sehr starke Schmerzen.	У меня очень сильную боль.	U menya ochen' sil'nuyu bol'.
+ kolikartige Schmerzen.	У меня колики боль.	U menya koliki bol'.
+ leichte Schmerzen.	У меня есть незначительные боли.	U menya yest' neznachitel'nyye boli.
Ich brauche Ruhe.	Мне нужно молчание.	Mne nuzhno molchaniye.
Ich möchte schlafen.	Я хочу спать.	YA khochu spat'.
Ich kann nicht schlafen.	Я не могу спать.	YA ne mogu spat'.
Wann kommt der Arzt?	Когда будетврач?	Kogda budet vrach?
Wie viel Uhr ist es?	Сколько часов это?	Skol'ko chasov eto?
Ich möchte mich waschen.	Я хочу, чтобы помыться.	YA khochu, chtoby pomyt'sya.
Mir ist warm.	Я чувствую теплый.	YA chuvstvuyu teplyy.
Ich friere.	Я замерзания.	YA zamerzaniya.
Bitte schließen Sie das Fenster.	Пожалуйста, закройте окно.	Pozhaluysta, zakroyte okno.
Bitte öffnen Sie das	Пожалуйста, откройте	Pozhaluysta, otkroyte

Fenster. Ich habe Angst. Bitte rufen Sie meine Frau an. Bitte rufen Sie meinen Ehemann an.	окно. Я боюсь. Пожалуйста, позвоните моей жене. Пожалуйста, позвоните мужу.	okno. YA boyus'. Pozhaluysta, pozvonite moyey zhene. Pozhaluysta, pozvonite muzhu.

Deutsch	**Russisch**	**Russische Aussprache**
Gesundheitspflegende	**Медсестры Здоровье**	**Medsestry Zdorov'ye**
Guten Morgen! Guten Tag! Guten Abend! Gute Nacht!	Доброе утро! Добрый день! Добрый вечер! Спокойной ночи!	Dobryi den! Dobryi denj! Dobryi wetscher! Spokojnoj notschi!
Was möchten Sie essen?	Что бы вы хотели, чтобы поесть?	Chto by vy khoteli, chtoby poyest'?
Was möchten Sie trinken?	Что бы вы хотели выпить?	Chto by vy khoteli vypit'?
Kann ich Ihnen helfen?	Я могу вам помочь?	YA mogu vam pomoch'?
Liegen Sie gut? Sitzen Sie gut? Das sind ihre Medikamente.	Ли также? Вы сидите? Это их лекарства.	Li takzhe? Vy sidite? Eto ikh lekarstva.

7.10 Wörtertafel und unterstützende Sätze auf Türkisch

7.10.1 Wörtertafel Türkisch

Deutsch	**Türkisch**	**Türkische Aussprache**
Begrüßung und Wörter	**Selam ve ifade vermek**	**Selam we ifade vermek**
Kommunikation	**Iletişim**	**Iletschim**
Guten Morgen! Guten Tag! Guten Abend! Gute Nacht!	Günaydin! Merhaba! Iyi Akşamlar! Iyi geceler!	Günajdin! Merhaba! Iji Akschmlar! Iji geceler!
gestern	dün	dün
heute	bugün	bugün
morgen	yarin	jarin
Wie geht es Ihnen?	Nasilsiniz?	Nazilzinis?
Verstehen Sie mich?	Beni anliyor musunuz?	Beni anlijormuzunus?
gut	iyi	iji
schlecht	kötü	kötü

danke, bitte	teşekkür ederim, lütfen	teschekkür ederim, lütwen
ja	evet	ewet
nein	hayir	hajir
langsam	yavaş	jawasch
schnell	cabuk	tschabuk
Ausscheidung	**Ifrazat**	**Ifrasat**
Abführmittel	Müstril	Müztril
Durchfall	Ishal	Izhal
Erbrechen	Kusma	Kuzma
Toilette	Tuvalet	Tuwalet
Stuhlgang	Büyük abdest	Büjük abdest
Urin	idrar	Idrar
Urinflasche	idrar şişesi	Idrar schischezi
Verstopfung	Kabizlik	Kabislik
Behandlung	**Tedavi**	**Tedawi**
Blutdruck messen	Tansiyon ölçmek	Tanzijon ölschmek
Temperatur messen	Ateş ölçmek	Atesch öltschmek
Infusion	Enfuzyon	Enfusjon
Tropfen	Damla	Damla
Medikamente	Ilaç	Ilatsch
Schmerzmittel	Ağri kesici	Aari kesici
Verband	Pansuman	Panzuman
wiegen	Tartilmark	tartilmak
Bewegung	**Hareket**	**Hareket**
Am Tisch	Masada	Mazada
Bett höher stellen	Yatağı yükseltmek	Jataai jükseltmek
Bett niedriger stellen	Yatağı indirmek	Jataai indirmek
gehen, laufen	yürümek	jürümek
liegen	yatmak	jatmak
Liegen Sie gut?	Rahat yatabiliyor musunuz?	Rahat jatabilijor muzunus
sitzen	oturmak	oturmak
stehen	ayakda durmak	ajakta durmak
Empfindungen	**Izlenim**	**Islenim**
ängstlich	korkak	korkak
Atemnot	Nefes darliği	Nefeis darli
durstig	susuz	zuzus
hungrig	aç	atsch
einsam	yalniz	jalnis
erfreut	memnun	memnun

kalt, warm traurig Schmerzen Übelkeit	soġuk üzgün Aġrilar Mide bulantisi	souuk, sicak üsgün Aarilar Mide bulantizi
Ernährung	**Besle(n)me**	**Besle(n)me**
Frühstück Mittagessen Abendessen Getränk: Kaffee, Kakao, Milch, Tee, Wasser, Fruchtsaft mehr essen weniger essen mehr trinken weniger trinken Gabel Löffel klein Löffel groß Messer Tasse Teller	Kahvalti Öğle yemeği Akşam yemeği Kahve, Kakao, Süt, Çay, Su, Meyve suyu daha fazla yemek daha az yemek daha fazla içmek daha az içmek Çatal kücük Kaşik büyük Kaşik Biçak Tas Tabak	Kachwalti Ööle jemeei Akschamjemeei Kachwe, Kakao, Züt, Tschai, Zu, Mejwe suju daha fasla jemek daha as jemek daha fasla itschmek daha as itschmek Tschatal Kütschük kaschik Büjük kaschik Bitschak Taz Tabak
Familie	**Aile**	**Eile**
Mutter Vater Großmutter mütterlicherseits väterlicherseits Großvater Tochter Sohn Enkelkind Schwester Bruder Angehörige Freundin, Freund	Ana Baba Nine Anne Babaanne Dede Kiz Oġul Torun Kizkardeş Erkek kadeş Mensup Arkadaş	Ana Baba Nine Anne Babaanne Dede Kis Ooul Torun Kiskardesch Erkek kardesch Mensup arkadasch
Körperpflege	**Mensup**	**Mensup**
ankleiden auskleiden, ausziehen duschen eincremen rasieren waschen	giyinmek çıkarmak duş yapmak krem sürmek tiraş olmak yikanmak	gijinmek schikarmake dusch japmak krem zürmek tirasch olmak jikanmak

ruhen	dinlenmek	dinlemek
schlafen	uyumak	ujumak
Bürste, Kamm	Firça, Tarak	Frtscha, Tarak
Zahnbürste	Diş firçasi	Disch firtschazi
Körperteile	**Organe**	**Organe**
Arm	Kol	Kol
Bauch	Karin	Karin
Bein	Bacak	Batschak
Kopf, Gesicht	Baş,	Basch
Mund	Ağiz	Aais
Nase	Burun	Burun
Rachen	Boğaz	Boaas
Rücken	Sirt	Zirt
Zähne	Diş	Disch
Zahnersatz	Takma diş	Takma disch
Messgrößen	**Birim**	**Birim**
Sekunde	Saniye	Zanije
Minute	Dakika	Dakika
Stunde	Saat	Zaat
Liter	Litre	Litre
Gramm	Gram	Gram
Kilogramm	Kilogram	Kilogram
Personal	**Personel**	**Personel**
Ärztin, Arzt	Doktor	Doktor
Gesundheitspflegerin,	hemşire	Hemschire
Gesundheitspfleger	Hasta bakıcı	Hasta Bakjschje
Hausmeister	Kapici	Kapici
Hauswirtschaftlerin	Asci kadin	Aschci kadin
Koch, Köchin	Aşçı, Aşçı kadın	Aschci, Aschci kadin
Reinigungskraft	Temizlikçi kadın	Temislejiitschi kadin
Pflegedienstleitung	başhemşire	Baschhemschire
Therapieteam	Terapiekip	Terapiekip
Bestatter	Defnetmek yardimci	Defnetmek jardimcizi
Schmerzen	**Ağrımak, Acımak**	**Aarmak**
Keine Schmerzen	Ağri yok	Aari jok
Leichte Schmerzen	Hafif ağri	Hafif aarisi
Starke Schmerzen	Kuvvetli ağri	Kuwwetli aarisi
Bauchschmerzen	Karin ağri	Karin aarisi
Brustschmerzen	Göğüs ağri	Gööüs aarisi
Gelenkschmerzen	Eklem ağri	Eklem aarisi
Herzschmerzen	Kalp ağri	Kalp aarisi
Knochenschmerzen	Kemik ağri	Kemik aarisi

Kopfschmerzen	Baş ağri	Basch aarisi
Seelsorge	**Din adamları tarafından bakım ve korunma**	**Din adamlar tarafdan bakum wekorunma**
beten Pfarrer Seelsorger sterben Tod	dua etmek Imam Hoca ölmek Ölüm	Dua etmek Iman Hoca ölmek Ölüm
Wochentage	**Hafta günü**	**Hafta günü**
Montag Dienstag Mittwoch Donnerstag Freitag Samstag Sonntag	Pazartesi Sali Ćarşamba Perşembe Cuma Cumartesi Pazar	Pasartezi Zali Tscharschamba Perschembe Cuma Cumartezi Pasar

7.10.2 Unterstützende Sätze auf Türkisch

Deutsch	**Türkisch**	**Türkische Aussprache**
Für den Klient	**İstemciler için**	**Istemschil itschin**
Ich liege nicht bequem.	Rahat yatamiyorum.	Rahat jatamijorum.
Ich sitze nicht gut.	Rahat oturamiyorum.	Rahat oturamijorum.
Ich möchte aufstehen.	Kalkmak istiyorum.	Kalkmak istijorum.
Ich möchte ins Bett.	Yatağima yatmak istiyorum.	Jataaima jatmak istijorum.
Ich möchte auf dem Stuhl sitzen.	Sandalyeye oturmak istiyorum.	Zantaljeje oturmak istijorum.
Ich habe Durst.	Susadim.	Zuzadim.
Ich habe Hunger.	Karnim aç.	Karnim atsch.
Ich muss zur Toilette.	Tuvslete gitmem gerek.	Tuwalete gitmem gerek.
Ich muss Wasser lassen. Ich muss Urin lassen.	Su dökmem gerek.	Zu dökmem gerek.
Ich muss Stuhlgang.	Büyük apdestim geldi.	Büyük abdestim geldi.
Ich habe Schmerzen.	Ağrim var.	Aarim war.
+ brennende Schmerzen.	Ağrim yanma var.	Aarim janan war.
+ stechende Schmerzen.	Bıçaklama ağrı var.	Bitschaklama aarim war.
+ sehr starke Schmerzen.	I-si olmak çok daha fazla acı.	I si olamk tschok daha faslaci.
+ kolikartige Schmer-	Sancilar ağrı var.	Zancili aarim war.

zen.		
+ leichte Schmerzen.	Hafif bir ağrı var	Hafif bir aarim war.
Ich brauche Ruhe.	Sessizliğe ihtiyacim var.	Zeszzisliie ichtijacim war.
Ich möchte schlafen.	Uyumak istiyorum.	Ujumak istijorum.
Ich kann nicht schlafen.	Uyuyamiyorum.	Ujujamijorum.
Wann kommt der Arzt?	Doktor ne zaman gelecek?	Doktor ne saman gelecek.
Wie viel Uhr ist es?	Saat kaç? Ne kadar zaman oldu?	Zaat katsch. Ne kadar-saman oldu?
Ich möchte mich waschen.	Yikanmak itiyorum.	Jikanmak istijorum.
Mir ist warm.	Burasi bana sicak geliyor.	Burazi bana zicak gelijor.
Ich friere.	Üşüyorum.	Üschüjorum.
Bitte schließen Sie das Fenster.	Lütfen pencereyi kapatin.	Lütwen pencereji kapatin.
Bitte öffnen Sie das Fenster.	Lütfen pencereyi acin.	Lütwen pencereji atschin.
Ich habe Angst.	Korkuyorum.	Korkujormum.
Bitte rufen Sie meine Frau an.	Lütfen eşimi telefonla arayiniz.	Lütwen eschimi telefonla arajinis.
Bitte rufen Sie meinen Ehemann an.	Lütfen beyimi telefonla arayiniz.	Lütwen bejimi telefonla arajins.

Deutsch	**Türkisch**	**Türkische Aussprache**
Gesundheitspflegende	**Hemşire, Hasta bakıcı**	**Hemschire, Hasta bakschje**
Guten Morgen! Guten Tag! Guten Abend!/Gute Nacht!	Günaydin! Merhaba! Iyi Akşamlar! Iyi geceler!	Günajdin! Merhaba! Iji Akschmlar! Iji geceler!
Wie geht es Ihnen?	Nasilsiniz?	Nazilzinis?
Was möchten Sie essen?	Ne yemek istiyorsunuz?	Ne jemek iztijorzunus?
Was möchten Sie trinken?	Ne içmek istiyorsunuz?	Neitschmek iztijorzunus?
Kann ich Ihnen helfen?	Size yardim edebilir miyim?	Zise jardim edebilir mijim.
Liegen Sie gut?	Rahat ytabiliyor musunuz?	Rahat jatabilijor muzunus.
Sitzen Sie gut?	İyi misin?	Ije misin?
Das sind ihre Medikamente.	Işte bunlar ilaçlariniz.	Ischte bunlar ilatschlarinis.

7.11 Wörtertafel und unterstützende Sätze auf Schwedisch und Spanisch

7.11.1 Wörtertafel Schwedisch und Spanisch

Deutsch	Schwedisch	Spanisch
Begrüßung und Wörter	**Välkommen och ord**	**Salutación y Palabras**
Kommunikation	**Kommunikation**	**comunicación**
Guten Morgen! Guten Tag! Guten Abend! Gute Nacht	God morgon! God dag! God kväll! God natt!	Buenos dias! Buenas tardes! Buenas noches!
gestern	Igår	ayer
heute	idag	hoy
morgen	imorgon	mañana
Wie geht es Ihnen?	Hur är det med dig?	¿qué tal está?
Verstehen Sie mich?	Förstår du mig?	¿Usted me entiende?
gut	God	bueno
schlecht	dålig	malo
danke, bitte	tack, bön	gracias, por favor
ja	ja	si
nein	Nej	no
langsam	långsam	lento
schnell	snabb	aprisa
Ausscheidung	**Avföring**	**Eliminatoria**
Abführmittel	Laxerande	Laxante
Durchfall	diarré	Diarrea
Erbrechen	kräkningar	Vomitar
Toilette	toaletten	Vater
Stuhlgang	avföring	Deposiciones
Urin	urin	Orina
Urinflasche	urin flaska	Botella de orina
Verstopfung	förstoppning	estreñimiento
Behandlung	**Behandling**	**Trato**
Blutdruck messen	Mäta blodtryck	Medir la presión
Temperatur messen	Mäter temperaturen	Medir la temperatura
Infusion	Infusion	Infusión
Tropfen	droppar	Gotas
Medikamente	Läkemedel	Medicina
Schmerzmittel	Smärtstillande	Analgesico
Verband	förband	Vendaje
wiegen	väga	pesar

Bewegung	**Rörelse**	**Movimiento**
Am Tisch	Vid bordet	En la mesa
Bett höher stellen	Höja sängen	La cama ponen más alto
Bett niedriger stellen	Plats undersäng	La cama ponen más bajo
gehen, laufen	gå, springa	van, corren
liegen	ligga	estar
Liegen Sie gut?	Är du väl?	¿Usted está bien?
sitzen	sitta	sentarse
stehen	stå	estar
Empfindungen	**Känsliga**	**Sensaciones**
ängstlich	angelägna	tímidamente
Atemnot	Andnöd	Necesidad de respiración
durstig	törstig	sediento
hungrig	hungrig	hambriento
einsam	ensam	solitariamente
erfreut	läckerheter	alegra
kalt, warm	kall,varm	frío, caliente
traurig	ledsen	tristemente
Schmerzen	smärtor,	Doler
Übelkeit	illamående	Náuseas
Ernährung	**Näring, Födoämnen**	**Alimentación**
Frühstück	Frukost	Desayuno
Mittagessen	lunch	Almuerzos
Abendessen	middag	Cenas
Getränk: Kaffee, Kakao, Milch, Tee, Wasser, Fruchtsaft	Dryck: Kaffe, kakao, mjölk, te, vatten, juice	Bebida: Café, cacao, leche, té, agua, zumo de fruta
mehr essen	mer äta	más comen
weniger essen	mindre mat	menos comen
mehr trinken	mer dricka	más beben
weniger trinken	mindre drink	menos beben
Gabel	Gaffel	Tenedor
Löffel klein	sked liten	Cuchara un poquito
Löffel groß	sked stor	Cuchara a lo grande
Messer	kniv	Cuchillo
Tasse	Cup	Taza
Teller	plattan	Plato
Familie	**Familj, Släkt**	**Familia**
Mutter	Mor	Madre
Vater	far	Padre
Großmutter	farmor	Abuela
Großvater	farfar	Abuelo

Tochter	dotter	Hija
Sohn	son	Hijo
Enkelkind	barnbarn	Nieto
Schwester	syster	Hermana
Bruder	bror	Hermano
Angehörige	medborgare	Miembro
Freundin, Freund	vän, vän	Amiga, amigo
Körperpflege	**Kroppsvård**	**Higiene corporal**
ankleiden	klänning	vestir
auskleiden, ausziehen	klänning från	desvisten, mudarse
duschen	dusch	duchar
eincremen	kräm	poner crema
rasieren	rakning	afeitar
waschen	tvätta	lavar
ruhen	resten	descansan
schlafen	sömn	duermen
Bürste, Kamm	borste, kam,	Cepillo, peine
Zahnbürste	tandborste	Cepillo de dientes
Körperteile	**Delar av kroppen**	**Partes de cuerpo**
Arm	Arm	Brazo
Bauch	magen	Vientre
Bein	ben	Pierna
Kopf, Gesicht	huvud, ansikte	Cabeza, cara
Mund	mun	Boca
Nase	näsa	Nariz
Rachen	Svalget	Venganzas
Rücken	bakre	Avanzar
Zähne	tänder	Dientes
Zahnersatz	tand byte	Prótesis dental
Messgrößen	**Enheten**	**Tamaños de medida**
Sekunde	Andra	Segundo
Minute	minut	Minuto
Stunde	timme	Hora
Liter	liter	Litro
Gramm	gram	Gramos
Kilogramm	Kilo	Kilogramo
Personal	**Personal**	**Personal**
Ärztin, Arzt	Läkare	Médica, médico
Gesundheitspflegerin,	Hälsa sjuksköterska	enfermera
Gesundheitspfleger	Hälsa sjuksköterska	enfermero
Hausmeister	portvakt	Portero
Hauswirtschaftlerin	Hushållerska	Cocinera

Koch, Köchin Reinigungskraft Pflegedienstleitung Therapieteam Bestatter	kock Rengöringen makt Omvårdnad service management Terapi team Begravningsentreprenör	Cocinero, cocinera servicio de limpieza Dirección de servicio de cuidados Equipo de terapia Pompa funebre
Schmerzen	**Smärta**	**Doler**
Keine Schmerzen Leichte Schmerzen Starke Schmerzen Bauchschmerzen Brustschmerzen Gelenkschmerzen Herzschmerzen Knochenschmerzen Kopfschmerzen Wo verspüren Sie Schmerzen? An welcher Körperstelle schmerzt es genau?	Ingen smärta mild smärta stark smärta Buksmärta bröstet smärta ledvärk hjärta värker ben smärta huvudvärk Där känner du smärta? På en av kroppen gör det ont exakt?	Ningunos dolores Dolores ligeros Dolores fuertes Dolor de barriga Dolores de pecho Dolores de articulación Dolores de corazón Dolores de hueso Dolores de cabeza ¿Dónde usted siente dolores? ¿En qué lugar de cuerpo esto duele exactamente?
Seelsorge	**Själavård**	**Cuidado de almas**
beten Pfarrer Seelsorger sterben Tod	bedja Pastor Kaplaner dö Död	rezar Sacerdote Pastor morir Muerte
Wochentage	**Dagar i veckan**	**Día de la semana**
Montag Dienstag Mittwoch Donnerstag Freitag Samstag Sonntag	Måndag tisdag onsdag torsdag fredag lördag söndag	Lunes Martes Miercoles Jueves Viernes Sabado Domingo

7.11.2 Unterstützende Sätze auf Schwedisch und Spanisch

Deutsch	**Schwedisch**	**Spanisch**
Für den Klient	**För klienten**	**Para el cliente**
Ich liege nicht bequem.	Jag är inte bekväm.	Estoy acostado incómodo.
Ich sitze nicht gut.	Jag är inte bra.	Estoy sentado incómodo.
Ich möchte aufstehen.	Jag skulle vilja stå upp.	Quiero levantarme.
Ich möchte ins Bett.	Jag vill gå till sängs.	Quiero acostarme en la cama.
Ich möchte auf dem Stuhl sitzen.	Jag skulle vilja sitta på stolen.	Quiero sentarme en la silla.
Ich habe Durst.	Jag är törstig.	Tengo sed.
Ich habe Hunger.	Jag är hungrig.	Tengo hambre.
Ich muss zur Toilette.	Jag fick till toaletten.	Tengo que ir al servicio (al baño).
Ich muss Wasser (Urin) lassen.	Jag måste ha vatten.	Tengo que orinar.
Ich muss Stuhlgang.	Jag har tarmrörelser.	Tengo que defecar.
Ich habe Schmerzen.	Jag är i smärta.	Tengo dolores.
+ brennende Schmerzen.	Jag har brännande smärta.	Tengo dolores ardientes.
+ stechende Schmerzen.	Jag har stickande smärta.	Tengo dolores punzantes.
+ sehr starke Schmerzen.	Jag har mycket mycket smärta.	Tengo dolores muy fuertes.
+ kolikartige Schmerzen.	Jag har kramper smärta.	Tengo dolores como cólicos.
+ leichte Schmerzen.	Jag har liten smärta.	Tengo dolores débiles.
Ich brauche Ruhe.	Jag behöver vila.	Necesito tranquilidad.
Ich möchte schlafen.	Jag vill sova.	Quiero dormir.
Ich kann nicht schlafen.	Jag kan inte sova.	No puedo dormir.
Wann kommt der Arzt?	När kommer läkaren?	¿Cuándo viene el médico?
Wie viel Uhr ist es?	Hur mycket är klockan?	¿Cuánta hora es?
Ich möchte mich waschen.	Jag vill tvätta mig.	Quiero lavarme.
Ich möchte aufstehen.	Jag skulle vilja stå upp.	Quiero levantarme.
Mir ist warm.	Det är varmt.	Tengo calor.
Ich friere.	Jag fryser.	Tengo frio.
Bitte schließen Sie das Fenster.	Stäng fönstret.	Por favor cierre la ventana.
Bitte öffnen Sie das	Öppna fönstret.	Por favor abra la venta-

Fenster.		na.
Ich habe Angst.	Jag är rädd.	Tengo miedo.
Bitte rufen Sie meine Frau an.	Ring min fru.	Por favor, llame a mi mujer.
Bitte rufen Sie meinen Ehemann an.	Ring min man.	Por favor llame mi esposo.

Deutsch	**Schwedisch**	**Spanisch**
Gesundheitspflegende	**sjuksköterskor**	**Diplomados en enfermería**
Guten Morgen! Guten Tag! Guten Abend! Gute Nacht!	God morgon! God dag! God kväll! God natt!	Buenos dias ! Buenas tardes ! Buenas noches !
Wie geht es Ihnen?	Hur är det med dig?	¿Cómo está usted?
Was möchten Sie essen?	Vad skulle du äta?	¿Qué quiere usted de comer?
Was möchten Sie trinken?	Vad vill du dricka?	¿Que quiere usted de beber?
Kann ich Ihnen helfen?	Kan jag hjälpa dig?	¿Puedo ayudarle?
Liegen Sie gut?	Är du väl?	¿Está cómodo en la cama?
Sitzen Sie gut?	Är du väl?	¿Usted se sienta bien?
Das sind ihre Medikamente.	Dessa är dina läkemedel.	Estos son sus médicamentos.

III ZUSAMMENFASSENDE SCHLUSS-FOLGERUNGEN UND AUSBLICK

1 Zusammenfassende Schlussfolgerungen einer interkulturellen und interreligiösen Gesundheitspflege

Die Themen Interkulturalität und Interreligiosität werden in der Gesundheitspflege zunehmend bedeutsam, wenn der Anspruch einer individuellen Gesundheitspflege in der Begegnung mit den Menschen aus unterschiedlichen Kulturkreisen und Religionszugehörigkeiten in dem Selbstverständnis Gesundheitspflegender mündet und beim Kontakt und In-Beziehungsetzen mit dem Menschen berücksichtigt wird.

Zusammenfassend kann festgehalten werden, dass Interkulturalität eine eigene wissenschaftliche Disziplin ist (vgl. Yousefi, Braun 2011), und Interreligiosität wird in Kontexten interreligiöser Bildung zunehmend in der Religionsdidaktik durch dialogische Weltreligionen gewürdigt. Es ist eine Synthese aus den Erkenntnissen zeitgemäßer interkultureller und interreligiöser Entwicklungen, in der die Chance und Möglichkeit geebnet wird, mit interkultureller und interreligiöser Pluralität umgehen zu lernen, die auf Kompetenzförderung in der Gesundheitspflege orientiert ist.

Interkulturelle und interreligiöse Konzepte und Modelle der Gesundheitspflege zu berücksichtigen, so dass sie im praktischen Handeln gezielt wirksam werden können, stellt eine besondere Herausforderung dar, weil Verrichtungen nicht mehr ritualisiert, sondern personenbezogen und situationsorientiert ausgeführt werden. Hinzu kommt, dass sie nicht mehr aus einer krankheitsbezogenen pflegerischen Sicht, sondern einer gesundheitspflegerischen Perspektive bedacht, mit dem Klienten abgestimmt und orientierend an den kulturellen und religiösen Befindlichkeiten und Wünschen des Klienten durchgeführt werden. Dies bedeutet für Gesundheitspflegende, dass sie bereit sein müssen, sich auf die vielfältigen Ansichten und Bedürfnisse jedes einzelnen Klienten einzulassen. Erst dann kann von einer individuellen Gesundheitspflege die Rede sein, die in Handlungen erkennbar wird und sich zu entfalten vermag. Dies wäre sodann als Vorteil einer interkulturellen und interreligiösen Gesundheitspflege in der Betreuung zu verzeichnen, weil der Mensch in seiner gesamten Person erfasst wird, indem die Werteorientierung und Normen des Klienten in den Handlungen der Gesundheitspflege mit einfließen und die Gesundheit als höchstes Hab und Gut wahrnehmbar wird. Gesundheitspflegende zeichnen sich dadurch aus, dass Klienten ihre eigenen kulturellen und religiösen Vorstellungen in Verwogenheit mit Gesundheitserhaltung und Gesundheitsförderung verwirklichen können.

Situationsbedingt kann es sinnvoll sein, dass eine Vernetzung zwischen den Gesundheitseinrichtungen besteht, damit eine partizipierende begleitende Betreuung erst möglich wird. Der Klient wird als wichtigstes Mitglied in die Gesundheitspflegegemeinschaft integriert und erlebt eine partizipierende, aktive, bewusste Integration bei allen Entscheidungen. Erst dadurch wird eine bewusste Auseinandersetzung mit den eigenen kulturellen und interreligiösen Ansichten und der eigenen Gesundheit ermöglicht.

Ein weiteres Anliegen einer interkulturellen und interreligiösen Kompetenzförderung in der Gesundheitspflege begründet sich darin, dass die Zuwanderung von Menschen aus vielen Ländern in Deutschland zugenommen hat und anhält. Dies erfordert von Gesundheitspflegenden Bezüge zur Interkulturalität und Interreligiosität herzustellen, um sich auf den individuellen Gesundheitspflegeprozess des Klienten einlassen zu können. Durch die bewusste Auseinandersetzung mit Interkulturalität und Interreligiosität wird sich ein habituales Bewusstsein herausbilden können, das zu Verhaltensänderungen im Handeln führt, weil interkulturelle und interreligiöse Ansätze über den Weg des Sich-Einlassens und Bewusstmachens internalisiert wurden. Dies wird dazu führen, dass das gesundheitspflegerische Handeln nicht mehr ausschließlich funktionsorientiert erfolgt, sondern subjektorientiert, weil die kulturellen und interreligiösen Belange der zu betreuenden Menschen Einfluss nehmen, indem die gesundheitspflegerischen Handlungen darauf ausgerichtet sind.

Durch die Schärfung eines interkulturellen und interreligiösen Bewusstseins der Gesundheitspflegenden wird dem Ansinnen der Werteorientierung und religiösen Anschauung im Kontext eines Gesundheitsansatzes eine Perspektive eröffnet, die nach innen hin (innerhalb der Berufsgruppe), und nach außen hin (der eigenen Berufsgruppe und der Gesellschaft) durch das eigene und das gesellschaftliche Bewusstsein ein Änderungsprozess bewirkt, der auf den kulturellen und religiösen Einsichten des zu betreuenden Menschen basiert. Um diesen Prozess zu fördern, können der interkulturelle Ansatz von Thomas (2003) und das theologische Differenzmodell von Schambeck (2013) als Grundorientierung nützlich sein. Es kann zu erweiterten Einsichten und zur Nachhaltigkeit führen.
Ausgehend von einer interkulturellen und interreligiösen Kompetenzförderung in der Gesundheitspflege muss es zur gesundheitspflegerischen Aufgabe werden, bereits in der biografischen Datensammlung ein stärkeres Augenmerk auf die soziokulturellen und religiösen Belange des Klienten zu richten, die bei der Versorgung bedacht und beachtet werden.

Es wird in den kommenden Jahren eine vermehrte Öffentlichkeitsarbeit erforderlich werden, damit Zugänge zur Interkulturalität und Interreligiosität, die kompetenzfördernd in die Gesundheitspflege münden, nicht nur Gesundheitspflegenden geebnet werden, sondern auch die Gesellschaft eine andere Einstellung zu Menschen mit einer anderen Kultur und anderen Religion im Kontext einer Gesundheitspflege erlangt. Einen winzigen Schritt stellen bereits vollzogene Aktivitäten dar, z. B. wird bereits bei der Auswahl der Bewerbungen darauf geachtet, dass Gesundheitspflegende anderer Kulturkreise eingestellt werden, die ggf. auch der jeweiligen Landessprache mächtig und zudem als Übersetzer hilfreich sind, oder Gesundheitseinrichtungen haben ehrenamtliche Helfer, die bedingt durch ihre jeweilige Landessprache als Dolmetscher eingesetzt werden. Es ist ein Beginn von einer geänderten Grundeinstellung und Grundhaltung, bei der sich die Gesundheitspflege von der Medizin ablöst, also sich bereits dabei ein kultureller Wandel vollzieht und eine Kultur sich anzubahnen vermag, die kulturelle und religiöse Aspekte in der Gesundheitspflege mit aufzunehmen und umzusetzen weiß. Ausgehend von der Einsicht, dass jeder Mensch gesunde Anteile im Körper hat, auch bei reduziertem Gesundheitspotenzial, bedeutet dies bei einer gesundheitspflegerischen Unterstützung, die kulturellen und religiösen Befindlichkeiten in das Handeln zu integrieren, so dass in Absprache mit dem Menschen abzustimmen ist, wo und wie seine Gesundheit gestärkt werden soll. Zu klären ist zudem, ob er zur Steigerung seiner Gesundheit selbst in der Lage ist oder Unterstützung benötigt.

Das Ziel ist, die Umsetzung interkultureller und interreligiöser Ansätze in der Gesundheitspflege flächendeckend zu integrieren, so dass institutionelle Rahmenbedingungen dies nicht behindern oder hemmend Einfluss nehmen. Die Hemmung oder das Behindern kann sich sowohl auf interkulturelle, interreligiöse Ansätze als auch auf die Gesundheitspflege erstrecken. In Mehrbettzimmern dürfte es in den meisten Gesundheitseinrichtungen schier unmöglich sein, wenn ein Buddhist seinen Altar aufstellen möchte. In der stark ausgeprägten medizinisch orientierten Pflege in Kliniken können Gesundheitspflegende durch Vorgaben behindert werden, gesundheitspflegerische Ansätze verwirklichen zu können. Die institutionellen Rahmenbedingungen sind durch zeitgemäße Konzepte zu ersetzen, so das Interkulturalität, Interreligiosität und Gesundheitspflege als Kernbereiche bei der Betreuung von Menschen aufgehen. Für eine Einrichtung mit Mehrbettzimmern bedeutet dies, dass ein Buddhist die Möglichkeit erhalten muss, seinen Altar aufstellen zu können. Vielfältige Lösungsmöglichkeiten sind zu entwickeln, die einer interkulturellen und interreligiösen Gesundheitsgemeinschaft einen Zugang der eigenen Werte und Normen ermöglichen und von einer einseitigen Alltagsroutine zu mehrdimensionalen Alltagsinnovationen verwogen mit routinierten Alltagsabläufen zwischen dem Eigenem und dem Anderen (Fremden) zurückwirkt.

Ein weiteres Ziel der interkulturellen und interreligiösen Betreuung in der Gesundheitspflege ist es, medizinische und pflegerische Verhaltensweisen in gesundheitspflegerische Verhaltenweisen im Umgang mit Menschen umzubilden, denn je mehr Pflegepersonal sich als Gesundheitspflegende verstehen lernen und lernen, das kulturelle und religiöse Bedürfnis des Klienten in der Versorgung zu beachten, umso mehr wird die Betreuung des Menschen sich verbessern, die es dann auch verdient, als individuelle gesundheitspflegerische Betreuung bezeichnet zu werden.

Ein erster Schritt wäre es schon, wenn die Art der individuellen Gesundheitspflege nicht nach institutionellen Kriterien ausgestattet ist, sondern sich an kulturellen und religiösen Befindlichkeiten der zu betreuenden Menschen orientiert.

Zur Erreichung dieses Zieles ist eine ausgewogene Nähe-Distanz-Balance im Umgang mit dem zu betreuenden Menschen zu erzielen. Da Nähe und Distanz stets subjektive Empfindungen sind und im Ermessen der Person (soziokulturell, religiös) liegen, dürfte das Erreichen einer ausgewogenen Nähe-Distanz-Balance kein leichtes Unterfangen sein. Das Erreichen einer ausgewogenen Nähe-Distanz-Balance kann sich durch zunehmende Managementstrukturen als hinderlich erweisen, da die Gefahr besteht, dass eine zu starke Gewichtung auf der Organisation zu liegen kommt, womit die organisatorischen Abläufe und nicht die soziokulturellen, religiösen Empfindungen sodann in den Fokus rücken würden. Sind es gegenwärtig immer noch im Krankenhaus und in Senioreneinrichtungen zu einem überwiegenden Anteil Verrichtungen, denen Menschen ausgesetzt sind, könnten es zukünftig organisatorische Abläufe sein, die vorwiegend den wirtschaftlichen Aspekt sehen, so dass interkulturelle und interreligiöse Aspekte der zu betreuenden Menschen zu kurz kämen und sich den wirtschaftlich geprägten institutionellen Bedingungen zu unterziehen hätten.

Es zeigt sich bei all den Überlegungen, dass es für Gesundheitspflegende kein leichtes Unterfangen ist, wenn sie interkulturelle und interreligiöse Aspekte in der anwaltlichen Organisation für den Menschen in den zurzeit vorzufindenden Strukturen übernehmen wollen. Gesundheitspflegende kommen unweigerlich in einen Spagat. Einerseits wird von ihnen verlangt, den Menschen anwaltlich zu vertreten, andererseits kann es sein, dass Einrichtungen von ihren Mitarbeitern Handlungen erwarten oder abverlangen, die weder im interkulturellen noch interreligiösen gesundheitspflegerischem Kontext vertretbar sind. Dies zeigt z. B. signifikant der Fall Heinisch, die sich für eine menschenwürdige Pflege einzusetzen wagte und mit erheblichen Konsequenzen rechnen musste, die sie mit ihrer Klage bis zum Europäischen Gericht führte, da deutsche Gerichte die Situation wohl nicht zu erkennen vermochten. Es kann nicht nur Aufgabe des Case Managers sein, anwaltliche Organisation für den Menschen zu übernehmen. Vielmehr muss es Aufgabe aller im Betreuungsteam sein, für den jeweiligen Bereich die anwaltschaftlichen Aufgaben im Interesse des ihnen anvertrauten Menschen wahrzunehmen; dies unabhängig von der Ausprägung des reduzierten Gesundheitspotenzials.

Der Themenbereich Interkulturalität und Interreligiosität wird in den jeweiligen gesetzlichen Grundlagen der Pflegeausbildungen unter „Pflege", jedoch nicht unter Gesundheitspflege, aufgenommen (vgl. Ministerium für Bildung, Frauen und Jugend 2005; Ausbildungs- und Prüfungsverordnung über die Berufe der Pflege 2003). Eine vertiefte Konkretisierung ermöglichen die Lehrpläne und Ausbildungsrichtlinien. Durch diese Komponenten sind die Themenbereiche interkulturelle und interreligiöse (Gesundheits-)Pflege im Unterricht zu integrieren. Wie die einzelnen Schulen dies dann in ihrem schulinternen Curriculum aufnehmen und im Unterricht berücksichtigen, bleibt weitgehend ihnen überlassen. Ein Ausbau und eine Konkretisierung erscheinen erforderlich, damit sichergestellt wird, dass Menschen mit ihren kulturellen und religiösen Werten und Normen in allen Einrichtungen eine ihnen angemessen menschenwürdige Betreuung erfahren können.

Die Gesundheit wird in den gesetzlichen Grundlagen zunehmend präzisiert. Im Altenpflegegesetz (2003) sowie im Krankenpflegegesetz (2003) finden sich Hinweise, die zu konkretisieren sind, damit zum einen in der sprachlichen Verortung die Gesundheitspflege hervorgeht und zum anderen im Handeln durch gesetzliche Benennung des gesundheitspflegerischen Tuns eine Umsetzung stattfindet. Im Krankenpflegegesetz (2003) ist in der Berufsbezeichnung der Begriff Gesundheit verortet. Damit eine Annäherung zur Gesundheitspflege in Verwogenheit mit Interkulturalität und Interreligiosität gelingt, muss die Trennung zwischen Gesundheit und Pflege auch in der Ausbildung überwunden werden und die Bereiche sind zu verzahnen. Die Integration von Gesundheit im Pflegeunterricht ist gegenwärtig eingeschränkt, da ein Hauptmerk auf der Pflege liegt und dadurch bedingt Gesundheit und Pflege nebeneinander zu stehen kommen, wobei der Schwerpunkt auf der Pflege (meist mit medizinischer Fundierung) liegt. Diese Trennung ist aufzuheben, damit Gesundheit und Pflege im Unterricht als Gesundheitspflege erfahrbar wird und sich so auch in der Praxis widerspiegelt.

Wie die einzelnen Schulen dies dann in ihrem schulinternen Curriculum aufnehmen und im Unterricht berücksichtigen, sollte durch gesetzliche Vorgaben insoweit geregelt werden, dass sichergestellt bleibt, dass die Ausbildungen vergleichbar bleiben. Dafür eigenen sich Gütekriterien. Ein Ausbau und eine Konkretisierung sind erforderlich, um sicherzustellen, dass Interkulturalität und Interreligiosität in der Gesundheitspflege von Menschen in allen Lebenslagen erfahrbar wird. Bei der Umsetzung ist zu beachten, das an Berufsbildenden Schulen die Leitung mit gleichen Voraussetzungen zu besetzen ist wie die Leitung an Gesundheits- und Krankenpflegeschulen, Gesundheits- und Kinderkrankenpflegeschulen.

Um eine interkulturelle und interreligiöse Betreuung in der Gesundheitspflege in allen Gesundheitseinrichtungen durchführen zu können, müssten die institutionellen Rahmenbedingungen geändert werden. Stellenaufbau anstatt Stellenabbau im (Gesundheits-)Pflegebereich wäre zwingend notwendig, um eine angemessene interkulturelle und interreligiöse Betreuung überall zu ermöglichen.

Interkulturelle und interreligiöse Offenheit setzt eine innere persönliche ethische Haltung voraus, die sich in menschlicher Handlung widerspiegelt, indem kulturell bedingte Besonderheiten der Sitten, Gepflogenheiten, Gebräuche, Traditionen, Kulturen, Religionen, religiöse Befindlichkeiten sowie der Rechtssysteme unter Berücksichtigung kultureller Kontexte im jeweiligen Verständnis, Beachtung finden.

Eine Schwierigkeit ergibt sich dann, wenn Menschen aus anderen Kulturen in Deutschland leben, sich jedoch selbst abgrenzen. Die Gefahr einer solchen Abgrenzung birgt das sich Ausgrenzen. Eine Ausgrenzung führt dazu, dass sich kaum Möglichkeiten anbieten, das Andere, was als fremd wahrgenommen wird, kennen zu lernen und sich damit auseinanderzusetzen. Es birgt zudem die Gefahr, dass die Sprache des Zuwanderungslandes nicht erlernt wird und sich eine herbeigeführte Gettoisierung vollzieht.

Menschen haben oftmals eine Hemmschwelle davor, sich anderen Kulturen oder Religionen anzunähern. Dies mag sich aus dem Vertrauten ergeben, dass nur das Eigene, das Bekannte Gültigkeit erhält und das Andere als fremd wahrgenommen und daraus ableitend nicht akzeptiert und abgelehnt wird. In der Umsetzung bedeutet dies, dass das Andere (das Fremde) gemieden wird und eine distanzierte Haltung aufkommt. Ein Umdenken der Gesellschaft könnte u. a. auch dadurch erzielt werden, indem integrative Veranstaltungen interkultureller und interreligiöser Begegnungen angeboten werden. Durch solche Begegnungen soll eine Annäherung an die Kultur und die Religion des Anderen in einem dialogischen Austausch möglich werden, so dass jeder Mensch seine Eigenheiten und seine Ansichten behalten bzw. vertreten soll.

Kritisch angemerkt kann auch die zu beobachtende „euphorische Hysterie" zur Spezialisierung Pflegender werden. Dies birgt die Gefahr, dass ein (eingegrenztes) Fachwissen dominiert, was zur Einseitigkeit führen kann. Damit gewinnt die vor Jahren formulierte These zur Spezialisierung Pflegender an Bedeutung: Vielleicht wird auch schon in naher Zukunft die „Fachpflegekraft für Interkulturalität und Interreligiosität in der Gesundheitspflege" ihre Tätigkeit aufnehmen, nachdem sie entweder eine zweijährige Weiterbildung durchlaufen oder ein viersemestriges Studium an einer Hochschule absolvierte. Fortbildungen zu einer kultursensiblen Pflege werden bereits angeboten. Die Fortbildungen sind unterschiedlich konzipiert, so dass die Stundenanzahl, die Dauer und die Inhalte sich unterschiedlich auszeichnen. Sinnvoll wäre, eine einheitliche Regelung hinsichtlich eines Weiterbildungsprofils in der Gesundheitspflege zu finden. Dies dürfte kein leichtes Unterfangen sein, da die gegenwärtigen Fortbildungen und Weiterbildungsprofile Empfehlungen sind und keinerlei juristische Relevanz haben. Solche Weiterbildungen mögen einerseits durch fokussierte Spezialisierung einen Beitrag zur Sicherheit und zum professionellen Fachwissen leisten, andererseits geben sie jedoch keinerlei Garantie dafür, dass das Fachwissen im Handeln auch angemessen Umsetzung findet. So kann es vorkommen, dass eine verstärkte kommunikative Steuerung erfolgt und dies durch Weiterbildungen noch verstärkt wird. Die Dialektik von Selbst- und Fremdbestimmung lässt sich auch in Gesundheitseinrichtungen studieren (vgl. Siegrist 1994). Der Mensch wird zwar in der Betreuung in Gesundheitseinrichtungen, insbesondere in Krankenhäusern, zu einem hohen Anteil funktionalisiert und technologisiert und kommunikativ gesteuert. Von den Menschen und den Bezugspersonen wird mehr antizipatorische Unterstützungsarbeit gefordert (vgl. Bischoff-Wanner 2002).

Eine umfassende Betreuung und Versorgung der Menschen, die auf Gesundheitspflege angewiesen sind, muss durch Weiterbildungsangebote sichergestellt werden, wobei Weiterbildungsangebote nicht zwingend zu einem erweiterten Wissen von interkulturellen und interreligiösen Ansätzen in der Gesundheitspflege beitragen müssen. Solche Angebote können auch zu einer einschlägigen bzw.

einseitigen, eingrenzenden Sichtweise führen, die sich in den jeweiligen Situationen und Handlungsabläufen widerspiegeln. Aus diesem Grund muss jeder Gesundheitspflegende in der Lage sein, eine interkulturelle und interreligiöse Kompetenz zu entwickeln, um diese im beruflichen Handeln der Gesundheitspflege zu gewährleisten, so dass ein umfassender Themenbezug bereits in der grundständigen Gesundheitspflegeausbildung zu garantieren ist.

Der interkulturelle und interreligiöse Kompetenzorientierungsrahmen ist ein Selbstreflexionsinstrument für den Lernenden, so dass er den Kompetenzzugewinn selbst überprüfen und reflektieren kann. Die interkulturellen und interreligiösen Kompetenzorientierungsrahmen sind somit Kompetenzkonstruktionen, bei der der Lernende selbst z. B. ein mind-map zur vertiefenden Kompetenzentwicklung anlegen kann und im Selbsterschließungsprozess seinen Lern- und Bildungsprozess einschätzt. Auch andere methodische Vorgehensweisen zur Kompetenzförderung sind möglich, wie z. B. Landkarten, Landtafeln und Kompetenzkarten, die ein unterstützendes Angebot darstellen können. So kann es sein, dass ein bestehendes Kompetenzkonstrukt eine völlig andere Besetzung einnimmt, weil sich die Kategorien verändert haben. Es kann so weitreichend sein, dass für einzelne Lernende ein Kompetenzkonstrukt in visualisierter Form eine völlig andere Bedeutung hat. Das Kompetenzkonstrukt kann dann als Grundlage für die gesundheitspflegerische Ausbildung als Orientierung hilfreich sein. Damit dem Lernenden auf Wunsch unterstützende Impulse angeboten werden können, können durch Lernerreflexionsgespräche die jeweiligen Aspekte eröffnet werden. In dem Gespräch kann der Lernende sein interkulturelles und interreligiöses Kompetenzkonstrukt vorstellen. Eine weitere Möglichkeit zur Förderung einer interkulturellen und interreligiösen Kompetenz in der Gesundheitspflege besteht über ein Portfolio, in welchem der Lernende seine beruflichen interkulturellen und interreligiösen Erfahrungen, Fortschritte und Begegnungen eintragen kann. Der Inhalt eines Portfolios sollte vor Einführung gemeinsam geklärt werden. Dabei muss beim Anlegen eines Portfolios das Mitbestimmungsrecht des Lernenden garantiert werden. Denn nur so wird es möglich, ein prozessorientiertes Angebot dem Lernenden bereitzustellen, damit eine interkulturelle und interreligiöse Kompetenz in der Gesundheitspflege erst denkbar und umsetzbar wird.

Haben sich gegenwärtig immer noch im Krankenhaus und in Pflegeeinrichtungen zu einem überwiegenden Anteil Menschen den Strukturen zu unterwerfen und den professionellen Berufsgruppen wie Ärzten und Gesundheitspflegenden zu unterziehen, könnten sich zukünftig organisatorische Abläufe zeigen, die vorwiegend den wirtschaftlichen Aspekt sehen, so dass Sparmaßnahmen zu treffen sind, die sowohl eine interkulturelle und interreligiöse Betreuung als auch die erforderlichen gesundheitspflegerischen und medizinischen Therapien einschränken. Es zeigt sich bei all den Überlegungen, dass Pflegende erkennen und lernen müssen, sich als Gesundheitspflegende mit interkultureller und interreligiöser Kompetenz zu verstehen.

Einige Beispiele, die eine Grundhaltung in Richtung interkulturelle und interreligiöse Kompetenzförderung in der Gesundheitspflege verdeutlichen:

- Klienten werden nach ihren kulturellen und religiösen Werten betreut. Dies bedeutet, dass gesundheitspflegetherapeutische Handlungen wie z. B. kinästhetische Maßnahmen in Kombination mit der kulturellen und religiösen Würdigung angewendet werden dürfen. Wenn ein Klient nach seinem Glauben ausschließlich von einem männlichen Gesundheitspflegenden unter kinästhetischen Prinzipien betreut werden will, ist diesem Wunsch zu entsprechen.
- Klienten erhalten keine unausgewogene Ernährung mehr, sondern eine Ernährung, die ihren kulturellen und religiösen Bedürfnissen entspricht.
- Vorhandene Fähigkeiten der Klienten werden durch Beachtung ihrer kulturellen und religiösen Belange und Wünsche unterstützend berücksichtigt, um deren Körperempfinden und Körperbewusstsein aufrecht zu erhalten.

Bei allem Gesagten kann abschließend kritisch angemerkt werden, dass in diesem Buch der darlegte Versuch von Strömungen einer interkulturellen und interreligiösen Gesundheitspflege zu einseitig gesehen werden kann, da die Gesundheit und Pflege als Gesundheitspflege im Visier betrachtet wird und der Versuch unternommen wird, sich von der Medizin abzulösen. Pflegende mit einem ausgeprägten medizinorientiertem Verständnis mögen dies vielleicht so sehen, vielleicht aber auch nicht. Es geht bei allem Gesagten in der Tat auch darum, sich von der Medizin zu lösen, da Gesundheitspflegende sich nicht als Medizinhelfer sehen dürfen, da dies nicht dem eigentlichen Ansinnen eines gesundheitspflegerischen Verständnisses entspricht. Wenn Pflegende sich als Medizinhelfer verstehen anstatt als Gesundheitspflegende, dann dürften sie im falschen Beruf sein. Um einem solchen beruflichen Verständnis gerecht zu werden, bietet sich z. B. der Beruf als „Medizinisch-technischer Assistent" oder als „Medizinische/r Fachangestellte/r" an, die sich im Gesundheits-Krankheits-Kontinuum eher in Richtung Krankheitsbezogenheit verstehen dürfen, da sie bereits in ihrer begrifflichen Verortung medizinische Bezüge aufweisen. Bereits in der sprachlichen Begrifflichkeit wird in diesen beiden Berufsbezeichnungen die medizinische Nähe ausgedrückt, die sich in der Praxis auch so spiegelt, ja sogar spiegeln darf und muss. Ein interkultureller und interreligiöser Ansatz in der Gesundheitspflege begründet sich in der Gesundheitspflege selbst.

2 Ausblick

Interkulturelle und interreligiöse Konzepte zielen darauf ab, die individuellen Bedürfnisse des Menschen und seiner Familienangehörigen in der Gesundheitspflege nachzukommen.

Im Mittelpunkt steht der Mensch mit seinen kulturellen und religiösen Belangen, dem zugestanden wird, in seiner Situation so zu leben, wie er es wünscht. Die Selbstbestimmung und die Individualität des Menschen werden von den Gesundheitspflegenden in der Betreuung geachtet. Das Hauptbemühen liegt darin, die kulturellen Werte und Normen sowie die religiösen Ansichten des Menschen in der gesundheitspflegerischen Betreuung angemessen zu beachten. Für den Menschen dürfte das Beachten der eigenen Kultur und Religion in der gesundheitspflegerischen Versorgung als eine wertschätzende Geste wahrnehmbar sein, in dem er sich angenommen fühlt.

Durch die Beschreibung interkultureller und interreligiöser Kompetenz sowie des interkulturellen und interreligiösen Kompetenzorientierungsrahmens werden Lern- und Bildungsprozesse angeregt, die die Kultur-, Glaubens-, Denk- und Sprechfolien bewusst und „vom Eigenen aus das Fremde (Andere) ansichtig (...) machen“ (Schambeck 2013, S. 224). Die Einarbeitung kann in den Ansatz der Interkulturalität (vgl. Yousefi, Braun 2011) und in das Differenzdenken (der Liebe als Grund von Eigenem und Fremdem) „in die Beschreibung (interkultureller und) interreligiöser Kompetenz als erkenntnistheoretischer Ausdruck erkenntlich gemacht werden“ (Schambeck 2013, S. 224).

Für die gesundheitspflegerische Praxis bedeutet dies, dass die interkulturelle und interreligiöse Kompetenzförderung durch die Kompetenzorientierungsrahmen der Interkulturalität und Interreligiosität in der Gesundheitspflege durch praktische Bildungsaufträge passgenau formuliert und kriteriengeleitet evaluiert und reflektiert werden können. Durch die Beschreibung der einzelnen Schritte der vollständigen Handlung interkultureller und interreligiöser Kompetenz wird transparent, welche Fähigkeiten in der gesundheitspflegerischen Betreuung erforderlich sind. Der Lernende kann interkulturell und interreligiös kompetent werden, indem er die entwickelte Matrix der Kompetenzdimensionen als Selbsterschließungsprozess erfahrbar werden lässt, so dass sich dies in einer ethischen Haltung und ethischen Handlung wieder zeigt.

In der Gesellschaft bedarf es einer Sensibilisierung zum Thema Interkulturalität und Interreligiosität, um die gewandelten kulturellen Kontexte aufzuzeigen und eine Rücksichtnahme anderer Kulturen und Religionen in der eigenen Haltung zu erzielen. Durch die Wahrnehmung der eigenen Kultur und der eigenen Religion und sich dem Einlassen auf das Andere können zum einen über die Verschiedenheiten Gemeinsamkeiten entdeckt werden, zum anderen kann das Anerkennen des Anderen, mit seinen kulturellen und religiösen Ansichten sowie seiner sich daraus entwickelten Haltung zu einem friedvollen Umgang im Miteinander beitragen. Insoweit muss die Gesellschaft bereit sein, sich auf das Andere einzulassen, um Verständnis aufzubringen und sich auf eine spontane Hilfe von Mensch zu Mensch in der interkulturellen und interreligiösen Betreuung einlassen zu können. Eine interkulturelle und interreligiöse Begleitung sollte in Gesundheitseinrichtungen (Krankenhaus, Rehabilitationskliniken, Alters- und Pflegeeinrichtungen) ermöglicht werden.

Pflegende müssen lernen, sich als Gesundheitspflegende zu verstehen, damit eine Einstellung entwickelt werden kann, die als Schwerpunkt eine Gesundheitspflegeorientierung aufzeigt und sich als solche auszuweisen versteht. Die Konsequenz daraus ist, dass die Gesundheitspflege sich gegenüber anderen Berufsgruppen im Gesundheitswesen abzugrenzen weiß, insbesondere der immer noch anzutreffenden, zu einem hohen Anteil verbreiteten Medizinorientierung. Gesundheitspflegende haben nicht vorrangig Interesse daran, eine Injektion applizieren zu können, sondern sie sehen ihre Aufgaben darin, dem Menschen mit seinen kulturellen und interreligiösen Befindlichkeiten in seiner Situation, die ein reduziertes Gesundheitspotenzial aufweisen kann, helfen zu wollen, damit der Mensch sein Gesundheitspotenzial wieder erlangen kann. Dabei kann es dann erforderlich werden, dass eine Injektion zu applizieren ist, da sie zu einer Steigerung des Gesundheitspotenzials beiträgt. Es kann jedoch auch sein, dass der ratsuchende Mensch eine Beratung wünscht, die darauf abzielt, einem Angehörigen eine angemessene pflegerische Unterstützung zukommen zu lassen. Dabei sind u. a. die kulturellen und religiösen Bedürfnisse des zu Betreuenden bei der Informationsgabe mit in die Beratung zu integrieren.

Unter Beachtung des Gesundheitspflegeprozessmodells (vgl. Leufgen 2012, S. 88ff.) begründet sich das Hauptbemühen darin, dem Menschen mit seiner Hilfsfrage einen Zugang zur gesundheitspflegerischen Unterstützung unter Beachtung seiner kulturellen und religiösen Einstellung zu gewähren, bei dem durch Berücksichtigung seiner Werteorientierung und seiner Religion und dem Einbringen von kulturbezogenen Gesundheitsbezügen eine Bereicherung erzielt wird, weil durch das Aufbringen von Wertschätzung und Respekt der Mensch menschenwürdige Kontaktaufnahme erfährt, die dazu berechtigt, sie als Ansatz einer individuellen Gesundheitspflege zu bezeichnen. Zudem werden über einen solchen Ansatz alle Fähigkeiten des Menschen einbezogen. Die Selbstbestimmung und die Individualität des Menschen werden in einer interkulturellen und interreligiösen Gesundheitspflege von den Gesundheitspflegenden in der Betreuung geachtet. Die Gesundheitspflegenden arbeiten im Team zum Wohle des Klienten zusammen.

Die gesetzlichen Grundlagen für Pflegeberufe, wozu u.a. die Ausbildungsgesetze und das Sozialgesetzbuch zählen, bedürfen einer Umorientierung von einer krankheitsbezogenen und verrichtungsorientierten Pflege zur Gesundheitspflege.

Als zukünftiges Ziel ist anzustreben, dass Gesundheitspflegende sowie Gesundheitspflegewissenschaftler sich als solche verstehen und die gesundheitspflegerischen Strömungen der Gesellschaft in Form von Öffentlichkeitsarbeit kundtun. Über diesen Weg könnte es möglich werden, dass Gesundheitspflegende einerseits ein anderes Berufsverständnis erfahren und entwickeln, dass andererseits sich in der Gesellschaft eine andere Einstellung gegenüber der eigenen Gesundheit und gegenüber Gesundheitspflegenden zeigt.

Dazu gehört sodann, dass sich Einrichtungen wie Krankenhäuser als „Gesundheitshaus" oder „Gesundheitseinrichtung" verstehen, in der Gesundheitspflegeprozesse unterstützt werden, denn schließlich geht es darum, gesund zu werden und nicht, noch kränker zu werden. Dies setzt jedoch ein Umdenken sowohl beim Gesetzgeber als auch bei Tätigen in Krankenhäusern voraus. Bereits in der grundständigen Ausbildung zum Gesundheitspflegenden ist dies zu fördern. Weiterhin können solche Prozesse durch entsprechende Fortbildungen gefördert und intensiviert werden. An solchen Fortbildungen sollte auch das Krankenhausdirektorium und Direktorium von Gesundheitseinrichtungen verbindlich teilnehmen müssen. Nur so könnte es gelingen, dass sich aus der stark verbreitenden Krankheitsbezogenheit in der Pflege ein Perspektivenwechsel hin zur Gesundheitspflege zu vollziehen mag, weil das Direktorium die Aufgaben Gesundheitspflegender kennen und schätzen lernt. Somit würde sich ein Kulturwandel vollziehen können.

In der Grundausbildung der (Gesundheits-)Pflegeberufe gibt es zwar in den Lehrplänen Hinweise zur interkulturellen und interreligiösen Pflege. Diese bedürfen jedoch einer Konkretisierung, die systematische Lernprozesse fördert und dass Nebeneinanderstehen auflöst. Damit wird interkulturelles und interreligiöses Lernen in der schulischen und theoretischen Ausbildung systematisch und aufeinander bezogen erlernbar und erfahrbar. Damit wird ein konzeptuelles Vorgehen in einer Vernetzung von theoretischen Erkenntnissen und praktischen Erfahrungen in einen Zusammenhang gebracht, indem

1. die Begegnung mit kulturellen und heiligen Texten in der schulischen gesundheitspflegerischen Ausbildung einfließt,
2. die gewonnenen kulturellen und religiösen Erkenntnisse durch einen praktischen Bildungsauftrag erkundet werden,
3. eine verstärkte theoretische und praktische Verzahnung einer interkulturellen und interreligiösen Kompetenzförderung in der Gesundheitspflege miteinander verknüpft wird. Die praktische Anleitung muss gesichert werden, indem bei Nichtsicherung z. B. Einrichtungen Bußgelder an Gesundheitspflegekammern zu entrichten haben, bei erneutem Verstoß gegen die praktischen Anleitungsauflagen kann dies zur Auflösung des Kooperationsvertrages führen,
4. die Lernenden die Möglichkeit erhalten, einen gesundheitspflegerischen Ansatz sowohl in der theoretischen wie auch praktischen Ausbildung zu erfahren,
5. Fortbildungen zur interkulturellen und interreligiösen Kompetenzförderung für examinierte Gesundheitspflegende angeboten werden.

Das im Berufskodex für Pflegende sowie in der Pflegecharta aufgeführte Recht des hilfe- und pflegeberdürftigen Menschen, seiner Religion, Kultur und Weltanschauung entsprechend leben zu können, ist durch eine bindende Rechtsgrundlage zu bestimmen, die sodann von allen Beteiligten umzusetzen ist, weil davon auszugehen ist, das durch gesetzliche Vorgaben strukturelle Bedingungen sich leichter in Theorie und Praxis verwirklichen lassen. Zudem wäre ein Zusammenführen von interkulturellen und interreligiösen inhaltlichen Vorgaben für Lernende in der Ausbildung vereinfacht, weil sie nicht nur in der Theorie besprochen und praktisch durch einen Bildungsauftrag ermöglicht würden, sondern eine Kontinuität erfahrbar wäre. Solange die Ausbildung diesbezüglich nicht gesetzlich präziser geregelt ist, kann die Annahme erschlossen werden, dass der Themenbereich Interkulturalität und Interreligiosität zwar angesprochen wird, wodurch sich dann aber kein umfassendes interkulturelles und interreligiöses Kompetenzprofil herausbilden kann, bei welchem Lernende verstehen lernen eine berufliche, ethische Haltungs- und Handlungskompetenz in der Gesundheitspflege zu entwickeln und aufzubringen.

Die Forderung einer interkulturellen und interreligiösen Kompetenzförderung, die an alle im Gesundheitswesen tätigen Personen gestellt wird, bezieht sich auch auf Berufsgruppen, die bei Entscheidungsfindungen Mitspracherechte wahrnehmen oder der Auffassung sind, über Gesundheitspflege entscheiden zu können. Einem Verwaltungsdirektor, der üblicherweise ein Studium in Betriebswirtschaftslehre absolviert haben dürfte, fehlt es an grundlegenden sozial-gesundheitspflegerischen Kenntnissen. Eine Sensibilisierung und Empathiefähigkeit für den Themenbereich interkulturelle und interreligiöse Kompetenzen in der Gesundheitspflege kann nicht erwartet werden. Er wird bedacht sein, einen guten finanziellen Jahresabschluss zu erzielen. Einem Schulleiter sowie Abteilungsleiter an Berufsbildenden Schulen, mit keinerlei beruflicher Fachbezogenheit (außer schulhabitueller Biografie, die sich ausschließlich an allgemeinbildenden Fächern sowie wie dem schulischen Tätigwerden orientieren) sind berufsbezogene praktische Arbeitsfelder fremd, weil sie weder durch theoretische berufliche Fachgebundenheit noch durch beruflich praktische Erfahrungen, Kenntnisse, Fähigkeiten und Fertigkeiten angeeignet wurden. Um eine interkulturelle und interreligiöse Kompetenz in der Gesundheitspflege in Einrichtungen des Gesundheitswesens zu fördern, kann durch Schulungen, die durch aufbauende Module und bei Schulleitung und Abteilungsleitung an berufsbildenden Schulen durch beruflich fachgebundene Qualifikationen erfolgen, dieses Ansinnen unterstützt werden, so dass eine Umsetzung in der theoretischen Auseinandersetzung erfolgt, die in der Praxis anschlussfähig wird.

EPILOG

Reflektierend am Prolog anknüpfend und den in diesem Buch zu entwickelnden interkulturellen und interreligiösen Kompetenzen in der Gesundheitspflege mögen die nachfolgenden Aussagen den berufsständigen Mitmenschen sowie allen interessierten Menschen Anlass geben, ihre eigene Haltung und ihr eigenes Handeln bei kulturellen und religiösen Verschiedenheiten kritisch zu hinterfragen.

Zu der Situation im Prolog antwortet der Mensch mit dunkler Hautfarbe
„... Du weißer Mensch ...

- als du auf die Welt kamst, warst du rosa,
- als du grösser wurdest, warst du weiss,
- wenn du an die Sonne gehst, bist du rot,
- wenn du frierst, bist du blau,
- wenn du Angst hast, bist du grün,
- wenn du krank bist, bist du gelb,
- wenn du mal stirbst, wirst du grau sein...

Und nach all dem wagst du es noch, mich einen
FARBIGEN zu nennen?!“ (Unbekannter Autor)

Verzeichnis der aufgeführten Abkürzungen

Abb.	Abbildung
Abs.	Absatz
Ag.	Ausgabe
Art.	Artikel
Aufl.	Auflage
a. d.	an der
Bd.	Band
bzgl.	bezüglich
bzw.	beziehungsweise
BGB	Bürgerliches Gesetzbuch
BGW	Berufsgenossenschaft für Gesundheitsdienst und Wohlfahrtspflege
BIBB	Bundesinstitut für Berufsbildung
d.h.	das heißt
D	Deutschland
engl.	englisch
et al.	und andere
etc.	et cetera, usw.
Ed./Eds.	Editor/Editoren (deutsch: Herausgeber)
f., ff.	folgend, folgende
ggf.	gegebenenfalls
H.	Heft
HK	Handlungskompetenz
Hr.	Herr, Herrn
Hrsg.	Herausgeber
inkl.	inklusiv
Jg.	Jahrgang
k.A.	keine Angabe(n)
Kap.	Kapitel
lat.	Lateinisch
m.a.W.	mit anderen Worten
m.E.	mit Einsicht

n. Chr.	nach Christus
pp.	Seiten
o.J.	ohne Jahresangabe
o.S.	ohne Seitenangabe
OP	Operationssaal
sog.	sogenannte, sogenannten, sogenanntes
S.	Seite
u.a.	unter anderem/anderen und andere(s)
usw.	und so weiter
u.v.a.m.	und vieles andere mehr
u.v.m.	und vieles mehr
u.U.	unter Umständen
v. Chr.	vor Christus
vgl.	vergleich/e
Vol.	Volume, in Deutsch: Band
VWB	Verlag für wissenschaftliche Bildung
w	weiblich
WHO	Weltgesundheitsorganisation
z.B.	zum Beispiel
z.T.	zum Teil
zit. n.	zitiert nach

Literatur

Antonovsky, A. (1997): Salutogenese. Zur Entmystifizierung der Gesundheit. Tübingen: DGVT.

Arbeitsgruppe Interkulturelle Pflege (1997): Kopf draußen – Füße drin? Wie erleben Patienten aus anderen Kulturen ein deutsches Krankenhaus? In: Uzarewicz, C., Piechotta, G. (Hrsg.): Transkulturelle Pflege, S. 155-169. Berlin: Wissenschaft und Bildung.

Arend van der, A., Gastmans, C. (1996): Ethik für Pflegende. Bern, Göttingen: Huber.

Arnold, R. (2007): Ich lerne, also bin ich. Eine systemisch-konstruktivistische Didaktik. Heidelberg: Auer.

Arnold, R., Schüßler, I. (1998): Wandel der Lernkulturen. Darmstadt: Wissenschaftliche Buchgesellschaft.

Atina, I. (1998): Antiislamischer Rassismus. Stereotypen – Erfahrungen – Machtverhältnisse. In: Jäger, S., Räthzel, N. (Hrsg.): Rassismusforschung und antirassistische Erziehung. Duisburg: Diss. Verlag.

Ausbildungs- und Prüfungsverordnung über die Berufe in der Krankenpflege (2003): Anlage 1. Theoretischer und praktischer Unterricht. In: Bundesgesetzblatt, S. 2263-2279.

Barmeyer, C. (2012): Interkulturalität. Göttingen, Bristol: Vandenhoeck & Ruprecht, UTB.

Barmeyer, C. I., Bolten, J. (Hrsg.) (2010): Interkulturelle Personal- und Organisationsentwicklung. Methoden, Instrumente und Anwendungsfälle. Sternenfels: Verlag Wissenschaft & Praxis.

Bellinger, G. (1986): Der große Religionsführer. München: Droemersche Verlagsanstalt.

Bennett, M. (1993): Towards Ethnorelativism: A Developmental Model of Intercultural Sensitivity. In: Piage, R. M. (Hrsg.): Education for the Intercultural Expierience. S. 21-71. Yarmouth: Intercultural Press.

Bienstein, C. et al. (2000): Pflege neu denken. Zur Zukunft der Pflegeausbildung. Stuttgart: Schattauer.

Biesinger, A., Kießling, K., Jakobi, J., Schmidt, J. (Hrsg.): Interreligiöse Kompetenz in der beruflichen Bildung. Pilotstudie zur Unterrichtsforschung. Münster: LIT-Verlag.

Bischoff-Wanner, C. (2002): Empathie in der Pflege. Basel: Huber.

Bischoff-Wanner, C., Reiber, K. (2008): Standortbestimmung, Perspektiven und Empfehlungen vor dem Hintergrund der Studienreformen. Weinheim, München: Juventa.

Bolten, J. (2007): Interkulturelle Kompetenz. Erfurt: Landeszentrale für politische Bildung Thüringen.

Brieskorn-Zinke, M. (2006): Gesundheitsförderung in der Pflege. 3. Aufl. Stuttgart: Kohlhammer.

Brszinsky-Schwabe, E. (2011): Interkulturelle Kommunikation. Missverständnisse – Verständigung. Wiesbaden: VS Verlag für Sozialwissenschaften.

Bundesinstitut für Berufsbildung (2014): Berufliche Handlungskompetenz. Online-Publikation; http://www.good-practice.de/2914.php. Zugriff am: 22.03.2014.

Bundesministerium für Gesundheit (2014): Charta der Rechte hilfe- und pflegebedürftiger Menschen. Berlin.

Christof-Füchsle, M. (1997): Hoffnung im Hinduismus. In: Finsterbusch, K., Müller, A. (Hrsg.): Was aber bleibt, stiften die Hoffenden, S. 102-110. Stuttgart: Quell-Verlag.

Darman-Finck I., Bönke, U., Straß, K. (2009): Fallrekonstruktives Lernen. Ein Beitrag zur Professionalisierung in den Berufsfeldern Pflege und Gesundheit. Frankfurt/Main: Mabuse.

Die Bibel (1980): Einheitsübersetzung der Heiligen Schrift. Stuttgart: Katholisches Bibelwerk. Bibelgesellschaft.

Dornheim, J. (1997): Unterschiedliche Kulturbegriffe und ihre Bedeutung für Theorien der transkulturellen Pflege – Ein Beitrag zu den Grundlagen der Pflegewissenschaft. In: Uzarewicz, C., Piechotta, G. (Hrsg.): Transkulturelle Pflege, S. 11-32. Berlin: Verlag für Wissenschaft und Bildung.

Dreißig, (2005): Interkulturelle Kommunikation im Krankenhaus. Eine Studie zur Interaktion zwischen Klinikpersonal und Patienten mit Migrationshintergrund. Bielefeld: Transcript.

Elias, N. (2009): Die Gesellschaft der Individuen. Frankfurt/Main: Suhrkamp.

Erpenbeck, J. & Heyse, V. (1996): Berufliche Weiterbildung und berufliche Kompetenzentwicklung. In: Arbeitsgemeinschaft Qualifikations-Entwicklungs-Management Kompetenzentwicklung '96: Strukturwandel und Trends in der betrieblichen Weiterbildung. Band I, S. 15-152. Berlin, Münster, New York: Waxmann.

Europäische Gemeinschaften (2008): Europäischer Qualifikationsrahmen für lebenslanges Lernen. Luxemburg: Amt für amtliche Veröffentlichungen der Europäischen Gemeinschaften.

Finsterbusch, K., Müller, A. (1997): Was aber bleibt, stiften die Hoffenden. Stuttgart: Quell Verlag.

Freise, J., Khorchide, M. (2011): Interreligiosität und Interkulturalität. Herausforderungen für Bildung, Seelsorge und Soziale Arbeit im christlich-muslimischen Kontext. Münster: Waxmann.

Fuhr, R., Gremmler-Fuhr, M. (2002): Gestaltansatz. Grundkonzepte und -modelle aus neuer Perspektive. Köln: Edition Humanistische Psychologie.

Gesetz über die Berufe in der Krankenpflege (2003): Gesetz über die Ausbildung zur Gesundheits- und Krankenpfleger/in, zur/zum Gesundheits- und Kinderkrankenpfleger/in, zur/zum Gesundheits- und Krankenpflegehelfer/in, zur Hebamme, zum Geburtshelfer. Berlin.

Göpel, E. (1992): Didaktisches Konzept zur Gesundheitsförderung. Bielefeld: Unveröffentlichtes Manuskript.

Grimm, M. (2012): Arbeit in der Gesundheit: Pflege im Spannungsfeld zwischen Wirtschaftlichkeit und Sorge. Online-Publikation; http://www.his-online.de/forschung/abgeschlossene-projekte/arbeit-mit-der-Gesundheit. Zugriff am 08.12.2013

Habermann, M. (1997): Vom Umgang mit dem Fremden – Der Beitrag der Ethnologie zur Pflege. In: Uzarewicz, C., Piechotta, G. (Hrsg.): Transkulturelle Pflege, S. 53-62. Berlin: Verlag für Wissenschaft und Bildung.

Hatzer, B., Layes, G. (2005): Interkulturelle Handlungskompetenz. In: Thomas, A., Kinast, E.-U., Schroll-Machl, S. (Hrsg.): Handbuch Interkulturelle Kommunikation und

Kooperation – Band 1: Grundlagen und Praxisfelder. 2. Aufl., S.138-148. Göttingen: Vandenhoeck & Ruprecht.
Heinel, J. (1995): Der König ruht im Klassenzimmer. Frankfurt/Main: Dieserweg.
Herbrand, F. (2002): Fit für fremde Kulturen. Interkulturelles Training für Führungskräfte. Bern, Stuttgart, Wien: Haupt Verlag.
Hiller, G. G. (2010): „Was machen Sie denn da eigentlich?" – oder: FAQ – 10 Fragen zu interkulturellen Trainings an Hochschulen. In: Hiller, G. G., Vogler-Lipp, S. (Hrsg.). Schlüsselqualifikation Interkulturelle Kompetenz an Hochschulen – Grundlagen, Konzepte, Methoden, S.35-56. Wiesbaden: VS Verlag; GWV Fachverlage.
Hillmann, K.-H. (1994): Wörterbuch der Soziologie. Stuttgart: Kröner Verlag.
Höbsch, W. (2011): Voraussetzungen und Perspektiven für den interkulturellen und interreligiösen Dialog. In: Freise, J., Khorchide, M. (Hrsg.): Interreligiosität und Interkulturalität. Herausforderungen für Bildung, Seelsorge und Soziale Arbeit im christlich-muslimischen Kontext, S. 43-48. Münster: Waxmann.
Hurrelmann, K., Laaser, U., Razum, O. (Hrsg.) (2006): Handbuch Gesundheitswissenschaften. Weinheim, München: Juventa.
IKUD (2014): Interkulturelle Kompetenz. Online-Publikation; http://www.ikud-seminare.de/interkulturelle-kompetenz.html. Zugriff am 24.03.2014.
Institut für interkulturelle Kompetenz & Didaktik IIKD (2014): Interkulturelle Kompetenz. Online-Publikation; http://www.ikud.de/Interkulturelle-Kompetenz.html. Zugriff am 22.03.2014.
International Council of Nurses (1973): Ethical Code for Nurses. Genève, New York.
International Council of Nurses (2000): Ethikkodex für Pflegende. Genf, New York.
Jäger, R. (2014): Mobbing am Arbeitsplatz Schule. Köln: Wolters & Kluwer.
Jakobi, J. (2011): Selbstdistanzierung – die Fähigkeit, sich selbst gegenüber zu treten und Fremdheit wahrnehmen zu können. In: Biesinger, A., Kießling, K., Jakobi, J., Schmidt, J. (Hrsg.): Interreligiöse Kompetenz in der beruflichen Bildung. Pilotstudie zur Unterrichtsforschung, S. 71-117. Münster: LIT-Verlag.
Johannson, P. (2015): Eine Chance für die Professionalisierung der Altenpflege. In: Die Schwester/Der Pfleger, 54. Jg., Ag. 5, S. 8.
Kaba-Schönstein, L. (2003): Gesundheitsförderung I: Definition, Ziele, Prinzipien, Handlungsfelder und -strategien. In: Bundeszentrale für gesundheitliche Aufklärung (BZgA) (Hrsg.): Leitbegriffe der Gesundheitsförderung. Glossar zu Konzepten, Strategien und Methoden der Gesundheitsförderung. 4. Aufl., S. 73-78. Schwabenheim a. d. Selz: Fachverlag Sabo.
Kersting, K. (2011): Coolout in der Pflege. Eine Studie zur moralischen Desensibilisierung. Frankfurt/Main: Mabuse.
Kießling, K. (2011): Unterrichtsforschung an berufsbildenden Schulen: Entwicklung interreligiöser Kompetenz als differenzpädagogische Herausforderung. In: Biesinger, A., Kießling, K., Jakobi, J., Schmidt, J. (Hrsg.): Interreligiöse Kompetenz in der beruflichen Bildung. Pilotstudie zur Unterrichtsforschung, S. 11-35. Münster: LIT-Verlag.
Krohwinkel, M. (2007): Rehabilitierende Prozesspflege am Beispiel von Apoplexiekranken. Fördernde Prozesspflege als System. Bern, Göttingen, Toronto, Seattle: Huber.
Küttner, E. (2009): Interreligiosität. Die Suche nach der Einheit in der Vielfalt. Bad Pyrmont: Religiöse Gesellschaft der Freunde.

Kultusministerkonferenz (2000): Handreichungen für die Erarbeitung von Rahmenlehrplänen der Kultusministerkonferenz (KMK) für den berufsbezogenen Unterricht in der Berufsschule und ihre Abstimmung mit Ausbildungsordnungen des Bundes für anerkannte Ausbildungsberufe. Bonn.
Lay, R. (2012): Ethik in der Pflege. Ein Lehrbuch für die Aus-, Fort- und Weiterbildung. Hannover: Schlütersche Verlagsgesellschaft.
Leininger, M. (1985): Transcultural Care. Diversity and Universality: A Theory of Nursing. Nursing & Health Care, pp 209-212.
Leininger, M. (1991): The Theory of Cultural Care Diversity and Universality. In: Culture Care Diversity and Universality. A Theory of Nursing, pp 5-72. New York: National League for Nursing Press (NLN).
Leininger, M. (1998): Kulturelle Dimensionen menschlicher Pflege. Freiburg im Breisgau: Lambertus.
Leufgen, M. (2006): Die Ketten sprengen – Pflege zwischen struktureller Unternehmensgewalt und Fremdbestimmung. In: Altenpflege Wissenschaft. Beiträge aus der Pflegeforschung für die Pflegepraxis, Jg. 31, 12. Ag., S. 35-38.
Leufgen, M. (2009): Lehrerhandeln in den Fachrichtungen Gesundheit/Pflege und Recht. Frankfurt/Main: Europäischer Hochschulverlag.
Leufgen, M. (2012): Von der Pflege zur Gesundheitspflege. Perspektivenwechsel in Theorie und Praxis. Lage: Jacobs.
Leufgen, M. (2014): Kompetenzentwicklung – Kernkompetenzen für Berufe im Gesundheitswesen. Unveröffentlichtes Manuskript.
Lubatsch, H. (2013): Pflegeethik. Sozialwissenschaftliches Institut. Sozialethik Online. Online-Publikation; Zugriff am: 16.11.2013.
Makriedes, V., Rink, S. (2008): Kurzinformation Religion. Zeugen Jehovas. Online-Publikation; http://www.remid.de/remid_info_zj.htm. Zugriff am 14.03.2014.
Merks, K.-W. (2012): Grundlinien einer interkulturellen Ethik: Moral zwischen Pluralismus und Universalität (Studien zur theologischen Ethik). Freiburg/Schweiz: Paulusverlag; Academic Press Fribourg.
Metz, W. (1988): Handbuch Weltreligionen. Wuppertal: Brockhaus.
Mikl-Horke (2001): Soziologie. München: Oldenbourg, Wissenschaftsverlag.
Ministerium für Bildung, Frauen und Jugend (2005): Lehrplan und Rahmenplan für die Fachschule Altenpflege, Fachrichtung Altenpflege. Mainz.
Müller, S., Gelbrich, K. (2004): Interkulturelles Marketing. München: Vahlen Verlag.
Mutzbauer, M. (1997): Buddhistische Weisheiten. In: Finsterbusch, K., Müller, A. (Hrsg.): Was aber bleibt, stiften die Hoffenden, S. 155. Stuttgart: Quell Verlag.
Neubert, S., Roth, H.-J., Yildiz, E. (2013): Multikulturismus – ein umstrittenes Konzept. In: Neubert, S., Roth, H.-J., Yildiz, E.: Multikulturalität in der Diskussion. Neuere Beiträge zu einem umstrittenen Konzept (Interkulturelle Studien), S. 9-32. Wiesbaden: Springer VS.
Otto, G., Dröger, J. (1976): Religion. Hamburg: Furche Verlag.
Parsons, T. (1976): Zur Theorie sozialer Systeme. Hrsg.: Jensen. Opladen: Westdeutscher Verlag.
Reckwitz, A. (2006): Die Transformation der Kulturtheorien. Zur Theorie eines Theorieprogramms. Weilerswist: Velbrück Wissenschaft.

Roes, M. (2014): Auf dem Weg der Generalistischen Pflegeausbildung. Generalistische Pflegeausbildung – Pro und Contra. In: Padua, Ag. 9, H. 1, S. 4-18.
Rommelspacher, B. (2005): Transkulturelle Beratung in der Pflege. In: Pflege & Gesellschaft, 10. Jg., Nr. 4, S. 182-189.
Roper, N., Logan, W., Tierney, A. J. (1993): Die Elemente der Krankenpflege. Basel: Recom Verlag.
Roper, N., Logan, W., Tierney, A. J. (2002): Das Roper-Logan-Tierney-Modell. Basierend auf Lebensaktivitäten (LA). Bern: Huber.
Sahmel, K.-H. (2014): Kritische Debatte zur Generalistischen Pflegeausbildung. In: Padua, Ag. 9, H. 1, S. 19-26.
Schaeffer, D., Wingenfeld, K. (Hrsg.) (2011): Handbuch Pflegewissenschaft. Weinheim, München: Juventa.
Schambeck, M. (2013): Interreligiöse Kompetenz. Göttingen, Bristol: Vandenhoeck & Ruprecht, UTB.
Schimank, U. (1988): Biografie als Autopoiesis – Eine systemtheoretische Rekonstruktion von Individualität. In: Brose, H.-E., Hildenbrand, B.: Biografie und Gesellschaft. 4. Bd. S. 11-33, Opladen: Leske & Budrich.
Schneider, C. (2006): In der Zwickmühle. In: Altenpflege, Ag. 4, S. 45-52.
Schwarz, E. (1994): So sprach der Meister. Altchinesische Lebensweisheiten. München: Kösel Verlag.
Siegrist, J.: (1994): Asymmetrie und soziale Distanz. In: Wilker, F.-W. & Bischoff, C. & Novak, P.: Medizinische Psychologie. Medizinische Soziologie, S. 267-270. München, Wien, Baltimore: Urban & Schwarzenberg.
Sozialgesetzbuch (2014): Soziale Pflegeversicherung XI. Regensburg: Walhalla.
Stöver, M. (2010): Die Neukonstruierung der Pflegeausbildung in Deutschland. Eine vergleichende Studie typischer Reformmodelle zu Gemeinsamkeiten und Differenzen sowie deren Nachhaltigkeit. Lage: Jacobs.
Stolze, C. (2013): Vergiss Alzheimer. Die Wahrheit über eine Krankheit, die keine ist. Freiburg: Herder.
Straub, Jürgen (2010): Lerntheoretische Grundlagen. In: Wiedemann, A., Straub, J., Nothnagel, S. (Hrsg.). Wie lehrt man interkulturelle Kompetenz? Theorien, Methoden und Praxis in der Hochschulausbildung – Ein Handbuch, S. 31-98. Bielefeld: transcript Verlag.
Straub, J., Nothnagel, S., Weidemann, A. (2010): Interkulturelle Kompetenz lehren: Begriffliche und theoretische Voraussetzungen. In: Wiedemann, Arne / Straub, Jürgen / Nothnagel, Steffi (Hrsg.). Wie lehrt man interkulturelle Kompetenz? Theorien, Methoden und Praxis in der Hochschulausbildung – Ein Handbuch, S. 15-27. Bielefeld: transcript Verlag.
Thomas, A. (2003): Das Eigene, das Fremde, das Interkulturelle. In: Thomas, A. (Hrsg.): Handbuch interkulturelle Kommunikation und Kooperation. Grundlagen und Praxisfelder, S. 44-59. Göttingen: Vandenhoeck & Ruprecht.
Thomas, A. (2005): Das Eigene, das Fremde, das Interkulturelle. In: Thomas, A., Kinast, E.-U., Schroll-Machl, S. (Hrsg.): Handbuch Interkulturelle Kommunikation und Kooperation. Band 1: Grundlagen und Praxisfelder. 2. Aufl., S.43-49. Göttingen: Vandenhoeck & Ruprecht.
Tillmann, K.-J. (2004): Sozialisationstheorien. Reinbek bei Hamburg: Rowohlt.

Urban, E. (2011): Transkulturelle Pflege am Lebensende. Stuttgart: Kohlhammer.
Uzarewicz, C. (2008): Fremdheit und Transkulturelle Kompetenz. Fachtagung: Kultursensible Altenpflege konkret am 09.10.2008 in Nürnberg. Bayrisches Staatsministerium für Arbeit und Sozialordnung, Familie und Frauen In: Internet: http://www.stmas.bayern.de/pflege/dokumentation/ftka-uzarewicz.pdf. Zugriff am 31.07.2011.
Uzarewicz, C., Piechotta, G. (Hrsg.) (1997): Transkulturelle Pflege. Berlin: Verlag für Wissenschaft und Bildung.
Uzarewicz, C. & Uzarewicz, M. (2001): Transkulturalität und Leiblichkeit in der Pflege. In: Intensiv. Fachzeitschrift für Intensivpflege und Anästhesie. 8. Jg., H. 4, S. 168-175.
Uzarewicz, C., Uzarewicz, M. (2005): Das Weite suchen – Einführung in eine phänomenologische Anthropologie für Pflege. Stuttgart: Lucius & Lucius.
Uzarewicz, C., Uzarewicz, M. (2008): Leiblichkeit und Transkulturalität im Migrationskontext. Online-Publikation; http://www.gnp-online.de/fileadmin/media/ Leiblichkeit_und_Transkulturalitaet_im_Migrationskontext_Dez_06.pdf. Zugriff am 31.07. 2011.
Vivekananda, S. (1977): Atman – Das Göttliche in allen Lebewesen. Hannover: Schroedel Verlag.
Weidner, F. (2011): Professionelle Pflegepraxis und Gesundheitsförderung. Frankfurt/Main: Mabuse.
Weinert, F. E. (1999): Konzepte der Kompetenz. Paris: OECD.
Weinert, F. E: (2002): Leistungsmessung in Schulen, 2. Aufl. Weinheim, Basel: Belz.
Welsch, W. (1992): Transkulturalität. Lebensformen nach der Auflösung der Kulturen. In: Information Philosophie, H. 2, S. 5-15.
Welsch, W. (2000): Transkulturalität zwischen Globalisierung und Partikularisierung. In: Jahrbuch Deutsch als Fremdsprache, H. 26, S. 327-351.
Welsch, W. (2005): Auf dem Weg der transkulturellen Gesellschaft. In: Allolio-Näcke, L., Kascheuer, B., Manzeschke, A. (Hrsg.): Differenzen anders denken, S. 414-341. Frankfurt/Main: Campus.
Weltgesundheitsorganisation (1948): Preamble to the Constitution of the World Health Organization as adopted by the International Health Conference, New York, 19-22 June 1946; signed on 22 July 1946 by the representatives of 62 States (Official Records of the World Health Organization, no 2, p. 100) and entered into force on 7 April 1948, New York.
Weltgesundheitsorganisation (1986): Ottawa Charter of Health Promotion. Ottawa.
Weltgesundheitsorganisation (1993): Definition Pflege. New York, Genf.
Weltgesundheitsorganisation (1998): Gesundheit für alle im 21. Jahrhundert. Europäische Schriftenreihe „Gesundheit für alle“, Nr. 5. Europäische Region der WHO. Kopenhagen.
Willems, J. (2011): Interreligiöse Kompetenz. Theoretische Grundlagen – Konzeptualisierungen – Unterrichtsmethoden. Wiesbaden: VS Verlag für Sozialwissenschaften.
Wittneben, K. (2003): Pflegekonzepte in der Weiterbildung für Pflegelehrerinnen und Pflegelehrer. Europäische Hochschulschriften. Frankfurt/Main: Europäischer Hochschulverlag.

Wittwer, W. (2001): Berufliche Weiterbildung. In: Schanz, H.: Berufs- und wirtschaftspädagogische Grundprobleme, S. 229-247. Baltmannweiler: Hohengehren.
Wu, L., Fene, J. (1998): Harmonie zwischen Körper und Geist: Tai Chi. In: Wu, L., Fene. J. (Hrsg.): Gesund und ausgeglichen mit Tai Ji und Qi Gong, S. 37-43. Augsburg: Midena Verlag.
Yousefi, H. R., Braun, I. (2011): Interkulturalität. Darmstadt: Wissenschaftliche Buchgesellschaft.
Zielke-Nadkarni, A. (1997): Theoretische Grundlagen der interkulturellen Pflege. In: Uzarewicz, C., Piechotta, G. (Hrsg.): Transkulturelle Pflege, S. 99-114. Berlin: Verlag für Wissenschaft und Bildung.

Sachwortverzeichnis

Berufliche Kurzbiografie des Autors

Dr. Matthias Leufgen, Gesundheits- und Krankenpfleger (RbP) mit beruflicher Expertise in Kooperation mit praktischen Berufsfeldern; Lehramt Sek. II, b F, mit 1. und 2. Staatsexamen; Dipl. Berufspädagoge; Master of Arts (M.A.); Tätigkeitsfeld: Lehrveranstaltungen im Aus-, Fortbildungs- und Weiterbildungsbereich sowie wissenschaftliche Projekte in der Gesundheitswissenschaft, Pflege- und Rehabilitationswissenschaft, Arbeits- und Organisationswissenschaft unter Berücksichtigung rechtlicher und ethischer Grundlagen samt Berufsbildungswissenschaften einschließlich Berufspädagogik.

Printed in Poland
by Amazon Fulfillment
Poland Sp. z o.o., Wrocław

75994155R00152